甑山 姜一 淳 聖仙 思想

大巡典經

(1920년 이양섭, 정본)

"무극대도(無極大道), 대도무문(大道無門), 만고대도(萬古大道)…"

"생명(生命) 존중(尊重)을 근간(根幹), "종교(宗敎)와
사상(思想)의 융합(融合)과 조화(造化)"로 상생(相生)의
선경문화(仙境文化) 만개(滿開)…"

"花蘭秋自愛美話"
가을에 핀 사랑스럽고 아름다운 난초의 향기가,
후세에 퍼져 나가리…

뱅크북

甑山 姜一淳 聖仙

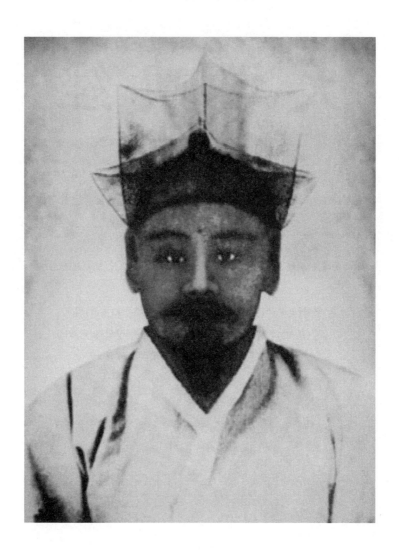

태을주(太乙呪)

"흠치흠치 태을천 상원군

흠리치야도래 흠리함리 사바하"

"吽哆吽哆 太乙天 上元君

吽哩哆耶都來 吽哩喊哩 娑婆啊"

천심경(天心經)

무극유극(無極有極)에 유정유일(惟精惟一)하사,
천동이후(天動以後)에 지정(地靜)하고, 지정(地靜)하고,
지정이후(地靜以後)에 인생(人生)하고,
인생이후(人生以後)에 심정(心正)하니,
'천위일월성신지군(天爲日月星辰之君)'이요,
'지위이욕십이지군(地爲利慾十二之君)'이라.

군자(君子)는 황야(皇也)요, 심자(心者)는 천야(天也)니...
'반묘방당(半畝方塘)'에 '천군(天君)'이 좌정(座定)'하시고,
'일촌단전(一寸丹田)'에 '지군(地君)'이 좌정(座定)'하시니,
'방당단전지간(方塘丹田之間)'에 '일월성신(日月星辰)'이 사회(四會)'라.

사회지간(四會之間)에 유인(惟人)이 최귀(最貴)하고,
만물지중(萬物之中)에 유인(惟人)이 최령(最靈)하니,
사불범정(邪不犯正)하고 요불승덕(妖不勝德)이라,
천탈사기(天奪邪氣)하니 사기자멸(邪氣自滅)하니라.

송복희지선천(誦伏羲之先天)하며, 송문왕지후천(誦文王之後天)하여, 법
주공지정심(法周公之正心)하며, 법공자지인심(法孔子之仁心)하사

천황(天皇)이 시전지지황(始傳之地皇)하시고,

지황(地皇)이 차전지인황(次傳之人皇)하시고,

인황우전지문무주공공자칠십이현(人皇又傳之文武周公孔子七十二賢)
하시니,

제악귀(諸惡鬼)는

속거천리엄엄훔훔율령사바아(速去千里唵唵吸吸律令娑婆阿).

천심경 해석(天心經 解釋)

무극유극하니, 오직 정신은 하나요.
모아, 하늘이 동한 후에, 땅이 정하고,
땅이 정한 이후에, 사람이 살아나고,
사람이 살아난 이후에,
마음이 정하니,
'하늘을 일월로 성신의 군'이 되고,
'땅은 이목으로 십이지지군'이 되리라…

군이란 성이요, 마음이란 하늘이니,
반무방당에 천군이 바르게 앉아 계시니,
일촌단전에 지군이 바르게 앉아 계시고,
방당단전 지간에 일월성신 넷이 모이니라…

일월성신이 모이는 사이에
오직, 사람이 가장 존귀하고,
만물 중에서 오직 사람이 가장 신령스러우니,
삿됨은 바른 마음을 범하지 못하고,
요사스러움은 덕을 이기지 못하니라…

6

하늘이 삿된 기운을 탈겁하니 삿된 기운은 자멸하느니라…
'복희씨의 선천'을 노래함이며, '문왕의 후천'을 노래함이며,
'주공의 올바른 마음을 본 받음이며, 공자의 인심'을 본 받음이며,

천황이 그것을 지황에게 전하기 시작하시고,
지황이 이어서, 그것을 인황에게 전하시고,
인황이 또 문무주공과 공자 칠십이현에게 전하시니,

모든 악귀는 천리에서 속히 제거 되리라.

엄엄급급 여울령 사파아

서문(序文)

대저(大抵) 우리의 이상향(理想鄕)은 무엇이며,
선경(仙境)은 어디메뇨?

기실(其實)은 선경(仙境)과 아수라계(阿修羅界)가,
따로이 있는게 아니요, 또한 찾아가는 게 아니라,
만들어 가는 것이라.

허다(許多)한 '종교(宗敎)'가,
'천당(天堂)과 지옥(地獄)'을 만들어 놓고,
'천당(天堂)으로 인도(引導)'하겠노라 얘기하지만,
'세상(世上)의 이치(理致)는 엄연(儼然)한 것!'

인과응보(因果應報)요 자업자득(自業自得)이거늘,
스스로 짓는 업(業)이,
천당(天堂)길과 지옥(地獄)길의 인(因)이요,
스스로 택(擇)한 길이 천당(天堂)과
지옥(地獄)의 과(果)이려니,
바로 여기가 그 갈림길이라.

어느, 누구도 나의 구세주(救世主)가,
되어주지 못함을 깨달아야 할 것이매,
일찍이, 증산(甑山)성선(聖仙)께서 깨우쳐 주시길,
"천지도수(天地度數)가
후천개벽시대(後天開闢時代)를 알리나니,

앞으로, 해원상생(解冤相生)의 시대(時代)를 열어가라."
하셨거니와,

개벽(開闢)은 그냥 오는 것이 아니요,
이제까지의 구습(舊習)을 깨고,
정신도야(情神陶冶)를 거쳐,
영적(靈的)으로 거듭 태어나는,

우리 정신세계(精神世界)의
'일대(一大), 개벽(開闢)이 있어야 함'을,
일찍이, 깨우쳐 주셨나니,

서로가 앙갚음으로 다투게 될 것인,
즉(卽), 갈등(葛藤)과 반목(反目)의 경계(境界)를,
넘어서서, 해원(解冤)을 통(通)한,
'상생(相生)의 지경(地境)'으로 나아갈 것을,
그 해법(解法)으로 제시(提示) 하셨음이라.

우리 인류(人類)가,

이러한, 정신(情神) 대개벽(대개벽)의 공업(功業)을,

성취(成就)한다면 그 천지도수(天地度數)에,

응(應)함을 얻게 될 것이요,

이에, 응(應)하지 못한다면,

'후천개벽시대(後天開闢時代)의 선경(仙境)'은 오지 않을 것이다.

시운(時運)은 왔으되,

이에, 나의 공운(空運)이 합쳐지지 않으면,

공상(空想)으로 끝나는 것이요,

그저, 허무(虛無)한 망상(妄想)에 지나지 않을 것이매,

각자(各自), 스스로 떨쳐 일어날 것을,

'감(敢)히 호소(呼訴)하는 바'이다.

이제까지의 어떤, 종교(宗敎)도,

어떤, 신앙(信仰)도 구습(舊習)의 껍질을 깨고,

나와 새로운 전환(轉換)의 노력(努力)에,

동참(同參)하지 않는다면,

'후천개벽(後天開闢) 대전환(大傳換)의 추기(樞機)'를 놓칠 것이요,

'선경(仙境)을 찾아가는 대열(隊列)'에서,

낙오(落伍) 할 것이다.

"소중(所重)히 간직하였다가,

때가 오면, 세상(世上)에 내놓으라."하시며,

선친(先親)께서 물려주셨던,

'본(本), 대순전경(大巡典經) 육필본(肉筆本)'이,

오랜, '은인(隱忍)의 세월(歲月)'을 견뎌,

바야흐로, 그 시운(時運)을 맞으니,

나는, 이제 그 소명(召命)에 응(應)하고,

사명(使命)에 신명(身命)을 바칠 것이다.

내가 '본(本), 대순전경(大巡典經)의 보급판(普及版)'

편찬(編纂)을 앞두고,

자료(資料)를 정리(整理) 하던 중(中),

새벽 명상(冥想)에 들어 가르침을 구(求)하니,

홀연(忽然), '백의(白衣) 증산(甑山) 성선(聖仙)'께서,

친림(親臨)하시어, 가르침을 주시되,

"깨침을 구(求)하는 자(自)는,

대순전경(大巡典經)을 통독(通讀)하면,

그 가운데 있을 것이요,

매사(每事) 발원(發願)함에,

'천심경(天心經) 256자를, 독송(讀誦)면 여의(如意)하리라."며,

효시(曉示) 하시었다.

그동안, 기(旣)히 세상(世上)에,

'대순전경(大巡典經)의 존재(存在)'를 알렸던,

이상호(李詳昦) 선생 본(先生 本, 1929년)에,

많은, 신도(信徒)들의 의지(依支)함이 컸던 바 사실(事實)이나,

아쉽게도,

'경전(經典)의 핵심(核心)을 이루는 경문(經文)이 결여(缺如)'되어 있어,
'신도(信徒) 수련(修練)의 길이 막연(漠然)' 하였던 게 사실(事實)이거니
와,

본편(本編),
'이양섭(李良燮) 선생본(先生本)'에
'게재(揭載)된 다수(多數)의 경문(經文)'과,
또, '달리 별본(別本)으로 소장(所藏) 되어오던,
〈천심경(天心經)〉, 〈참정신(精神)으로 배울일〉 외(外)에
서찰 39첩(牒)' 등(等)으로 보정(補訂)하여,
그 결여(缺如)를 메우게 되었음이라.

"내 이제 세상(世上)을 향(向)해 천명(闡明)하노니... "

인류(人類)는 해원상생(解冤相生)의 길에,
동참(同參)하는,
한편, 지성(至誠)으로 꾸준한 수련(修練)을 통(通)해,
미구(未久)에 닥칠 '대병겁(大病劫)의 환란(患亂)'에,
대비(對備)하라.

각자(各自)에게, '후천개벽(後天開闢)의 선경(仙境)'으로,
가는, 시험대(試驗臺)가 될것이기에 더욱 그렇다.

12

앞으로, 다가올 '해원시대(解冤時代)의 선지식(善知識)'은
'지식(知識) 보다 각성(覺性)'이요,
전인격(全人格)은, '소아(小我)보다 대아(大我)'이며,
전인애(全仁愛)는, '편애(偏愛)보다 범애(汎愛)'니라.

 바야흐로, '선천(先天)의 낙서시대(洛書時代)'가 가고,
'후천(後天)의 하도시대(河圖時代)'가 도래(到來)함으로써,
'상극시대(相剋時代)는 가고 상생시대(相生時代)'로
전환(轉換)됨이요,
우리는 지금(至今), '대립(對立)의 문화(文化)'를 보내고,
'정립(鼎立)의 가치(價値)를 도영(導迎)'할 그 길목에 섰음이라.

한동안,
'갈등(葛藤)과 분열(分裂)의 패권시대(覇權時代)'를,
지배(支配)했던,
'주역(周易)의 대립논리(對立論理)'가,
'인류(人類)를 불행(不幸)의 늪'으로 끌어들였다면,

앞으로, 다가올…
새로운 세상(世上)의 '화합(和合)과 협력(協力)의 시대(時代)'를, 이끌어 갈,
정립논리(鼎立論理)가 '인류(人類)를 제세이화(濟世理化)의 길'로, 인도
(引導)할 것이다.

각자(各自) 각성(覺醒)하시라!!!

각자(各自) 해원(解冤)하시라!!!

각자(各自) 입선(入仙)하시라!!!

서기(西紀) 2025年 1月.

石岩 仙翁 姜 熙 俊 謹書

14

축문(祝文)

"大巡典經 正本(李良燮, 1920년)을 온세상(世上)에 전(傳)하다."

민족종교(民族宗教) 뿌리인,
'대순전경(大巡典經) 정본(正本)'은,
'증산성선(甑山 聖仙)께서 추구하신 근본사상(根本思想)'이,
각색되지 않고, 세상에 나온 참경전(經典)입니다.

증산성선의 사상은,
'시대(時代)와 국경(國境)에 경계선(境界線)'이 없고,
'모든 종교와 사상'을 '융합(融合), 포용(包容)하는,
중화(中和)의 정신세계(精神世界)'를 실현하는 것 입니다.

대순전경(大巡典經) 정본(正本)은,
'온 우주의 원리와 자연의 법칙'에 맞게 '순행(巡行)'하는,
모든 생명체를 구원(救援)하고,
만물의 영장인 인간의 육신을 강건(剛健)하게 하고,
정신세계를 건강(健康)하게 하며,
행복의 길인 '도통군자(道通君子)의 길'을 걷게 하는,
'민족종교(民族宗教)의 참경전(經典)'입니다.

'혼란(混亂)과 환란(患亂)의 난국시대(亂局時代)'에,
지구에 닥칠 재앙(질병)과 재난, 전쟁이 오기 전에,
증산상제님의 '경문(經文) 과 주문(呪文)'을,
'체율체득(體律體得)' 하면,
새로운 도통군자(道通君子)가,
많이, 나올 수 있다고 확신(確信)합니다.

'대순전경(大巡典經) 정본(正本)'에 있는,
천심경(天心經) 259자를 39번 정성을 다하는,
마음으로 독송(讀誦)하고,

'경문(經文) 및 태을주(太乙呪) 주문(呪文)'을,
읽고 외우면,
'높은 정신세계'로 진입하는 통찰력(通察力)'이 생겨납니다.

첫째, 몸안에 있는 나쁜 질병(疾病)이 치유(治癒)가 되고,
　　　정신이 맑아져 마음이 편안하고,
　　　무한한 기쁨이 일어나 하는 일마다, 성취(成就)됩니다.

둘째, 가정이 화목(和睦)하고, 화합(和合)하여,
　　　행복(幸福)의 꽃이 피어나고,
　　　자손들이 강건하고 크게 번성(繁盛)하며,
　　　조상들께서 극락왕생(極樂往生)하십니다.

셋째, 나라의 운명(運命)이 평화(平和)롭고,

행복(幸福)해 지면서,

뜻한 바, '큰 소원(所願)이 성취(成就)'됩니다.

'정심(正心)·일심(一心)인 수행자(修行者)'는,

'닫혔던 마음이 열리고, 기쁨이 충만됨을 경험(經驗)'하실 겁니다.

'상생(相生)의 문화(文化)가 확산되는, 후천선경 세상'에서,

전인류가 '질병(疾病)과 전쟁(戰爭)'이 없는,

'자유롭고 평화로운 행복한 삶'이 지속되기를,

'간절한 마음으로 두손 모아 기도(祈禱)'드립니다.

서기(西紀) 2025年 1月

石岩 仙翁 姜 熙 俊 謹書

대순전경(大巡典經)

태을주

천심경

서문(序文)

축사(祝辭)

순서(順序)

제1장

성선(聖仙)의 탄강(誕降)과 유년시대(幼年時代)

"하늘이 남북(南北)으로 갈라지며,
　　　'큰 불덩이가 내려와 몸을 덮으매',
　　　　천하(天下)가 광명(光明)하여진 꿈"

"총명(聰明)과 혜식(慧識)이,
　　　'초중(超衆)하심으로',
　　　　모든 사람에게 경애(敬愛)"를 받으시니라.

제1장
성선(聖仙)의 탄강(誕降)과 유년시대(幼年時代)

〈1절〉

선생의 성(姓)은 강(姜)이요,

명(名)은 일순(一淳)이오,

자(字)는 사옥(士玉)이오,

증산(甑山)은 그 호(號)이시니,

이조(李朝) 고종(高宗) 신미(辛未, 1871년) 9월 19일

조선(朝鮮) 전라북도(全羅北道) 고부군(古阜郡) 우덕면(優德面) 객망리(客望里, 今 井邑郡 德川面 新月里)에서 탄강(誕降)하시니라.

〈2절〉

부(父)의 명(名)은 흥주(興周)요,

모(母)는 권씨(權氏)이니,

권씨(權氏)가 고부군 마항면 서산리(古阜郡 馬項面 西山里),

그의 친가(親家)에 근성(覲省)하였다가,

하루는, "하늘이 남북(南北)으로 갈라지며,

큰 불덩이가 내려와 몸을 덮으매,

천하(天下)가 광명(光明)하여진 꿈"을 꾸고,

이로부터, 유신(有身)하였더니,

그 탄강(誕降)하실 때에,

산실(産室)에 이향(異香)이 가득하여,

맑은 빛이, 집을 둘러 하늘에 뻗쳤더라.

〈3절〉

점차(漸次),

자라심에 상모(相貌)가 원만(圓滿)하시고,

솔성(率性)이 관후(寬厚)하시고,

총명(聰明)과 혜식(慧識)이 초중(超衆)하심으로,

모든 사람에게 경애(敬愛)를 받으시니라.

〈4절〉

유시(幼時)로부터,

호생(好生)의 덕(德)이 부(富)하사,

종수(種樹)하기를 즐겨하시며,

자라나는 초목(草木)을 절(折)치 아니하시고,

미세(微細)한 곤충(昆蟲)이라도 해(害)치 아니하시며,

혹(或),

위기(危機)에 빈(瀕)한 생물(生物)을 보시면,

힘써 구원(救援)하시니라.

〈5절〉

서숙(書塾)에 들어,

한학(漢學) 배우실 때에,

한 번 들은 것은 곳 깨달으시고,
동무들로 더불어 글을 지으심에,
항상(恒常) 장원(壯元)을 하시니라.

하루는, 스승이 여러 학부형(學父兄)에게,
미움을 받을까 하여,
문장(文章),
차호(次號)되는 타아(他兒)에게,
장원(壯元)을 주려고,
내의(內意)를 정(定)하고,
고시(考試)하였더니,

또, 성선(聖仙)께로 장원(壯元)이 돌아가니,
이는, 성선(聖仙)이 스승의 내의(內意)를 미리 아시고,
문체(文體)와 자양(字樣)을 변(變)하야,
변별(辨別)치 못하게 하신 까닭이라.

모든 일에, 이렇게 혜명(慧明)하심으로,
보는 자(者)가 다 경이(驚異)하니라.

〈6절〉
가세(家勢) 빈핍(貧乏)함으로,
학업(學業)을 일찍 폐(廢)하시니라.

제2장

성선(聖仙)의 유력(遊歷)

"정유(丁酉,1897년)로부터,

　　유력(遊歷)의 길"을 떠나시니라.

"수년(數年) 동안을 유력(遊歷)"하시다가,

　　"경자(庚子,1900년)에 고향(故鄕)"으로 돌아오시더니….

제2장
성선(聖仙)의 유력(遊歷)

〈1절〉

24세(二十四歲) 되신 갑오(甲午, 1984년)에

고부인(古阜人) 전봉준(全琫準)이,

당시의 악정(惡政)을 분개(憤慨)하여,

동학신도(東學信徒)를 모아 혁명(革命)을 일으키니,

일세(一世)가 흉동(洶動)한지라,

성선(聖仙), 그 전도(前途)가 불리할 줄 이르시고,

　　　「月黑雁飛高(월흑안비고) 單于夜遁逃(선우야둔도)

　　　　欲將輕騎逐(욕장경기축) 大雪滿弓刀(대설만궁도)」의

고시(古詩)를 여러 사람에게 외워주시어,

동기(冬期)에,

이르러, 패멸(敗滅)될 뜻을 풍시(諷示)하시며,

망동(妄動)치 말라고 효유(曉諭)하셨더니,

그 해 겨울에,

과연, 동학군(東學軍)이 관군(官軍)에게 초멸(剿滅)되고,

선생의 효유(曉諭)에 좇은 자는, 다 화(禍)를 면(免)하니라.

〈2절〉
이 후(後)로,
국정(國政)은 더욱 부패(腐敗)하고,
세속(世俗)은 날로 악화(惡化)하여,

관헌(官憲)은 오직 탐장잔학(貪贓殘虐)을 일삼으며,
유자(儒者)는 허례(虛禮)만 숭상(崇尙)하고,
불도(佛徒)는 무혹(誣惑)만 힘쓰며,
동학(東學)은 겁난(刼難)을 경(經)한 후(後)로,
위미(萎靡)를 극(極)하여,
거의 형적(形跡)을 거두게 되고,
서교(西敎)인 기독신구교(基督新舊敎)는,
세력(勢力)을 신장(伸張)하기에 진력(盡力)하니,

민중(民衆)은 고궁(苦窮)에 빠져,
안도(安堵)의 길을 얻지 못하고,
사위(四圍)의 현혹(眩惑)에 씌여,
귀의(歸依)할 바를 알지 못하여,
위구(危懼)와 불안(不安)이,
전사회(全社會)에 습래(襲來)하거늘,

성선(聖仙)이 개연(慨然)히,
광구(匡救)의 뜻을 품으사,

유불선음양참위(儒佛仙陰陽讖緯)의
서적(書籍)을 통독(通讀)하시고,
다시, 세태인정(世態人情)을 체험(體驗)하시기 위하여,

정유(丁酉,1897년)로부터,
유력(遊歷)의 길을 떠나시니라.

〈3절〉
충청도(忠淸道) 연산(連山)에 이르사,
역학자(易學者) 김일부(金一夫)에게 들르시니,
이때에, 김일부(金一夫)의 꿈에,
하늘로부터 천사(天使)가 내려와서,

강사옥(姜士玉)과 함께 옥경(玉京)에 올라오라는,
'상제(上帝)의 명(命)'을 전(傳)하거늘,

김일부(金一夫)가 성선(聖仙)과 함께
천사(天使)를 따라서,
옥경(玉京)에 올라가 요운전(曜雲殿)이라,
제액(題額)한 장려(壯麗)한 금궐(金闕)에 들어가,
'상제(上帝)'께 알현(謁見)하니,

상제(上帝)께서,
성선(聖仙)에게 대(對)하야,
광구천하(匡救天下)하려는 뜻을 상찬(賞讚)하며,

극(極)히 우우(優遇)하는지라.
김일부(金一夫)가 크게 이상(異常)히 여겨,
이 꿈을, 말한 후에 '요운(曜雲)'이라는
'도호(道號)'를 성선(聖仙)께 드리고,
심(甚)히, 경대(敬待)하니라.

〈4절〉
이 길로,
경기(京畿), 황해(黃海), 강원(江原), 평안(平安), 함경(咸鏡), 경상(慶尙)
각지(各地)를 전전유력(轉轉遊歷)하시니,
성선(聖仙)의 '혜식(慧識)은 박학(博學)과 광람(廣覽)'을 따라,
더욱, 명철(明澈)하여 지심으로,
이르는 곳마다, 신인(神人)이라는 칭송(稱頌)이 높으니라.

〈5절〉
이렇게, 수년(數年) 동안을 유력(遊歷)하시다가,
경자(庚子,1900년)에 고향(故鄕)으로 돌아오시더니,

이때에, 전주 이동면 전용리(全州 伊東面 田龍里),
이치안(李治安)이 구혼차(求婚次)로,
충청도(忠淸道)를 향하다가,
여사(旅舍)에서 성선(聖仙)을 만나,
일야(一夜)를 동숙(同宿)하고,
익일(翌日) 임발(臨發)에,

성선(聖仙)이 이치안(李治安)더러 일러,

가라사대,
"그대가 이제 구혼차(求婚次)로 길을 떠났으나,
반드시, 허행(虛行)이 될 것이니,
이 길을 가지 말고 다시 집으로 돌아가라.

그러면, 전일(前日)부터 의혼(議婚)하여 오던 곳에서,
군가(君家)에 매개(媒介)를 보내어,
완약(完約)을 구(求)하리라.

만일에, 기회(機會)를 잃으면 혼로(婚路)가 열리기 어려우리니,
빨리 돌아가라."하시거늘,

이치안(李治安)이 성선(聖仙)께서,
자기(自己)의 사정(事情)을 알고 말씀하심을,
신기(神奇)히 여겨,
비로소 성명(姓名)을 통(通)하고,
성선(聖仙)의 주소(住所)를 자세히 물은 후에,
곧, 그 길을 가지 않고 집으로 돌아오니,
과연 말씀하신 바와 같으니라.

〈6절〉
이 후(後)로,

이치안(治安)이 성선(聖仙)의 신이(神異)하심을,
흠모(欽慕)하여 자가연빙(自家延聘)하였더니,

마침, 이중(里中) 인구(人口)를 긴급히 조사할 일이 있어,
이치안(治安)의 자(子) 직부(直夫)가 심히 고심하는지라,

성선(聖仙)이 주(籌)를 취(取)하사,
운산(運算)하신 후에,
호수(戶數)와 남녀(男女) 인구수(人口數)를 자세히 일러주시고,
3일 내에 1구(一口)가 손(損)할 것을 말씀하시거늘,

직부(直夫)가 믿지 아니하고,

드디어, 이중(里中)을 돌아 일일이 정사(精查)한, 즉,

과연, 일호(一戶) 일구(一口)의 차착(差錯)이 없고,
또한, 3일 내에 1구(一口)가 사망(死亡)하는지라.
이에, 직부(直夫)가 비로소 경이(驚異)하야,
그 신이(神異)하심을 감복(感服)하니라.

제3장

성선(聖仙)의 성도(成道)와 기행이적(奇行異蹟)

"대우(大雨) 오룡허풍(五龍噓風)에

천지대도(天地大道)를 깨달으시고,

사종마(四種魔)를 강(降)하시니"

「전주(全州) 모악산(母岳山) 대원사(大願寺)」

"'삼계대권(三界大權)을 주재(主宰)'하여,

'조화(造化)로써 천지(天地)를 개벽(開闢)'하여,

'불노불사(不老不死)의 선경(仙境)'을 열어,

'고해(苦海)에 침륜(浸淪)한,

중생(衆生)'을 건지리라."하시고...

제3장
성선(聖仙)의 성도(成道)와 기행이적(奇行異蹟)

〈1절〉
성선(聖仙)이 다년간 '객지(客地)에 유력(遊歷)'하사,
많은, 경험(經驗)을 얻으신 후,
신축(辛丑,1901년)에 이르사,
비로소, 자유자재(自由自在)로 하실,
'권능(權能)을 얻지 않고는,
뜻을 이루지 못할 줄을 깨달으시고,'

드디어, '전주(全州) 모악산(母岳山)',
'대원사(大願寺)'에 들어가,

도(道)를 닦으사, 7월에
"대우(大雨) 오룡허풍(五龍噓風)에
천지대도(天地大道)를 깨달으시고,
사종마(四種魔)를 강(降)하시니"

이때에, 동사(同寺),
주지(住持) 박금곡(朴錦谷)이,

모든, 편의(便宜)를 도왔더라.

〈2절〉
임인(壬寅,1902년) 4월(四月)에
성선(聖仙)이 김제군 수류면(金堤郡 水流面) 원평장(院坪場)에
지나시다가,
전주군 우림면 하운동(全州郡 雨林面 夏雲洞),
김형렬(金亨烈)을 만나시니,

대저(大抵) 김형렬(亨烈)은
전자(前者)부터 선생(先生)께 지면(知面)이 있었는데,
성선(聖仙)의 성도(成道)하신,
소문(所聞)을 듣고,
뵈옵기를 원(願)하던, 차(次)임으로,
희불자승(喜不自勝)하여,
자가(自家)에 고림(顧臨)하시기를 간청(懇請)하였더니,
동월(同月) 13일에 김형렬(金亨烈)의 집에 이르사,

곧, 김형렬(金亨烈)더러 일러

가라사대,
"군가(君家)에 산기(産氣)가 있으니,
빨리 내실(內室)에 들어가 잘 도우라."하시거늘,
김형렬(金亨烈)이 내정(內庭)에 들어가니,
과연, 그 처(妻)가 제3자(第三子)를 분만(分娩)하였더라.

〈3절〉
김형렬(金亨烈)의 처(妻)가,
자래(自來)로 산후(産後)에는
반드시, 복통(腹痛)이 발(發)하여,
누월(累月)을 고통(苦痛)하는 예증(例症)이 있어서,
또, 복발(復發)함으로,
김형렬(金亨烈)이 크게 근심하거늘,

성선(聖仙)이 위로하여

가라사대,
"금후(今後)로는, 모든 일에 나를 신뢰(信賴)하고,
근심을 놓으라."하시거늘,
김형렬(金亨烈)이 명(命)하신대로 다만,
성선(聖仙)만 믿고 근심을 놓았더니,
과연, 그 처(妻)의 복통(腹痛)이 그치고,
그 외에, 천기(喘氣)와 해수(咳嗽) 등,
별증(別症)도 다 나으니라.

〈4절〉
성선(聖仙)이 김형렬(金亨烈)더러 일러,

가라사대,
"이제 말세(末世)를 당하여,
앞으로, 무극대운(無極大運)이 열리나니,

모든 일에 조심하여 남에게 척(隻)을 짓지 말고,
죄(罪)를 멀리하여,
순결(純潔)한 마음으로,
천지공정(天地公庭)에 참여(參與)하라.

나는, '삼계대권(三界大權)을 주재(主宰)'하여,
'조화(造化)로써 천지(天地)를 개벽(開闢)'하여,
'불노불사(不老不死)의 선경(仙境)'을 열어,
'고해(苦海)에 침륜(浸淪)한 중생(衆生)'을,
건지리라." 하시고...

이로부터, 김형렬(金亨烈)의 집에 머무르사,
천지공사(天地公事)를 행하실 새,
김형렬(金亨烈)에게 신안(神眼)을 열어 주사,
신명(神明)의 회산(會散)과 청령(聽令)을 참관(參觀)케 하시니라.

〈5절〉
여름을 지내실 새,
김형렬(金亨烈)의 집이 빈한(貧寒)하여,
공궤(供饋)가 조략(粗略)하고,
또, 포원(圃園)이 척박(瘠薄)하여,
소채(蔬菜)가 자라나지 아니함으로,
김형렬(金亨烈)이 근심하거늘,

성선(聖仙)이 일러

가라사대,
"산중(山中)에는 별미(別味)가 없나니,
소채(蔬菜)나 잘 번식(蕃殖)케 하여 주리라."하시고,

이로부터, 약간 심어 두었던 소채(蔬菜)가,
인공(人工)을 가(加)하지 아니하여도,
저절로 잘 번식(蕃殖)하여 채지불갈(採之不竭)하니라.

〈6절〉
6월(六月) 어느 날,
김형렬(金亨烈)을 명(命)하사,
예수교서(耶蘇教書) 일책(一冊)을,
구하여 오라 하시거늘,

김형렬(金亨烈)이
인리(隣里) 오동정(梧桐亭), 김경안(金京安)에게서
신약전서(新約全書) 일책(一冊)을 빌려다 올리니,

성선(聖仙)이 받아서 불사르시니라.
그 후에, 김형렬(金亨烈)이 성선(聖仙)을 모시고,
오동정(梧桐亭), 차윤필(車允必)의 집에 가니,
김경안(金京安)이 와서 빌려간 책(冊)을,
돌려주기를 청(請)하는데,
김형렬(金亨烈)이 대답(對答)치 못하거늘,

성선(聖仙)이 가름하야 대답(對答)하시되,
"곧, 돌려주리라."하시더니,

마침, 한 필상(筆商)이 지나거늘,

성선(聖仙)이 불러들이사,
술을 많이 주신 후에,
그 필상(筆箱)을 열어 보이기를, 청(請)하시는데,
필상(筆商)이
곧, 열어 뵈이니,
신약전서(新約全書) 일책(一冊)이 있는지라...

성선(聖仙)이 가라사대,
"그대는 반드시 예수(耶蘇)를 믿지 아니하니,
이 책(冊)은 무용(無用)이라. 나에게 전(傳)함이 어떠하뇨?"

필상(筆商)이 허락(許諾)하거늘,
성선(聖仙)이, 그 책(冊)을 받아서 김경안(金京安)에게 주시니라.

〈7절〉
그 후에, 불서(佛書) 천수경(千手經)과
한자옥편(漢字玉篇)과 사요(史要)와
해동명신록(海東名臣錄)과
강절관매법(康節觀梅法)과 대학(大學) 등(等),
서(書)를 불사르시니라.

〈8절〉
9월(九月)에
농가(農家)에서 맥경(麥耕)으로 분망(奔忙)하거늘,

성선(聖仙)이 위연(喟然)히 가라사대,
"이렇게 신고(辛苦)하여 수확(收穫)을 얻지 못하리니,
어찌, 가석(可惜)지 아니하리오!"하시거늘,

김형렬(金亨烈)이 이 말씀을 듣고,
드디어, 맥농(麥農)을 폐(廢)하였더니,
계묘춘(癸卯春,1903년)에 이르러,
천후(天候)가 순조(順調)하여,
풍등(豊登)의 조(兆)가 있는지라..

김보경(金甫京) 등
모든 종도(從徒)들과 이웃사람들이,
모두, 김형렬(金亨烈)을 조소(嘲笑)하거늘,

성선(聖仙)이 가라사대
"이 일은 신명공사(神明公事)에서 결정(決定)된 것이니,
아직, 결실(結實)에 이르지 못하여,
어찌 풍작(豊作)을 예단(預斷)하리오?"하시더니,

과연, 5월5일 대우(大雨)로 인하여,
맥수(麥穗)가 다 말라서,

수확(收穫)이 전무(全無)하게 되고,

미가(米價)가 고등(高騰)하여,

1두(一斗)에 치(値) 칠냥(七兩 :今一圓四十錢)이 되니,

이로부터, 모든 사람들이 선생(先生)께 신복(信服)하니라.

⟨9절⟩

한 사람이 물어 가로대,

"금년(今年)에는 어떤 곡종(穀種)을 심음이 좋으리까?"

성선(聖仙)이 가라사대

"일본인(日本人)이 녹(祿)을 띄고 왔나니,

일본종(日本種)을 취(取)하여 심으라.

또, 생계(生計)의 모든 일을 그들에게 순종(順從)하라.

녹(祿)줄이 따라 들리라."하시니라.

⟨10절⟩

동월(冬月)에,

김형렬(金亨烈)이 성선(聖仙)을 모시더니,

마침, 대설(大雪)이 내리거늘,

김형렬(金亨烈)이 여쭈어 가로대,

"전설(傳說)에,

송우암(宋尤菴)의 거주(居住)하는 지붕에는,

눈이 쌓이지 못하고, 녹는다 하니,

진실로, 천지(天地)의 지령지기(至靈之氣)를,

타고난, 사람 이로소이다."

성선(聖仙)이 가라사대,
"진실로 그러하랴? 인제 나 있는 곳을 살펴보라."

김형렬(金亨烈)이 밖에 나가보니,
날이 차고 눈이 많이 내려 쌓이되,
오직, 그 지붕에는 일점설(一點雪)도 없고,
맑은 기운이 하늘에 비추어 구름이 가리지 못하고,
벽공(碧空)이 통(通)하여 보이더라.
김형렬(金亨烈)이,
항상(恒常) 유의(留意)하여 살피니,
언제든지, 그 머무신 곳에는,
반드시, 맑은 기운이 벽공(碧空)을 통(通)하여,
구름이 가리우지 못하고,
큰 비가 오는 때에도 그러하더라.

〈11절〉
매양(每樣) 출타(出他)하실 때에는,
신명(神明)에게 치도령(治道令)을 써 불사르사,
여름이면, 바람을 불리어 길에 이슬을 떨어뜨리시고,
겨울이면, 진 길을 얼려 굳게 하신 후에,
마른 신으로 다니시니라.

〈12절〉

하운동(夏雲洞)은 산중(山中)임으로,

길이 심(甚)히 좁고, 수목(樹木)이 길에 우거져 얽혀서,

이슬이 많을 뿐 아니라,

요림(潦霖)이 질 때에는,

길에 물이 흘러 계류(溪流)를 이루되,

성선(聖仙)의 신발은

항상, 건정(乾淨)함으로,

부근, 촌민(村民)들이 모두 신이(神異)히 여기더라.

〈13절〉

또, 출타(出他)하실 때에는,

반드시, 동구(洞口)의 좌우측(左右側)에,

운주(雲柱)가 높이 삣치어,

팔자형(八字形)을 이룸으로,

종도(從徒)들이 그 이유(理由)를 물으니,

성선(聖仙)이 가라사대

"이는, 장문(將門)이라."하시니라.

〈14절〉

계묘(癸卯,1903년) 7월(七月)에

미가분등(米價奔騰)하고,

농작물(農作物)에 충재(蟲災)가 심하여,

인심이 극히 불안하거늘,

성선(聖仙)이 여러 종도(從徒)들에게 일러,

가라사대,
"신축(辛丑,1901년) 이후로는,
연사(年事)를 내가 맡았으니,
금년(今年,1903년)의 농작(農作)을,
풍등(豊登)케 하여,
민록(民祿)을 넉넉케 하리라."하시고,
크게 뇌전(雷電)을 일으키시니,
이로부터 충재(蟲災)가 걷히고,
농작물(農作物)이 풍등(豊登)하니라.

〈15절〉
성선(聖仙)의 친제(親弟) 강영학(姜永學)이,
항상, 도술(道術)을 통(通)하기를, 열망(熱望)하여,
성선(聖仙)께 발원(發願)하더니,

하루는, 성선(聖仙)이 한 부채에 학(鶴)을 그려서,
강영학(姜永學)에게 주시며

가라사대,
"집에 돌아가서 이 부채를 부치면서,
'칠성경(七星經)을 무곡파군(武曲破軍)'까지 읽고,

이어서, '대학(大學)'을 읽으라.
그러면, '도술(道術)을 통(通)'하리라."

강영학(姜永學)이 부채를 가지고,
집으로 돌아가다가,
정남기(鄭南基) 집에 들르니,
정남기(鄭南基)의 아들이 그 부채의,
미려(美麗)함을 탐(貪)내어 ,
빼앗고, 주지 아니하거늘,

강영학(姜永學)이 부득이(不得已)하여,
그 사유(事由)를 말하고,
돌려주기를 간구(懇求)하니,

정남기(鄭南基)의 아들은,
더욱 탐(貪)내어 주지 아니함으로,
하릴없이 빼앗기고 돌아가니라.

〈16절〉
그 후에,
정남기(鄭南基)의 아들이 그 부채를 부치면서,
대학(大學)을 읽으매,
문득 신력(神力)을 통(通)하여,
능히, 신명(神明)을 부르며, 물을 뿌려 비를 베푸는지라.

정남기(鄭南基)가 기뻐하여,

그 아들을 교사(教唆)하여,

성선(聖仙)의 도력(道力)을 빼앗으라 하므로,

그, 아들이 부(父) 정남기(鄭南基)와

더불어, 하운동(夏雲洞)에 이르니,

성선(聖仙)이 그 일을 아시고,

정남기(鄭南基)의 무의(無義)함을 꾸짖으사,

그 아들의 신력(神力)을 거두신 후에 돌려 보내시니라.

〈17절〉

갑진(甲辰, 1904년) 정월(正月)에,

백남신(白南信)이 관액(官厄)에 걸리어,

깊이 은거(隱居)하여, 소조(所措)를 막지(莫知)하고,

김병욱(金秉旭)을 통(通)하여,

성선(聖仙)께 해난(解難)하여, 주시기를 간걸(懇乞)하거늘,

성선(聖仙)이 가라사대

"부귀(富貴)한 자(者)는 돈을 써야 하나니,

돈 10만냥(금 2만원)의 증서(證書)를 가져오라."

백남신(白南信)이

곧, 10만냥(十萬兩)의 증서(證書)를 올렸더니,

그 후로, 백남신(白南信)의 화액(禍厄)이 곧 풀리는지라.

성선(聖仙)이 그 증서(證書)를 불사르시니라.

〈18절〉
15일(十五日)에
성선(聖仙)이 술을 마시고,
혼몽(昏懜)히 주무실 새,

장흥해(張興海)의 유아(幼兒)가,
급병(急病)이 발(發)하여,
빈사(瀕死)함으로,

흥해(興海)의 부(父) 김효순(金孝淳)이 급히 와서,
치료(治療)를 청(請)하거늘,

성선(聖仙)이 누워,
일지 아니하시고,
혼몽중(昏懜中)에,
"냉수(冷水)나 먹이라." 말씀하셨더니,

김효순(金孝淳)이 병아(病兒)에게 냉수(冷水)를 먹이매,
곧, 사망(死亡)하는지라,

김효순(金孝淳)이 원래(元來) 성질(性質)이,
표한(慓悍)하므로,

부중인(府中人)이, 천동(天動)이라고 호(號)하는 터인데,
병아(病兒)의 사망(死亡)함을 보고, 대노(大怒)하야,

성선(聖仙)을 원망(怨望)하여 가로대,
"이는 고의(故意)로 약(藥)을 그릇 일러줌이라."

손으로 만져서, 죽은 사람을 일으키며 말하되,
"위태(危殆)한 병(病)을 고침은,
내가 실견(實見)한 바이니,

만일, 고의(故意)가 아니면,
물은 고사(姑捨)하고,
흙을 먹였을지라도,
그, '신이(神異)한 도술(道術)'로 능히 낫게 하였을지라."하고,

드디어, 곤봉(棍棒)을 가지고 와서,
성선(聖仙)을 난타(亂打)하여,
유혈(流血)이 임리(淋漓)케 한지라.

성선(聖仙)이
비로소, 깨어 일어나시니,
김효순(金孝淳)이 선생(先生)을 결박(結縛)하여,
장방청(長房廳)으로 갔다가,

문득, 뉘우친 듯이 끌르며

가로대,

"이것이 다 나의 잘못이라.

유아(幼兒)가 급병(急症)으로 죽었거늘,

어찌, 성선(聖仙)을 원망(怨望)하리오."하고,

전교(前交)를 회복(回復)하기를 청(請)하며,

자가(自家)로 동행(同行)하기를 구(求)하거늘,

성선(聖仙)이 듣지 아니하시고,

'서원규(徐元奎)의 집으로 가서 유(留)하시고,

익일(翌日)에, 이직부(李直夫)의 집으로 가시니라.'

대개, 김효순(金孝淳)이,

성선(聖仙)을 용서(容恕)하여,

장방청(長房廳)으로부터, 돌아가게 한 것은,

백남신(白南信)에게 받은,

10만냥(十萬兩)의 증서(證書)가 있음을 알고,

돈을 요구(要求)하려 함이러라.

〈19절〉

익일(翌日)에

김효순(金孝淳)이 김원규(金元圭)의 집에 가서,

성선(聖仙)의 안 계심을 보고, 대노(大怒)하여,

살인범(殺人犯)으로 도피(逃避)하였다,

하고, 사방(四方)으로 수색(搜索)하더라.

그때에, 선생(先生)의 성솔(省率)은
전주군 유전면 화정리(全州郡 亂田面 花亭里),
이경오(李京五) 가(家) 협실(狹室)에,
이거(移居)하였는데,
김효순(金孝淳)의 가족(家族)이
화정리(花亭里)에 와서 행패(行悖)하니라.

김형렬(金亨烈)은
김효순(金孝淳)의 일을 알지 못하고,
성선(聖仙)의 소식(消息)을 들으려고,
화정리(花亭里)에 오니,

김효순(金孝淳)의 가인(家人)이
김형렬(金亨烈)을 결박(結縛)하여,
김원규(金元圭)의 집으로 가서,

성선(聖仙)의 행방(行方)을 묻되,
가르키지 아니하므로,
그들은, 더욱 분노(憤怒)하여,
김형렬(金亨烈)과 김원규(金元圭)를
무수(無數)히 구타(毆打)하니라.

이로 인하여,

성선(聖仙)의 성솔(省率)은
태인(泰仁) 굴치(屈峙)로 피화(避禍)하고,
김형렬(金亨烈)은 김원규(金元圭)의 집에서,
승야도피(乘夜逃避)하고,

김원규(金元圭)는,
그들의 연일행패(連日行悖)에 견지지 못하여,
약국(藥局)을 폐쇄(廢鎖)하고,
가권(家眷)을 거느리고,
익산(益山)으로 피화(避禍)하니라.

〈20절〉
이때에, 성선(聖仙)이
이직부(李直夫)의 집에 머무르시니,
직부(直夫)의 부(父) 이치안(李治安)이,
'당년(當年)의 명수(命壽)'를 묻거늘,

성선(聖仙)이,
백지(白紙) 1매(一枚)에 글을 써,
불사르시고,
다시 글을 써서, 긴봉(緊封)하여 주시며

가라사대,
"급(急)한 일이 있거든 열어보라." 하신지라,

이치안(李治安)이 깊이 갈마 두었더니,
그 후에, 그의 자부(子婦)가 난산(難産)으로,
위경(危境)에 이르렀음을 듣고, 그
일을 가르치심인가 하여,

그 봉서(封書)를 가지고 간
즉, 이미 순산(順産)하였거늘,
다시, 갈마두어 보니
「소시호탕 2첩(小柴胡湯二貼)」이라 써 있거늘,
그, 약(藥)을 써서, 곧, 쾌복(快復)되니라.

〈21절〉
2월(二月)에 굴치(屈峙)에 계실 새,
강영학(姜永學)더러 대학(大學)을 읽으라 하셨더니,
강영학(姜永學)이 듣지 아니하고,
술서(術書)에 침미(沈味)하거늘,

성선(聖仙)이,
위연(喟然)히 탄식(歎息)하여,

가라사대,
"멀지 아니하여,
강영학(姜永學)을 결별(訣別)하리라."하시고,

이도삼(李道三)을 명(命)하사,

「骨暴沙場纏有草(골폭사장전유초),
　魂返故國弔無親(혼반고국조무친)」
이라는, 1구시(一句詩)를,
강영학(姜永學)에게 전(傳)하심으로써,

계구성오(戒懼省悟)케 하시되,
강영학(姜永學)이,
'종시(終是), 성오(省悟)'치 아니하니라.

〈22절〉
그 후에,
강영학(姜永學)이, 병(病)들어 죽게 되었거늘,
성선(聖仙)이 들으시고,
김갑칠(金甲七)을 데리시고,
집으로 가실 새,
중도(中途)에서 한 주점(酒店)에 드시니,
한 사람이 '허리가 굽어서 엎디어 기어 다니거늘',

성선(聖仙)이 그 '허리를 펴지 못하는 이유(理由)'를 물으시니,
그 사람이 대(對)하되
"10여년(十餘年) 전(前)부터 곱사가 되어서,
고치지 못하였나이다."하거늘,

성선(聖仙)이
'손으로 그의 허리를 주물러 펴주시며',

가라사대,
"사금(謝金) 50냥(五十兩: 今 三圓)을 가져오라." 하시니,

그 사람이, 순간(瞬間)에 허리를 편 후에,
기뻐, 뛰어놀며,

가로대,

"성선(聖仙)은,
실(實)로 재생지은(再生之恩)이 있사오니,
그, 은혜(恩惠)를 보답(報答)할진대,
산악(山岳)이 오히려 가벼우나,
지금(只今), 몸에 소지금(所持金)이 없사오니,
무엇으로, 수답(酬答)하오이까?"

성선(聖仙)이

가라사대
"물품(物品)도 가(可)하니라."

그 사람이 대(對)하되,
"내가 관재(棺材) 장사를 하오니,
관재(棺材)로 드림이 어떠하나이까?
관재(棺材) 한 벌 가격(價格)이 15냥(十五兩)이니이다."

성선(聖仙)이

가라사대,
"그도 좋으니 잘 가려두라." 하시고,
집에 돌아가시니,
강영학(姜永學)이 이미 죽었거늘,
그, 관재(棺材)를 가져다가,
치장(治葬)하니라.
〈23절〉
15일(十五日)에 김갑칠(金甲七)을 데리시고,
부안(扶安), 고부(古阜) 등지(等地)를 순유(巡遊)하실 새,
혼야(昏夜)에,
고부(古阜) 흑암주점(黑巖酒店)을 지나시니,

이때에, 화적(火賊)이 치성(熾盛)하여,
백주(白晝)에 횡행(橫行)함으로,
순검(巡檢) 1인(一人)이 미복(微服)으로,
야순(夜巡)하기 위하여,
이 주점(酒店)에 들렀거늘,

성선(聖仙)이 주부(酒婦)에게 일러

가라사대
"저 사람에게 주식(酒食)을 주지 말라.
만일 주식(酒食)을 주었다가,

값을 받지 못하면 불섬(不贍)한 영업(營業)에,
손해(損害)가 아니냐?"하시니,

순검(巡檢)이 그 말씀에, 분노(憤怒)하여,
성선(聖仙)을 구타(毆打)하며,
무례(無禮)한 말을 한다고 꾸짖거늘,
성선(聖仙)이 웃어

가라사대,
"다 죽은 시체(屍體)에게 맞아서,
무엇이 아프랴."하시고, 밖으로 나가시니,

주부(酒婦)가 순검(巡檢)더러 이르되
"저 사람의 말이 이상(異常)하니,
반드시 무슨 까닭이 있을지라.

나가서 사과(謝過)하고,
그 연유(緣由)를 물어보라."하거늘,

순검(巡檢)이 옳게 여기어,
곧, 성선(聖仙)의 뒤를 따르며,
사과(謝過)한 후에 연유(緣由)를 물으니,

성선(聖仙)이 가라사대
"금야(今夜)에는 사무(事務)를 폐(廢)하고,

다른 곳으로 몸을 피(避)하라."하시거늘,

순검(巡檢)이 명(命)하신대로,
즉시(卽時), 몸을 피(避)하였더니,
이윽고 야심(夜深)하여 화적(火賊)이 몰려와서,
주부(酒婦)를 구타(毆打)하며,
순검(巡檢)의 거처(去處)를 물으니,
이는, 여러 화적(火賊)이 순검(巡檢)을 죽이려고,
예약(預約)함이 있음이다.

익일(翌日)에, 순검(巡檢)이,
성선(聖仙)의 유(留)하신 곳을 찾아와서,
재생(再生)의 은(恩)을 감사(感謝)하니라.

〈24절〉
5월(五月)에 선생(先生)이,
굴치(屈峙)에 계실 새,
김갑칠(金甲七)이,
동곡(銅谷)으로부터 와 뵈옵거늘,
성선(聖仙)이 물어

가라사대,
"너의 지방(地方)에 농황(農況)이 어떠하뇨?"

김갑칠(金甲七)이 대(對)하여, 가로대

"한재(旱災)가 심(甚)하여,
이앙(移秧)을 못함으로 민심(民心)이,
소연(騷然)하니이다."

성선(聖仙)이

가라사대,
"네가 비를 빌러 왔도다.
네게 우사(雨師)를 붙이노니,
곧, 돌아가되,
길에서 비를 만날지라도,
회피(回避)치 말라.

그것은, 네가 천지공사(天地公事)를,
몸에 띤 연고(緣故)니라."

김갑칠(金甲七)이 영명(領命)하고 돌아갈 새,

얼마 아니 가서, 비가 시작(始作)하여,
경각간(頃刻間)에 하천(河川)이,
창일(漲溢)하는지라.

이로부터, 수량(水量)이 충족(充足)하여,
수일간(數日間)에 이앙(移秧)을 마치나니라.

〈25절〉
6월(六月)에
김형렬(金亨烈)을 데리고,
태인(泰仁) 신배(新培)를 지나실 새,
그, 이중(里中)에 어떤 집이 실화(失火)하야,
모진 바람에 화세(火勢)가 맹렬(猛熱)하거늘,

성선(聖仙)이 민망(憫惘)히 여겨

가라사대,
"저 불을 그대로 두면,
이 바람에 전동(全洞)이 초토(焦土)될 것이니,
맞불을 놔 구(救)하리라."하시고,

김형렬(金亨烈)을 명(命)하사,
섶으로써 불을 피우니,
순식간(瞬息間)에 바람이 자고,
불이 꺼지니라.

〈26절〉
8월 27일(八月 二十七日)에
익산 만중리(益山 萬中里),
황사성(黃士成)의 집에 이르시니,
마침, 어떤 사람이 노기(怒氣)를 띄어 있거늘,
다시, 동리(洞里) 정춘심(鄭春心)의 집으로 옮기시니라.

원래(元來) 황사성(黃士成)의 부(父),
황숙경(黃叔京)이
전주 용진면 용암리(全州 龍進面 龍巖里),
황 참봉(黃 參奉)에게 채무(債務)가 있었더니,
황 참봉(黃 參奉) 죽은 후에,
그 아들이 전인(專人)하여,
채금(債金) 독촉(督促)하며,
만일, 갚지 아니하면,
경무청(警務廳)에 고사(告詐)하여,
옥중(獄中)에다 썩히면서라도, 받겠다고,
위협(威脅)하는지라.

이날 밤에,
황사성(黃士成) 부자(父子)가
정춘심(鄭春心)의 집에 와서,
성선(聖仙)께 뵈옵고,

이 사실(事實)을 고(告)하며,
무사(無事)하도록,
끌러 주시기를 간걸(懇乞)하거늘,

성선(聖仙)이,
황숙경(黃叔京)에게 명(命)하사,
"백목(白木) 1필(一疋)을 사오라."하사,
의복(衣服)을 지어 입으신 후에,

황숙경(黃叔京)더러 일러

가라사대,
"이 후로는 근심을 풀라.
일이 순조(順調)로 풀리리라.
백목(白木) 1필(一疋)은 곳,
채권채무간(債權債務間),
길을 닦는 것이니라."하시더니,

그 후에, 순검(巡檢)이 와서
황숙경(黃叔京)을 잡아가려 하거늘,
황숙경(黃叔京)이 순검(巡檢)으로부터,

채주(債主)의 집에 가서,
상환(償還)을 연기(延期)하기로 하고,
화해(和解)를 청(請)하되,
채주(債主)가 듣지 아니하고, 고집(固執)하거늘,

그 모(母)가 아들을 불러 꾸짖어 가로대,
"저 어른은 너의 부친(父親)의 친구(親舊)인데,
이제 옥(獄)에 가두라 하니,
이는, 금수(禽獸)의 행위(行爲)를 하려 함이라."하고
곳, 그 증서(證書)를 빼앗아 불살라버리니,

채주(債主)가 하릴없어,

황숙경(黃叔京)에게 사과(謝過)한 후에,

드디어, 고사(告詐)를 취하(取下)하고,

채금(債金)을 면제(免除)하여 버리니라.

⟨27절⟩

9월 10일(九月 十日)에

함열 회산동(咸悅 會仙洞),

김보경(金甫京)의 집에 가시니,

김보경(金甫京)이 여쭈어,

가로대,

"이 부근(附近)에는 근일(近日)에,

도적(盜賊)이 출몰(出沒)하여,

밤마다 촌락(村落)을 겁략(刼掠)하는데,

내 집이 비록 요족(饒足)치는 못하나,

외간(外間)에서는 부호(富豪)라, 칭(稱)함으로,

실(實)로 위구(危懼)하와 마음을 놓지 못하오니,

청(請)컨대 도난(盜難)을 면(免)케 하여지이다."

하거늘,

성선(聖仙)이 웃으시며,

그, '문 앞에 침을 뱉으시고' 일러,

가라사대,

"금후(今後)로 마음을 놓으라.

도적(盜賊)이 저절로 멀리 가리라."하시더니,

과연, 그 후로는 도적(盜賊)의 자취가 없어지니라.

〈28절〉

11월(十一月)에

전주부(全州府)에 이르시니,

마침, 민요(民擾)가 일어나서,

인심(人心)이 흉흉(洶洶)하거늘,

김보경(金甫京)더러 일러

가라사대,

"김병욱(金秉旭)이 국가(國家)의 중진(重鎭)에,

처(處)하였으니,

인민(人民)의 동요(動搖)를,

잘 진무(鎭撫)하여써,

그 직책(職責)을 다하여야 할지라.

그 방략(方略)을 어떻게 정(定)하였는지,

김병욱(金秉旭)에게 물어오라."

김보경(金甫京)이 김병욱(金秉旭)을 찾아,

명(命)하신 바를 전(傳)하니,
김병욱(金秉旭)이 성선(聖仙)께 와 뵈입고,

가로대,
"나의 무능(無能)으로는 물끓듯 하는,
민요(民擾)를 진압(鎭壓)할 수 없사오니,
오직 성선(聖仙)의 신위(神威)만 믿나이다.

성선(聖仙)이

가라사대
"내가 가름하야 진압(鎭壓)하리라."하시고,

그날 밤부터,
우설(雨雪)을 크게 내리시며,
천기(天氣)를 혹한(酷寒)케 하시니,

방한(防寒)의 설비(設備)가 없이,
로영(露營)에 모였던 군중(群衆)은,
하릴없이 해산(解散)하여,
집으로 돌아가고,
우설(雨雪)은 3일을 계속함으로,
군중(群衆)은 다시 모이지 못하고,
소란(騷亂)은 스스로 평정(平定)되니라.

〈29절〉

12월(十二月)에

원평(院坪)에 계실 새,

그때에 어사(御使) 박제빈(朴齊斌)이, 전

북 칠읍(全北 七邑) 군수(郡守)를 파면(罷免)하고,

장차(將次) 전주(全州)에 출도(出道)하려 하매,

군수(郡守) 권직상(權直相)의 지위(地位)도,

위태(危殆)하게 된지라.

김병욱(金秉旭)은,

당시(當時), 전주(全州) 육군장교(陸軍將校)로서,

권직상(權直相)과 우의관계(友誼關係)가 있을 뿐 아니라,

또한, 순치(脣齒)의 관계(關係)가 있음으로,

그 일을 근심하여,

성선(聖仙)께 그 대책(對策)을 묻거늘,

성선(聖仙)이

가라사대

"그 일은 무사(無事)하도록 끌르리니,

근심치 말라."하시더니,

그 후에, 박 어사(朴 御使)가,

권직상(權直相)을 파면(罷免)하려고,

전주부(全州府)에 들어오자,

때마침, 박 어사(朴 御使) 면관비훈(免官祕訓)이,

전주부(全州府)에 도착(到着)하니라.

〈30절〉
을사(1905년) 정월 회일(乙巳 正月 晦日)에,
성선(聖仙)이 김형렬(金亨烈)과 더불어,
부안 성근리(扶安 成根里), 이환구(李桓九)의 집에 가사,
여러 날, 머무르실 새,
이환구(李桓九)가
부안(扶安) 읍인(邑人) 신원일(辛元一)을 좇아,
천거(薦擧)하거늘,
성선(聖仙)이 신원일(辛元一)을 부르시니,

신원일(辛元一)이 와 뵈입고,
성선(聖仙)을 자기(自己)집으로 모셔다가,
공양(供養)하니,
신원일(辛元一)의 부(父)와 제(弟)가,
성선(聖仙)을 믿지 아니하고,
오래 머무르심을 싫어하니라.

신원일(辛元一)이 청(請)하여 가로되,
"가친(家親)이 본래(本來) 어업(漁業)을 즐겨하여,
해마다 경영(經營)하다가,
거년(去年)에 폭풍(暴風)으로 인하여,
큰 손해(損害)를 보았으니,
청(請)컨대, 금년(今年)에 풍재(風災)를 없게 하사,

어업(漁業)을 왕성(旺盛)케 하여주시면,
가친(家親)을 위하여 다행(多幸)하겠나이다."하거늘,

성선(聖仙)이

가라사대,
"그 일은 어렵지 아니하니,
다익(多益)을 얻은 후에,
돈 천냥(千兩)을 나누어 오라.

장차(將次) 용처(用處)가 있노라."하시니,
신원일(辛元一) 부자(父子)가,
기뻐하여, 허락(許諾)하더니,

이 해에, 과연 풍재(風災)가 없고,
칠산(七山) 해상(海上)에서,
신원일(辛元一) 부(父)의 어업(漁業)이
가장, 흥왕(興旺)하야,
대금(大金)을 얻은지라.

성선(聖仙)이,
신원일(辛元一) 부(父)에게 전인(傳人)하사,
"허락(許諾)한 돈 천냥(千兩)을 보내라."하시니,

신원일(辛元一)의 부(父)가,

전약(前約)을 어기고 보내지 아니하거늘,

성선(聖仙)이 신원일(辛元一)더러 일러,

가라사대,
"이는 대인(大人)을 기망(欺罔)함이라.
내 일은,
모든 것을 신명(神明)으로,
더불어, 작정(作定)하는 것임으로,
한 가지라도, 사사(私私)로이 못하노니,

금후(今後)로는,
군(君)의 어업(漁業)이,
철폐(撤廢)케 되리라."하시더니,

그 후로는,
일미(一尾)의 어(魚)도,
잡히지 아니함으로
드디어, 어업(漁業)을 폐지(廢止)하니라.

〈31절〉
3월(三月)에
일진회(一進會)와 전주(全州) 이속(吏屬)이,
서로, 교쟁(交爭)하여,

최창권(崔昌權)이 부내이속(府內吏民)을 모아,
사문(四門) 견폐(堅閉)하고,

일진회(一進會)의 입성(入城)을 막으며,
사방(四方)으로 통문(通文)을 발(發)하여,
민병(民兵)을 모집(募集)하여,

일진회(一進會)를 초멸(剿滅)코저 하거늘,

성선(聖仙)이

가라사대,
"어렵게 살아난 것이 또 죽게 되니,
구조(救助)하여 주리라."하시고,
화정리(花亭里) 이경오(李京五)에게,
돈 70냥(七十兩)을 청구(請求)하시니,

이경오(李京五)가 돈이 없다고 사절(謝絶)하거늘,

타처(他處)에서 7냥(七兩)을 판비(辦備)하여,
가라사대,
"이 7냥(七兩)이
능히, 70냥(七十兩)을 대(代)하리라."하시고,

김형렬(金亨烈)를 데리고,

전주(全州) 용두치(龍頭峙) 주점(酒店)에 이르사,
행인(行人)를 많이 청(請)하여 술을 먹이시고,

종이에 글을 써서,
그 집 문 돌쩌귀와 문고리를 연결(聯結)하시더니,
이날 석모(夕暮)에 이르러,
일진회(一進會) 이속(吏屬)이 화해(和解)하여,
사문(四門)을 열고,
일진회(一進會)를 입성(入城)케 하니라.

이 날에 소비(消費)한 돈이 6냥(六兩)이라.

성선(聖仙)이 김형렬(金亨烈)더러 일러,

가라사대,
"고인(古人)은 바둑 한 점(點)으로,
10만병(十萬兵)을 물리쳤다 하는데,
나는 돈 6냥(六兩)으로,
이회(吏會)의 교쟁(交爭)을 끝냈으니,
내가, 고인(古人)만 같지 못하다." 하시니라.

〈32절〉
동일(同日)에
화적(火賊)이 이경오(李京五)의 집을,
습격(襲擊)하여, 돈 70냥(七十兩)을 탈거(奪去)하거늘,

성선(聖仙)이 들으시고

가라사대,
"그 돈에 적신(賊神)이 범(犯)하였음을 알고,
활인(活人)하는 일에나 쓰기,
위하여 청구(請求)하였더니,
이경오(李京五)가 듣지 않고,
없다고 사절(謝絶)하였다."하시니라.

〈33절〉
이 후로,
수삭(數朔) 동안에 객망리(客望里),
앞 주점(酒店)에서 공사(公事)를 행하실 새,
종도(從徒)의 래왕(來往)이 빈번(頻煩)하여,
점주(店主) 오동팔(吳東八)이 돈을 많이 모았더니,

그 후에, 경용(經用)이 부족(不足)함을 보고,
심(甚)히 냉대(冷待)하거늘,
모든 종도(從徒)가 그 무의(無義)함을 노(怒)한데,

성선(聖仙)이 일러

가라사대,
"지우무학(至愚無學)한 무리가,
어찌, 의리(義理)를 알리오.

우리가 만일, 그 무의(無義)를 노(怒)하면,

그가, 반드시 대화(大禍)를 받으리나니,

나의 과차(過次)에 덕(德)을 흩이지 못하고,

도리어, 화(禍)를 끼치면 어찌 온당(穩當)하리오."하시니라.

〈34절〉

그 후에, 태인읍(泰仁邑)에 이르사,

야반(夜半)에 여러 종도(從徒)를 데리시고,

산(山)에 올라 공사(公事)를 행하신 후에,

일러 가라사대,

"이제 대신명(大神明)이 회집(會集)하였으니,

그 해산(解散) 끝에는 참혹(慘酷)한,

응징(膺懲)이 있으리라."

말씀을 마치시자,

문득, 태인읍(泰仁邑)에서 군중(群衆)의,

고함(高喊)소리가 나는지라,

종도(從徒)들이 성선(聖仙)을 모시고,

산(山)에서 내려와,

사유(事由)를 탐문(探聞)하니,

차경현(辛京玄)의 주점(酒店)이,

군중(群衆)의 습격(襲擊)을 받아,

가장집물(家藏什物)과 주항(酒缸)이,

모두, 파손무유(破損無遺)하였더라.

원래(元來), 신경현(辛京玄)이 주점(酒店)을,
경영(經營)함에,
읍중(邑中), 소년(少年)의 동정(同情)을 얻어서,
다익(多益)을 보았더니,
그 후로, 소년(少年)들이 궁핍(窮乏)하여짐에,
신경현(辛京玄)이 심(甚)히 냉대(冷待)하거늘,
소년(少年)들이, 그 '무의(無義)함을 노(怒)'하여,
이렇게, 습격(襲擊)함이라.

익일(翌日)에
성선(聖仙)이 신경현(辛京玄)의 집에 가시니,
신경현(辛京玄) 부처(夫妻)가 호읍(號泣)하며,
타처(他處)로 옮기려 하거늘,

성선(聖仙)이 일러

가라사대,
"원래(元來) 이해득실(利害得失)이,
모두, 자신(自身)에 있고,
위치(位置)에 있지 아니하나니,

이후(以後)로는, 삼가,
모든 사람에게 온정(溫情)을 베풀라.
그러면, 전로(前路)가 펴이고,
영업(營業)이 다시 흥왕(興旺)하리라." 하시니라.

〈35절〉

그날 밤에, 오동팔(吳東八)의 주점(酒店)에는,
뜻밖에 우레 소리가 나며,
집이 저절로 드날려서 뜻밖에,
전복(顚覆)되고 인축(人畜)과 가산(家産)은,
아무 상해(傷害)가 없는지라.

동팔(東八)이 재목(材木)을 수습(收拾)하여,
집을 개축(改築)하다가,
2회(二回)나, 거듭 전(前)과 같이 전복(顚覆)됨으로,
하릴없이, 공사(工事)를 중지(中止)하고,
의막(依幕)을 치고 지내더니,

하루는, 어떤 사람이 지나다가,
그 경상(景狀)을 보고,
긍측(矜惻)히 여기어,
자진(自進)하여, 겨우 3~4시간(時間)을 비(費)하여,
집을 개축(改築)하여 주고,
임금(賃金)도 요구(要求)치 않고 가니라.

대저(大抵), 그 개축(改築)에는,
보통목공(普通木工) 10여일(十餘日) 품을,
요(要)할 공사(工事)임으로,
이웃사람은 크게 이상(異常)히 여기되,

종도(從徒)들은,

모두, 태인(泰仁) 산상(山上)에서 말씀하신 일을 생각하여,

그 피화(被禍)한 것을,

반드시, 신명해산시(神明解散時)의 응징(膺懲)이오,

다시, 그 신기(神奇)한 구조(救助)를 받은 것은,

성선(聖仙)께서 긍측(矜惻)히 여기사,

신장(神將)을 보내어,

공작(工作)케 하심이라고 생각하니라.

〈36절〉

매양(每樣),

천지공사(天地公事)를 행하실 새,

모든 종도(從徒)더러,

'마음을 잘 닦아, 앞에 오는 좋은 세상(世上)을,

구경'하라 하심으로,

하루바삐, 그 세상이 이르기를 희망(希望)하더니

하루는, 신원일(辛元一)이 고청(固請)하여

가로대,

"성선(聖仙)께서 천지(天地)를 개벽(開闢)하여,

새 세상(世上)을 건설(建設)한다 하신 지가,

이미, 일구(日久)하오며,

공사(公事)를 행하심도 누회(累回)를 경(經)하였으되,
시대(時代)의 현상(現狀)은,
소호(少毫)도 변개(變改)함이 없사오니,

제자(弟子)의 의혹(疑惑)이,
날로 자심(滋甚)하나이다.

성선(聖仙)이시여,
하루바삐 이 세상(世上)을 뒤집어서,
선경(仙境)을 건설(建設)하시와
남의 조소(嘲笑)를 일신(一身)에,
주집(注集)치 않게 하시고,

애닯게 기다리는,
우리에게 영화(榮華)를 주시옵소서."하거늘,

성선(聖仙)이 일러

가라사대,
"인사(人事)는 기회(機會)가 있고,
천리(天理)는 도수(度數)가 있나니,

그,
'기회(機會)를 지으며,
도수(度數)를 운화(運化)함이 당연(當然)한 일'이라.

이제, 기회(機會)와 도수(度數)를 어기고,
억지로 사권(私權)을 쓰면,
이는, 천하(天下)에 재(災)를 끼침이며,
억조(億兆)의 생명(生命)을 빼앗음이니,
차마 할 일이 아니니라."하시되,

신원일(辛元一)이 더욱, 굳이 청(請)하여

가로대,
"방금(方今) 천하(天下)가,
혼란무도(混亂無道)하여 선악(善惡)을 ,
가리기가 어려우니,
마땅히, 속(速)히 진멸(殄滅)하고서,
운수(運數)를 열으심이 옳으니다."하거늘,

성선(聖仙)이 괴로이 여기사,
7월에
신원일(辛元一)과 및 수삼종도(數三從徒)를 데리고,
변산(邊山) 개암사(開巖寺)에 가시어,
손가락으로 물을 찍어서, 부
안(扶安) 석교(石橋)를 향하여 뿌리시니,

문득, 그 방면(方面)으로 구름이 모여들어,
대우주하(大雨注下)하고,
개암사(開巖寺) 부근(附近)은 청명(晴明)하더라.

성선(聖仙)이 신원일(辛元一)을 명(命)하사,
"속(速)히 집에 왕환(往還)하라."하시니,

신원일(辛元一)이 승명(承命)하고,
집에 돌아간 즉, 그 아우의 집이,
대우(大雨)에 도괴(倒壞)되고,
그 권속(眷屬)이 자기(自己)의 집에 모여 있거늘,

신원일(辛元一)이 비참(悲慘)을 이기지 못하여,
곧, 돌아와서 그 사유(事由)를 성선(聖仙)께 고백(告白)하니,

성선(聖仙)이 일러

가라사대,
"개벽(開闢)이란, 이렇게 쉬운 것이라.
천하(天下)를 수국화(水國化)하여,
모든 것을 윤몰(淪沒)케 하고,
우리만 살아있으면,
무슨 복리(福利)가 되리요.

대저(大抵), '제생의세(濟生醫世)는,
성인(聖人)의 도(道)'요,

'재민혁세(災民革世)는 웅백(雄伯)의 술(術)'이라.

이제, 천하(天下)가 웅백(雄伯)에게 괴로운지 오랜지라.

내가 상생(相生)의 도(道)로써,
'화민정세(化民靖世)'하리니,
새 세상(世上)을 보기가 어려운 것이 아니라,
마음을 고치기가 어려우니,
너는, '이제로부터 마음'을 잘 고치라.

대인(大人)을 공부하는 자(者)는,
항상(恒常), 남 살리기를 생각하여야 하나니,
어찌, 억조(億兆)를 사멸(死滅)케 하고,
홀로, 잘되기를 도모(圖謀)함이 옳으리오."하시니,

신원일(辛元一)이,
이 일로부터 두려워하여,
무례(無禮)한 언사(言辭)로,
성선(聖仙)께 괴롭게 한 일을 뉘우치고,

신원일(辛元一)의 아우는,
그 형(兄)이 성선(聖仙)께 추종(追從)하고,
가사(家事)를 돌보지 아니함을 미워하야,

항상(恒常),
성선(聖仙)을 후욕(詬辱)하더니,
형(兄)으로부터 이 사실(事實)을 듣고는,

성선(聖仙)께 후욕(詬辱)한 죄(罪)의 보응(報應)으로,

가옥(家屋)이 도괴(倒壞)됨인가 하여,

이로부터, 마음을 고치니라.

〈37절〉

그 후에, 고부(古阜) 입석리(立石里),

박창국(朴昌國)의 집에 이르사,

박창국(朴昌國)의 처(妻)는 성선(聖仙)의 친매(親妹)라.

벗은 발로 밖에 다니는 것을 보시고,

민망히 여겨 가라사대,

"이 도랑에 독사(毒蛇)가 있으니,

벗은 발을 물리면 어찌 하리요."하시고,

길게 휘파람을 부시니,

문득, 큰 독사(毒蛇) 한 마리가,

풀밭으로부터 나와서,

뜰 밑에 이르러 머리를 들고 가만히 있더니,

이윽고,

박창국(朴昌國)이 밖으로부터 들어오다가,

독사(毒蛇)를 보고 대경(大驚)하여,

곧, 상장(喪杖)을 들어 타살(打殺)하거늘,

성선(聖仙)이 그 피가 땅에 있음을 보시고

가라사대,

"이 피를 벗은 발로 밟으면,

해(害)가 있으리라."하시고,

친(親)히, 그 혈흔(血痕)을 밟아,

독기(毒氣)를 제(除)하시니라.

〈38절〉

12월(十二月)에,

함열(咸悅)로부터 동곡(銅谷)으로 가실 새,

길(道)이 심(甚)히 질어서,

행로(行路)가 곤란(困難)한지라,

성선(聖仙)이,

「御在函羅山下(어재함라산하)」라 써서 불사르시니,

이로(泥路)가 곳 얼어서 굳어지거늘,

이에, 마른 신발로 등정(登程)하시니라.

〈39절〉

병오(丙午,1906년) 정월(正月) 3일에

동곡(銅谷)에 계실 새,

여러 종도(從徒)들에게

1주야(一晝夜)동안 '언어(言語)와 흡연(吸烟)'을

금(禁)하시니라.

〈40절〉
5일(五日)에 모든 종도(從徒)들에게 일러

가라사대,
"오늘은 **호소신(好笑神)**이 올 것이니,
너희들은 웃음을 조심하라.

만일 웃는 자(者)가 있으면,
이 신명(神明)이 공사(公事)를,
보지 아니하고 돌아가리니,
그가 한 번 가면, 어느 때 다시 올지 모르리라."
하시거늘,

여러 사람이 특별(特別)히 조심하더니,
뜻밖에, 정성백(鄭成伯)이 웃음으로,
일좌(一座)가 다 함께 웃으니라.

그날, 오후(午後)에 정성백(鄭成伯)이,

문득, 오한대통(惡寒大痛)하여,
3일간(三日間)을 위석(委席)하더니,
성선(聖仙)이 앞에 누이시고,
어루만지시니 곳 나으니라.

〈41절〉
동곡(銅谷) 앞에서 주점영업(酒店營業)하는,
정괴산(丁槐山)이,
극(極)히 빈한(貧寒)하되,
매양(每樣) 선생(先生)을,
지성(至誠)으로 공대(供待)하더니,

정월(正月)에 성선(聖仙)이,
그 집에 들리시니,

정괴산(鄭槐山)이
성선(聖仙)께 공양(供養)하려고, 구
탕(狗湯)을 토정(土鼎)에 끓이다가,
문득, 토정(土鼎)이 깨어짐에,

정괴산(丁槐山)의 처(妻)가,
낙담(落膽)하여 울고 섰거늘,

성선(聖仙)이 긍측(矜惻)히 여기사,
신경원(辛京元)을 명(命)하사,
그의, 영업(營業)하는 철점(鐵店)에서,
철정(鐵鼎) 일좌(一座)를 가져다주었더니,
이로부터, 괴산(槐山)의 가세(家勢)가,
점점(漸漸) 유족(裕足)하여지니라.
그 후에, 정괴산(丁槐山)이 태인(泰仁) 방교(方橋)로 ,

이거(移居)할 때에,

그 철정(鐵鼎)을,
환평(環坪) 정동조(鄭東朝)에게 팔았더니,

정괴산(丁槐山)은 도로 빈한(貧寒)하여지고,
정동조(鄭東朝)는 유족(裕足)하게 되었음으로,

모든 사람이,
그 '철정(鐵鼎)을 복정(福鼎)이라 칭(稱)'하니라.

〈42절〉
하루는 용화동(龍華洞),
박봉민(朴奉敏)의 주점(酒店)에 이르사,
술을 찾으시니, 마침 술이 떨어졌다 하거늘,

성선(聖仙)이,
술을 빚었던 그릇을 가져오라 하사,
물을 채워 부으시고,
손으로 저으신 후에 마시며,
여러 종도(從徒)들에게 나누어 주시니,
그 맛이 본래(本來) 빚었던 술과 같으니라.

〈43절〉 "여백"

〈44절〉
하루는, 금산사(金山寺) 청련암(靑蓮菴),
승(僧) 김현찬(金玄贊)더러 일러,
가라사대
"명당(明堂) 쓰기를 원(願)하나냐?"하시니,

김현찬(金玄贊)이 대(對)하여 가로대,
"평생지원(平生至願)이로소이다."하거늘,

성선(聖仙)이 가라사대,
"그러면 믿고 있으라."하시고,

그 후에, 또 김병욱(金秉旭)더러 일러,

가라사대
"명당(明堂)을 쓰려 하나냐?"하시니,
김병욱(金秉旭)이 대(對)하여 가로대,
"지원(至願)이로소이다."하거늘,

성선(聖仙)이 가라사대,
"그러면 믿고 있으라."하시드니,

그 후, 수년간(數年間)이 되도록,

다시, 그에 대(對)한 말씀을 아니 하심으로,

양인(兩人)은,
다만, 성선(聖仙)의 뜻만 바라고 있다가,

하루는, 김병욱(金秉旭)이,
성선(聖仙)께 여쭈어, 가로대,
"전자(前者)에 허락(許諾)하신 명당(明堂)은,
언제나 주려 하시나이까?"

성선(聖仙)이 가라사대,
"네가 아들을 원(願)함으로,
그때에 명당(明堂)을 쓰었나니,
이미 발음(發陰)되었나니라."하시니,

원래(元來), 김병욱(金秉旭)이,
무자(無子)함을 한(恨)하다가,
명당(明堂)을 허락(許諾)하신 후에,
소실(小室)을 얻어서,
아들을 낳았더니, 이 일을 이르심이라.

김병욱(金秉旭)이 심(甚)히,
허탄(虛誕)히 여기거늘,

성선(聖仙)이 가라사대,

"선천(先天)에는 매백골이장지(埋白骨而葬之)로대,
 후천(後天)에는 불매백골이장지(不埋白骨而葬之)라."하시니라.

그 후에, 김현찬(金玄贊)이 또 묻거늘

가라사대,
"명당(明堂)은 이미 썼거니와
이제 발음(發陰)이 되었나니라."하시니,

대저(大抵), 김현찬(金玄贊)도,
명당(明堂)을 허락(許諾)하신 후에,

퇴속(退俗)하여 취처(娶妻)하고,
아들을 낳았음으로 이 일을 이르심이러라.

〈45절〉
김갑칠(金甲七)이,
친묘(親墓)를 면례(緬禮)하기 위하여,
모든, 기구(器具)를 준비(準備)하였더니,

성선(聖仙)이 일러,

가라사대,
"내가 너를 위하여 면장(緬葬)하여 주리라."하시고,
준비(準備)한 관곽(棺槨)과 모든 물품(物品)을,

모두 불사르신 후에,
그 재를 앞내에 버리며, 하늘을 보라 하시거늘,

김갑칠(金甲七)이 명(命)하신대로 하면서,
하늘을 우러러보니,
문득, 이상(異常)한 구름이 북천(北天)으로부터
남천(南天)까지 뻗쳤더라.

〈46절〉
10월(十月)에,
전주부인(全州府人) 문태윤(文泰潤)이 와 뵈옵거늘,

성선(聖仙)이 그, 휴대(携帶)한 보자(褓子)를 보시고

가라사대,
"이 방(房)은 안한(安閑)한 공부방(工夫房)이라,
속 모르는 사람을 그대로 받아드리지 아니하나니,
그 보자(褓子)를 끌러 보이라,
그 가운데 반드시, 전쟁(戰爭)의 장본(張本)이 있으리라."

문태윤(文泰潤)이,
부끄러운 빛으로 그 보(褓)를 끌르니,
그 숙질간(叔姪間)에 금전관계(金錢關係)로
쟁송(爭訟)하는 서류(書類)가 있는지라,

문태윤(文泰潤)이 여쭈어 가로대,
"이런 불미(不美)한 일이 있음으로,
성선(聖仙)의 신성(神聖)하심을 듣고,
해결책(解決策)을 물으러 와,

부끄러운 마음으로,
차마 품달(稟達)치 못하였나이다."

성선(聖仙)이

가라사대,
"전쟁(戰爭)은 가족전쟁(家族戰爭)이 큰 것이니,
일가(一家)의 난(亂)이,
천하(天下)의 난(亂)을 끌러 내나니라."
하시고,

한 봉서(封書)를 주시며,

가라사대,
"이 봉서(封書)를 그대의 조카의,
집에 가서 불사르라."하시거늘,

문태윤(文泰潤)이 그대로 하였더니,
그 후, 결과(結果) 화해(和解)되니라.

〈47절〉

이 달에,

신원일(辛元一)이 건재약국(乾材藥局)을,

배설(排設)하고,

무약(貿藥)하러 공주령시(公州令市)에 갈 새,

성선(聖仙)께 와 뵈옵고 여쭈어

가로대,

"방금(方今) 길이 질어서,

행인(行人)의 불편(不便)이 극심(極甚)하오니,

청(請)컨대, 공중(公衆)의 편리(便利)를 위하여,

길을 얼려, 굳게 하여지이다."하거늘,

성선(聖仙)이 허락(許諾)하시고,

술을 가져오라 하사 마시니,

그날 밤부터 길이 얼어붙어서,

세말(歲末)까지 녹지 아니하니라.

〈48절〉

김익찬(金益贊)을 데리고,

전주(全州) 세천(細川)을 지나실 새,

일인(日人) 엽사(獵師)가 안군(雁群)이,

많이 내려앉은 곳에,

'엽총(獵銃)을 겨누고 발사(發射)'하려고 하거늘,

성선(聖仙)이

가라사대,
"군자불인견(君子不忍見)이라."하시고,
왼발로 땅을 한 번 구르시며 서시니,
그 엽총(獵銃)이 발사(發射)되지 못한지라,
엽사(獵師)는 이상(異常)히 여겨,
총(銃)을 검사(檢査)하되,
이유(理由)를 알지 못하고,
무수(無數)히 힘을 들여 헤매든 차(次)에,
안군(雁群)이 다 멀리 날아가거늘,

성선(聖仙)이 발을 옮겨 행(行)하시니,
엽총(獵銃)은 그제야 발사(發射)되니라.

〈49절〉
불가지(佛可止),
김성국(金成國)의 집에 머무르실 새,

치군(雉群)이 많이 텃밭에 내리거늘,
김성국(金成國)이 김덕찬(金德贊)으로 더불어,
망고(網罟)를 많이 만들어,
텃밭에 장라(張羅)하여 잡으려 하거늘,

성선(聖仙)이

가라사대,
"너희는, 잡을 공부(工夫)를 하라.
나는, 살릴 공부(工夫)를 하리라."하시더니,
이로부터, 치군(雉群)은 많이 내리되,
한 마리도 망고(網罟)에 걸리지 아니하니라.

〈50절〉
불가지(佛可止)로부터 전주(全州)로 행(行)하실 새,
동남(東南)으로부터 대우(大雨)가 오거늘,
성선(聖仙)이 길 가운데,
흙을 타고 침을 뱉어 묻으시니,

몰아오던 비가 문득, 두 갈래로 나뉘어,
한 갈래는 동천(東天)으로 향하고,
한 갈래는 서천(西天)으로 향하여 물러가니라.

〈51절〉
황응종(黃應鍾), 김갑칠(金甲七)을 데리고,
원평(院坪)을 지나실 새,
원평(院坪) 다리를 건너시면서,
왼발로 길을 한 번 구르시고 길가에 서시더니,

이윽고,
승마객(乘馬客) 3인(三人)이 오다가,
다리 건너편(便)에 이르러,

마족(馬足)이 땅에 붙어서 옮기지 못함으로,
어자(御者)가 무수(無數)히 힘들여 끌다가,
하릴없이 멈추고 섰더니,

한 어자(御者)가 말고삐를 놓고 다리를 건너와서,
성선(聖仙)께 절하고 비켜서시기를 빌거늘,
성선(聖仙)이 웃으시며,
비켜서시니, 말이 비로소 달려가니라.

〈52절〉
약방(藥房)에 계실 새,
하루는, 조조(早朝)에 해가 떠서,
압제비산(山) 봉우리에 반튼 쯤 오르거늘,

성선(聖仙)이 여러 종도(從徒)더러 일러

가라사대,
"이러한 난국(難局)에 처(處)하여,
정세(靖世)의 뜻을 품는 자(者)는,
능(能)히, 일행(日行)을 멎추는 권능(權能)을,
가지지 못하면 불가(不可)할지니,
내 이제 시험(試驗)하여 보이리라."하시고,

축인 담배 세 대를 갈아 피우시되,
해가 산령(山嶺)을 솟아오르지 못하더니,

성선(聖仙)이 연죽(煙竹)을 땅에 던지시니,
해가 문득 수장(數丈)을 솟으니라.

〈53절〉
정미(丁未,1907년) 4월(四月)에
고부(古阜) 객망리(客望里)로부터,
태인(泰仁)으로 가실 새,

먼저, 신원일(辛元一)을 보내사,
사관을 정(定)하라 하시고,
익일(翌日)에 객망리(客望里)을 떠나,
그 앞 주점(酒店)에 이르사,

김형렬(金亨烈)더러 일러

가라사대,
"나는 여기서 유숙(留宿)하리니,
너는 먼저 태인(泰仁)에 가서,
신원일(辛元一)과 함께 자고,
명일(明日),
조조(早朝)에,
하마정(下馬亭)에서 나를 기다리라."하시니,

김형렬(金亨烈)이 봉명(奉命)하고,
태인(泰仁)에 이르러,

신원일(辛元一)을 만나서, 함께 자고,

익일(翌日)에,
신원일(辛元一)로 더불어,
하마정(下馬亭)에 이르니,
마침, 시일(市日)임으로 사람이 많이 모여들더라.

성선(聖仙)이
김형렬(金亨烈), 신원일(辛元一)을 만나서,
길가 술집에 좌정(坐定)하시고,

신원일(辛元一)을 불러

가라사대,
"내가 오늘 벽력(霹靂)을 쓰리니 술을 가져오라."
신원일(辛元一)이 술을 올리매,
잔을 잡으사 두어 번 두르시니,
문득 바람이 일어나고,
폭우(暴雨)가 쏟아지며,
벽력(霹靂)이 대발(大發)하니라.

이윽고, 비가 개이거늘,

신원일(辛元一)을 명(命)하야
가라사대,

"신경원(辛京元)의 집에 가면 알 일이 있으리니,
빨리 갔다 오라."

신원일(辛元一)이 응명(應命)하고,
신경원(辛京元)의 집에 가니,
마침, 나무장사가 비를 피하여,
신경원(辛京元)의 집에 들어와서 말하되,

"나는 오늘 놀라운 일을 보았노라.
나무를 지고 오는 길에
노부(老婦)와 소부(少婦)가,
길에서 싸우는 것을 보았는데,

그 내용(內容)을 들은 즉,

소부(少婦)는 노부(老婦)의 자부(子婦)로써,
유아(乳兒)를 난 지 7일이 못되어,
작야(昨夜)에 부상(夫喪)을 당한지라,

치상(治喪)도 아니하고, 유아(乳兒)를 버리고,
도망(逃亡)함으로,
노부(老婦)는 소부(少婦)를 좇아,
만나서, 유아(乳兒)를 데려다가,
기르라고 애걸(哀乞)하되,

소부(少婦)가 듣지 않고 힐항(頡頏)하다가,
문득 낙뢰(落雷)하여 소부(少婦)가 마저 죽었으니,
이로 볼진대, 천도(天道)가 소명(昭明)하다."하거늘,

신원일(辛元一)이 돌아와, 그 들은 말을 고(告)하니,

성선(聖仙)이 가라사대,
"내가 오늘 아침에,
물망리(物望里) 주점(酒店)을 지날 때에,
한 소부(少婦)가 이슬을 떨며 빨리 지나가더니,

그 후로, 노부(老婦)가 달려오며,
소부(少婦)의 자취를 묻는 고(故)로,
그 사유(事由)를 자세(仔細)히 들으니,
실(實)로,
인도상(人道上) 용서(容恕)치 못할 죄악(罪惡)이라.

하물며, 그 작배(作配)는 저희들끼리 지은 것이라 하니,
대저(大抵),
'부모(父母)가 지어 준 것은 인연(人緣)이오,
스스로, 지은 것은 천연(天緣)이라'.

인연(人緣)은 오히려 고칠 수 있으되,
천연(天緣)은 고치지 못할 것이어늘,

이제, 인도(人道)에 패려(悖戾)하고,
천연(天緣)에 몰의(沒義)하니,
어찌, 천노(天怒)가 없으리요."
하시니라.

〈54절〉
5월 5일(五月 五日) 단양절(端陽節)에
종도(從徒)들과 리중인(里中人)이 연합(聯合)하여,
성선(聖仙)을 모시고,
학선암(學仙菴)으로 소창(消暢)하러 갈 새,

중로(中路)에 폭우(暴雨)가 크게 몰려오거늘,
성선(聖仙)이 연죽(煙竹)으로,
몰아오는 비를 향하여,
한 번 두르시니,
문득, 비가 다른 곳으로 물러가더니,
학선암(學仙菴)에 당도(當到)한 후 비가 내리니라.

〈55절〉
6월부터 수삭(數朔)동안,
정읍(井邑) 대흥리(大興里) 차경석(車京石)의 집에 계시사,

박공우(朴公又)가 종유(從遊)하기 1삭(一朔) 전(前)에,
천원(川原) 시장(市場)에서,
예수교인(耶蘇敎人)과 교쟁(交爭)하다가,

큰 돌에 맞아서 가슴뼈가 상(傷)하여,
일시(一時), 혼도(昏倒)하였다가,

겨우, 회생(回生)하여,
수순간(數旬間) 치료(治療)를 받은 후에,
겨우, 행진(行進)은 하되,
아직까지 흉부(胸部)에 손을 대지 못하고,
기와(起臥)에 크게 고통(苦痛)을 감(感)하는 중(中)임으로,
그, 사실(事實)을 성선(聖仙)께 고달(告達)하니,

성선(聖仙)이 가라사대,
"너 전자(前者)에 어느 길가에서,
남의 흉부(胸部)를 쳐서,
사경(死境)에 이르게 한 일이 있으니,
그 일을 생각하여 잘 뉘우치라.

또, 네가 몸이 쾌복(快復)한 후에는,
가해자(加害者)를 찾아서
죽이려고 생각하나,
너에게 상해(傷害)를 받은 자(者)의,
척신(隻神)이 그에게 붙어서, 보복(報復)한 바이니,
오히려, 그만하기 다행(多幸)이라.

네 마음을 잘 풀어,
가해자(加害者)를 은인(恩人)과 같이 생각하라.

그러면 곧 쾌복(快復)되리라."

박공우(朴公又)가 그 말씀에 크게 복응(服膺)하여,
가해자(加害者)를 증오(憎惡)하던 마음을 풀어버리고,

후일(後日)에 만나면,
반드시, 예대(禮待)하겠다는 생각을 두었더니,
수일후(數日後)에
천원(川原) 예수교회(耶蘇敎會)에
12군(十二郡) 목사(牧師)가 회집(會集)하여,
대전도회(大傳道會)를 개최(開催)한다 하거늘,

성선(聖仙)이 박공우(朴公又)더러 일러

가라사대,
"너의 상처(傷處)를 낫기 위하여,
12군(十二郡) 목사(牧師)를 소집(召集)하였노라."하시더니,
그 후, 3일 만에
박공우(朴公又)의 상처(傷處)가 전쾌(全快)하니라.
〈56절〉
하루는, 가물치 회(膾)를 올렸더니,
성선(聖仙)이 잡수신 후에,
문밖에 거닐으시다가,

하늘을 우러러보시고 웃어

가라사대,
"그 기운(氣運)이 빠르다."하시거늘,

종도(從徒)들이 하늘을, 우러러보니,
구름과 같은 이상(異常)한 기운(氣運)이,
가물치 모양을 이루어,
허공(虛空)에 떠서 동천(東天)으로 향하여 가더라.

〈57절〉
하루는,
종도(從徒) 5~6인(人)이 금사(琴師)를 불러서,
가야금(伽耶琴)을 타게 하고, 유쾌(愉快)히 놀더니,

성선(聖仙)이 금지(禁止)하사 가라사대,
"저 허공(虛空)을 보라.
나는 모든 일을 함부로 하기 어려우니라."

종도(從徒)들이 모두 우러러보니,
구름과 같은 이상(異常)한 기운(氣運)이,
탄금(彈琴)하는 형상(形狀)과
5~6인(人)의 열좌(列坐)한 모형(模型)을
이루어, 허공(虛空)에 떠 있더라.

〈58절〉
중복일(中伏日)에,

성선(聖仙)이 종도(從徒)더러 일러

가라사대,
"오늘 전광(電光)이 나지 아니하면,
충재(蟲災)가 생겨 농작(農作)을
해(害)하리니 잘 살피라."하시거늘,

모두 주의(注意)하여 저물도록 살피되,
전광(電光)이 나지 아니하는지라,
성선(聖仙)이 하늘을 향하여

가라사대,
"천지(天地)가 어찌 생민(生民)의 재해(災害)를
이렇게 돌아보지 아니하나요."하시며,
마른 짚을 세셔서, 화로(火爐)불에 꽂아서 사르시니,
문득, 북방(北方)에서 전광(電光)이 발(發)하는지라.

또, 가라사대,
"북방(北方) 사람만 살라고 타방(他方) 사람은
다 죽어야 옳으냐?"하시니,
다시, 사방(四方)에서 전광(電光)이 번쩍이더라.

〈59절〉
하루는,
신원일(辛元一), 박공우(朴公又) 외 3~4인(人)을 데리시고,

태인(泰仁) 살포정(亭)에 이르사,

여사(旅舍)에 들어 쉬시니,

문득, 뇌성(雷聲)이 일어나며,

전광(電光)이 대발(大發)하여 집에 내리려 하거늘,

성선(聖仙)이 허공(虛空)을 향하여 꾸짖으시니,

뇌전(雷電)이 곧, 그치는지라.

박공우(朴公又)는 선생(先生)이

정읍(井邑)에서 글을 써서 벽(壁)에 붙여,

뇌성(雷聲)을 대발(大發)케 하시고,

또, 한 번에 한 말씀으로 뇌전(雷電)을

그치게 하심을 보고는,

비로소, '성선(聖仙)께서 천지조화(天地造化)를

임의(任意)로 쓰시는 줄 알고,

이로부터, 더욱 경외(敬畏)'하더니,

하루는, 성선(聖仙)이 박공우(朴公又)더러 일러,

가라사대,

"네가 오랫동안 식고(食告)를 잘 하였으나,

이제 만날 사람 만났으니,

식고(食告)는 나에게 돌릴지라."하시니,

박공우(朴公又)가 더욱 기뻐하여,

평생소원(平生所願)을 이룬 줄 깨달으면서,

"곧 그리 하겠나이다."라고 대답(對答)하니라.

원래(元來) 박공우(朴公又)는
다른, 동학신도(東學信徒)의 통례(通例)와
같이, '대신사응감(大神師應感)'이라는 생각으로,
식고(食告)를 하지 않고,
항상(恒常) "하느님 뵈어지이다"라는
기원(祈願)으로 식고(食告)를 하였더니,

이제, 성선(聖仙) 하신 말씀을 듣건대,
반드시, 마음으로 생각하는 것을 통찰(洞察)하심이며,

또, '천지조화(天地造化)를,
임의(任意)로 쓰시는 것을 볼진대,
분명(分明)히 하느님의 강림(降臨)하심이,
무의(無疑)'하다고 생각하니라.

〈60절〉
하루는,
성선(聖仙)이 차경석(車京石)에게 일러,

가라사대,
"너는 강령(降靈)을 받으라."하시고,

『元皇正氣來合我身(원황정기래합아신)』
1절(一節)을, 읽으시며,

방문(房門)을 열으시니, 차경석(車京石)이
문득, 방성통곡(放聲痛哭)하다가,
이윽고, 그치거늘,

성선(聖仙)이,

가라사대,
"이 울음은,
신명(神明)에게 벌(罰)을 당(當)하는 소리로다."
하시니라.

〈61절〉
하루는,
차경석(車京石)에게 일러

가라사대,
"너의 선묘(先墓),
'구월산(九月山) 금반사치(金盤死雉)의
혈음(穴陰)'을 옮겨오리라."하시고,

차경석(車京石)으로 하여금,
무도(舞蹈)케 하시고,

박공우(朴公又)로 북을 치시니라.

〈62절〉
하루는,
정남기(鄭南基)의 집에 이르시니,
정남기(鄭南基) 제(弟)가 무슨 일로,
부친(父親)에게 질책(叱責)을 당하고,

불손(不遜)한 말로,
대답(對答)한 후에 밖으로 나갔다가,
다시, 안으로 향하여 들어오더니,

문득, 문앞에 우뚝서서 동작(動作)을 못하고,
땀을 흘리며 연(連)하여 소리를 지르매,

가인(家人)이,
경황망조(驚慌罔措)하여 어찌 할 줄 모르는지라.
이윽고, 성선(聖仙)이 돌보시며,

가라사대,
“어찌 그렇게 곤란(困難)을 당(當)하냐?”하시니,

그제야, 능(能)히 굴신(屈伸)하며,
정신(精神)을 돌이키거늘,
가인(家人)이 그 연유(緣由)를 물으니,

대(對)하야 가로대,
"뜻밖에 정신(精神)이 황미(慌迷)하며,
숨이 막혀서 호흡(呼吸)을 통(通)치 못하며,

골절(骨節)이 굳어져서,
굴신(屈伸)을 못하였노라."하거늘,

성선(聖仙)이 물어 가라사대,
"그때에 너의 가슴이 답답하더냐?"

대(對)하여 가로대,
"심(甚)히 답답하여 잠시(暫時)라도 견딜 수 없더이다."

성선(聖仙)이 가라사대,
"그 소조(所遭)로써,
네 부친(父親)의 가슴을 헤아려 보라.

너의 부친(父親)에게,
그렇게 불경(不敬)한 말을 하였으니,
그 가슴이 어떠하였으리랴?

금후(今後)로는,
허물을 뉘우쳐 다시는 그리하지 말지어다."하시니라.

〈63절〉
11월(十一月)에
동곡(銅谷)에 계실 새,

박공우(朴公又)가 뵈이러 오는 길에,
우연(偶然)히 흥(興)이 나서,

"모시러 가자. 모시러 가자.
부처님 모시고, 우리 집으로 돌아오자."라고
노래를 연창(連唱)하였더니,

동곡(銅谷)에 이르러 성선(聖仙)께 뵈이니

가라사대,
"내가 네 집에 가기를 원(願)하냐?"하시거늘,

박공우(朴公又)가 기뻐하여 가로대,
"지원(至願)이로소이다"하고,
성선(聖仙)을 모시고 오다가,
용암리(龍巖里) 수침막(水砧幕)에 들러 쉬실 새,

문(門)을 열고 남천(南天)을 바라보시며,
"높다 높다"하시거늘,

박공우(朴公又)가 바라보니,

구름이 가득 끼었는데,

하늘이, 방석(房席) 한 닢 넓이 쯤 통(通)하여,
바람이 슬슬 불고 눈이 내리는지라,

성선(聖仙)이 박공우(朴公又)더러 일러

가라사대,
"나와 친구(親舊)로 지내자"하시니,
박공우(朴公又)는 그 말씀에
황공(惶恐)하기도 하고, 괴이(怪異)하게도 여겼더니,

또, 가라사대,
"기운(氣運)이 적다."하시거늘,

박공우(朴公又) 부지중(不知中)에,
여쭈어 가로대,
"바람이 좀 더 불리이다."하였더니,
과연(果然) 바람이 크게 부는지라,

또, 가라사대,
"나와 친구(親舊)로 지내자"하시며,
"기운(氣運)이 적다."하시거늘,

박공우(朴公又) 또 가로대,

"바람 높아지리이다"하였더니,

그때는,
풍세대작(風勢大作)하여 사석(沙石)을 날리는지라,

성선(聖仙)이 가라사대,
"용호대사(龍虎大師)의 기운(氣運)을
박공우(朴公又)에게 붙여 보았더니,
그 기운(氣運)이 적다."하시니라.

〈64절〉
하루는,
박공우(朴公又)를 데리시고 정읍(井邑)으로 가실 새,

박공우(朴公又)더러
「風雲造化(풍운조화)」를,
심송(心誦)하라"하심으로,

박공우(朴公又)가
그대로, 심송(心誦)하다가
문득, 잊어버리고,
그릇, 「天文地理(천문지리)」를 심송(心誦)하더니,

성선(聖仙)이 돌아보아 가라사대,
"그릇 찾았으니 다시 생각하라"하시거늘,

박공우(朴公又) 놀래어 생각하니,

과연(果然) 그릇 찾았는지라.

이로부터,

고쳐, 심송(心誦)하며 대흥리(大興里)까지 왔더니,

이날 밤에,

비와 눈이 섞여오거늘,

"네 한 번 그릇 생각함으로 인하여,

천기(天氣)가 한결같지 못하다."하시니라.

〈65절〉

무신(戊申,1908년) 2월(二月)에

종도(從徒)를 데리고 어디를 가실 새,

보리밭 가으로 지나시더니,

종도(從徒)들이 서로 말하되,

"차세(此世)에 빈부(貧富)의 차별(差別)로 인하여,

곡류중(穀類中)에

오직,

먹기 어려운 보리가,

빈민(貧民)의 양식(糧食)이 되어,

먹을 때에 항상(恒常) 괴로움이 많으니,

보리를 없애어 버려야,

중생(衆生)이 괴로움을 면(免)하리라"하거늘,

성선(聖仙)이 들으시고

가라사대,
"너희들의 말이 유리(有理)하니
보리를 없애버리자"하셨더니,

4월에 대한(大旱)하여 모맥(牟麥)이
고사(枯死)함에,
농민(農民)이 크게 소동(騷動)하는지라,

종도(從徒)들이,
그 사유(事由)를 고(告)하여, 가로대,
"이제 만일 맥흉(麥凶)이 들면,
아사(餓死)하는 자(者)가 많으리다"하거늘,

성선(聖仙)이 꾸짖어,

가라사대,
"전자(前者)에 너희들이 보리를 없앰이,
가(可)하다 하고,
이제, 다시 맥흉(麥凶)을 호소(呼訴)하느냐?

내 일은 비록 허담(戱談) 한 마디라도,
도수(度數)에 박히어,
천지(天地)에

이 후로는 모든 일에 실없는 말을 삼가라."하시고,
전주(全州) 용두치(龍頭峙)에 가시어,
김락범(金洛範)을 명(命)하사,
거친 백반(麥飯) 한 그릇과
토장(土醬) 한 그릇을 가져오라 하사,

가라사대,
"궁민(窮民)의 음식(飮食)이 이러하리라"하시고,

토장(土醬)에 밥을 말아 잡수시니,
문득 흑운(黑雲)이 일어나며,
비가 내려서 모맥(牟麥)이
발연(勃然)히,
생기(生氣)를 얻어서 풍작(豊作)을 이루니라.

〈66절〉
박공우(朴公又)가 종유(從遊)함으로부터,
성선(聖仙)의 순유(巡遊)하실 때에,
많이 배종(陪從)하였는데,
어디든지 머무르시다가,
다른 곳으로 떠나려 하실 때에는,

밤이면 월훈(月暈)이 나타나고,
낮이면 일훈(日暈)이 나타나는 것을

어느 때든지, 일월훈(日月暈)만 나타나면,
출행(出行)하실 줄 알고

먼저, 신발과 행장(行裝)을 단속하여,
명(命)을 기다리면,
반드시 부르사,
"가자"하시면, 출발(出發)하셨나니,
대저(大抵), 성선(聖仙)은 어디를 가시든지,
미리 말씀을 아니하셨더라.

〈67절〉
하루는,
정읍(井邑) 수통점(店)에서 유숙(留宿)하실 새,
박공우(朴公又)가 시측(侍側)하였더니,

이도삼(李道三)이 와서 그 이웃 버들리(里)에서,
20살(歲)쯤 된 여자(女子)가,
범에게 물려갔다는 말을 고(告)한대,

성선(聖仙)이 박공우(朴公又)더러,
"하늘 충성(蟲星 :俗에 좀성이라함)이
보이는가 보라."하심으로,

박공우(朴公又)가 나가서,
우러러보고 나타나 있음을 고(告)하니,

성선(聖仙)이 목침(木枕)으로 마루장을 치시며,
"충성(蟲星)아 어찌 사람을 해(害)하느냐?"하시더니,
익일(翌日)에, 그 여자(女子)가 살아왔는데,
의복(衣服)은 파열(破裂)되고,
몸에는 상해(傷害)는 크지 아니하더라.

〈68절〉
천도교주(天道敎主) 손병희(孫秉熙)가
교도(敎徒)의 신념(信念)을 고무(鼓舞)키 위하여,
호남(湖南) 각지(各地)에 순회(巡廻)할 차(次)로,
전주(全州)에 와서 머물거늘,

성선(聖仙)이 박공우(朴公又)더러 일러

가라사대,
"네가 전주(全州)에 가서
손병희(孫秉熙)를 돌려보내고 오라.
사설(邪說)로 군중(群衆)을
무혹(誣惑)하여 피폐(疲弊)가,
극도(極度)에 달(達)하였으니,
그의, 순회(巡廻)가 불가(不可)하니라."

박공우(朴公又)가 영명(領命)하고,
익일(翌日)에 발정(發程)하려 하다가,
다시, 명(命)하지 아니하심으로,

이상(異常)히 여겨,
정지(停止)하였더니,

수일(數日) 후에,
손병희(孫秉熙)가 예정(豫定)을 고쳐,
경성(京城)으로 돌아갔다는 보(報)가 들리니라.

〈69절〉
김보경(金甫京)이,
웅포(熊浦)에 소실(小室)을 두고,
본가(本家)를 돌보지 아니하거늘,

성선(聖仙)이 글을 써서 주어 가라사대,
"네 소실(小室)을 대(對)하여 불사르라,
그러면, 좋은 일 있으리라."

김보경(金甫京)이 그대로 하였더니,
뜻밖에, 임병(淋病)이 걸려서,
본가(本家)로 돌아와,
월여(月餘)를 머물렀더니,
그 소실(小室)이 다른 곳으로 간지라.

성선(聖仙)이,
김보경(金甫京)을 불러 경계(警戒)하여,

가라사대,

"이제는, 가실(家室)이 안정(安靜)해야,

길운(吉運)이 열리리니,

본처(本妻)를 사랑하여 저버리지 말라."하시고,

임병(淋病)을 낫게 하여 주시니라.

〈70절〉

하루는,

용두치(龍頭峙) 여사(旅舍)에서,

김덕찬(金德贊), 김준찬(金俊贊) 등,

수인(數人)을 데리시고,

공사(公事)를 행하신 후에,

마침 잡기꾼(雜技軍)이 모여들어 윷판을 벌이니,

이것은, 성선(聖仙)의 일행(一行)을 유인(誘引)하여

금전(金錢)을 빼앗으려 함이라.

성선(聖仙)이 가라사대,

"저들의 원(願)을 이루어 줌도,

또한 해원(解冤)이라."하시고,

돈 50냥(五十兩)을 놓고 윷을 치실 새,

말씀대로 윷이 져서,

경각간(頃刻間)에,

그들의 돈 80냥(八十兩)을 다 빼앗은 후에,

품삯이라 하시며, 오전(五錢)을 남기시고,

79냥 5전(七十九兩五錢)을 돌려주시며,

가라사대,
"이것이 다 불의(不義)의 일이니,
각(各)히, 집에 돌아가서 직업(職業)을 구(求)하여,
안도(安堵)하라."하시니,
그들이, 크게 감복(感服)하고 돌아가니라.

종도(從徒)들이 말씀대로, 윷 지는 법(法)을 물으니
가라사대,
"던지는 법(法)을 일정(一定)하야,
변개(變改)치 아니하면,
그리되나니,
이도, 또한, 일심(一心)의 법(法)이니라."

또, 일러 가라사대,
"현금(現今), 조선(朝鮮)의 정세(情勢)는
실업자(失業者)가 증가(增加)하여,
도박(賭博)으로 업(業)하는 자(者)가 속출(續出)하리니,

일후(日後)에, 법금(法禁)이 엄각(嚴刻)하여 지면,

그들은, 기아(饑餓)에 빠질 수밖에 없을지라.
그럼으로, 이제 녹(祿)을 붙여 주었노라."하시니라.

〈71절〉
하루는,
여러 종도(從徒)를 데리고,
익산(益山) 이리(裡里)를 지나실 새,
진두(津頭)에 이르니,
선부(船夫)가 없고 배만 떠 있거늘,

성선(聖仙)이, 친(親)히 노(櫓)를 저어,
건너신 후에, 하늘을 올려보시고 웃으시거늘,

모두, 우러러보니 구름과 같은,
이상(異常)한 기운(氣運)이,
노(櫓)저어 가는 모형(模型)을 이루어,
서서(徐徐)히 떠나가더라.

〈72절〉
그 후에, 태인(泰仁) 금상리(今上里)에 지나실 새,
마침, 날이 가물어서 이앙(移秧)을 못 하더니,
동학신도(東學信徒) 류한필(柳漢弼)이
그 전일(前日)에 구름이 낌을 보고,
비가 올 줄 믿어 마른 논에,
서종(鋤種)으로 모를 옮겼더니,
이내 비가 오지 아니하여 묘(苗)가 마르거늘,
극(極)히 초민(焦悶)하여

가로대,

"가뭄이 이렇게 심(甚)하여 우의(雨意)가 없으니,

서종(鋤種)한 것을 다시 갈아서,

두태(豆太)나 심을 밖에 없다."하며

길게 탄식(歎息)하거늘,

성선(聖仙)이 들으시고

가라사대,

"이종(移種)한 것을 갈아서,

다른 곡종(穀種)을 심음은,

괴변(怪變)이 아니냐?"하시며,

류한필(柳漢弼)을 앞세우고,

그곳에 가서 그 참상(慘狀)을 보시고,

서천(西天)을 향하여 우사(雨師)를 부르시니,

문득, 흑운(黑雲)이 피어나며,

급우(急雨)가 내리거늘,

한필(漢弼)은 어떤 까닭인지 알지 못하고,

다만, 예지술(預知術)이 있는가 하여,

이상(異常)히 여기더라.

〈73절〉

6월(六月)에

김병욱(金秉旭)이 위인(委人)하여,
백남신(白南信)의 친묘(親墓)에,
도적(盜賊)이 들어서,
두골(頭骨)을 도거(盜去)하였다는,
사유(事由)를 품달(稟達)하니,

성선(聖仙)이 사흘 밤을 명촉(明燭)하사,
상가(喪家)와 같이 지내시고,
백남신(白南信)에게 전언(傳言)하시되,
"두골(頭骨)을 찾으려 힘쓰지 말고,
유벽(幽僻)한 곳에 처(處)하여,
외인(外人)의 교제(交際)를 끊으라.

처서절(處暑節)에는 도적(盜賊)이,
스스로, 두골(頭骨)을 가져오게 하리라."하시니라.

이때에, 사흘 밤 철야(徹夜)하는 것을,
종도(從徒)들이 즐기지 아니하여, 가로대,
"이같이 힘을 드리되 당사자(當事者)는 모르오니,
무슨 공(功)을 알리까?"

성선(聖仙)이 가라사대,
"그의 알고 모름이, 무슨 관계(關係)가 있느냐?"하시니라.

백남신(白南信)이 명(命)하신대로,

유벽(幽僻)한 백운정(白雲亭)에 처(處)하더니,

7월에 그 묘하(墓下) 동장(洞長)이,

자발적(自發的)으로 동회(洞會)를 열고 의논(議論)하되,

"우리가 묘하(墓下)에 거(居)하여,

도의상(道義上) 범연(泛然)히 지낼 수 없으니,

거동(擧洞)이 출동(出動)하여,

부근(附近)을 수색(搜索)하되,

만일(萬一) 두골(頭骨)을 찾는 자(者)가 있으면,

묘주(墓主)에게 말하여, 후상(厚賞)케 함이 가(可)하다."하고,

동민(洞民)을 총동원(總動員)하여,

부근(附近), 산록(山麓)을 수색(搜索)하니,

이때에, 묘적(墓賊)이 생각하되,

묘주(墓主)가 안연(安然)히 있어,

대금(大金)을 비(費)하여,

두골(頭骨)을 찾으려 아니하니,

차라리, 이 기회(機會)에 두골(頭骨)을 가져가면,

도명(盜名)도 면(免)하고,

상당(相當)한 후상(厚賞)을 얻으리라 하고,

그 두골(頭骨)을 가지고,

동장(洞長)에게 가서 고(告)하되,

"내가 각방(各方)에 수색(搜索)하여,
다행(多幸)히 찾았다."하거늘,
동장(洞長)이 그 사람을 데리고,
백운정(白雲亭)에 오니,
이날이 처서절(處暑節)이라.

〈74절〉
성선(聖仙)이
이날, 조조(早朝)에,
용두치(龍頭峙)에 가셨더니,

김병욱(金秉旭)이 와서 두골(頭骨)을,
찾은 사유(事由)를
고(告)하거늘,

성선(聖仙)이 가라사대,
"그 도적(盜賊)은 어떻게 처치(處致)하였나요?"
김병욱(金秉旭)이 대(對)하여,

가로대,
"경무청(警務廳)으로 보내었나이다."하는지라.

성선(聖仙)이 가라사대,
"잘 설유(說諭)하여 돌려보내는 것이 가(可)하거늘,
어찌 그리 하였나뇨?"하시고,

'청의(靑衣) 1건(一件)을 지어오라' 하사 불사르시며

가라사대,
"징역(懲役)에나 처(處)하게 하리라."하시더니,
과연 그 사람의 처역(處役)하니라.
종도(從徒)들이
반드시, 처서절(處暑節)에 찾게 된 이유(理由)를 묻는데,
성선(聖仙)이,

가라사대,
"매양(每樣) 서사(私事)라도,
천지공사(天地公事)의 도수(度數)에 붙여두기만 하면,
그 도수(度數)에 이르러,
공사(公私)가 다 함께 끌리나니라."하시니라.

〈75절〉
김덕찬(金德贊)이 성선(聖仙)께,
항상(恒常), 거오(倨傲)하더니,
하루는, 공사(公事)를 행하실 새,
크게 뇌전(雷電)이 발(發)하니,
김덕찬(金德贊)이 두려워하여
피석(避席)하거늘,

성선(聖仙)이 가라사대,

"네가 죄(罪) 지은 바 없거늘, 어찌 두려워하나뇨?"

김덕찬(金德贊)이 더욱 황겁(惶怯)하여,
소조(所措)를 막지(莫知)하더니,
그 후로는, 성선(聖仙)을 극(極)히 경외(敬畏)하니라.

〈76절〉
백남신(白南信)의 족인(族人) 용안(龍安)이,
도매(都賣) 양주업(釀酒業)의 면허(免許)를 얻고,

전주(全州) 부중(府中)에 있는,
수백(數百) 소매주가(小賣酒家)의,
가양(家釀)을 금지(禁止)하니,
이때, 성선(聖仙)이 용두치(龍頭峙),
김주보(金周甫) 주점(酒店)에 계실 새,

김주보(金周甫)의 처(妻)가, 가슴을 치며 가로대,
"다른 벌이는 없고
다만, 주업(酒業)으로 가권(家眷)을 살려 왔는데,
이제 양주업(釀酒業)을 폐(廢)하면,
무슨 벌이로 살아가리오?"하거늘,

성선(聖仙)이 불상(不祥)이 여기사,
종도(從徒)더러 일러 가라사대,
"어찌 남장군(男將軍)만 있으리요,

마땅히 여장군(女將軍)도 있으리라."하시고,

지편(紙片)에,

「女將軍(여장군)」이라 써서,

불사르시니,

김주보(金周甫)의 처(妻)가 문득,

신기(神氣)를 얻어서 부중(府中)을 돌며,

호령(號令)하여,

경각(頃刻)에 수백(數百) 주부(酒婦)를 통솔(統率)하고,

용안(龍安)의 집을 습격(襲擊)하여,

형세(形勢)가 불온(不穩)하거늘,

용안(龍安)이 대경(大驚)하여,

군중(群衆)에게 사과(謝過)하고,

도매경영(都賣經營)을 중지(中止)하니라.

〈77절〉

하루는, 종도(從徒)들을 데리고,

전주(全州) 다가정(多佳町)을 지나실 새,

한 상인(喪人)이 뒤를 따르며,

살려주시기를 애걸(哀乞)하여 떠나지 못하되,

성선(聖仙)이 돌아보지 않고 가시거늘,

종도(從徒)들이 민망(憫惘)하여 여쭈어 가로대,

"저 사람이 무슨 일로 저런지 모르나,
그 정상(情狀)이 가긍(可矜)하니,
돌려보내심이 어떠하리까?"

성선(聖仙)이 돌아보시고,
몸에 가졌던 붓을 빼어 먹을 찍으사,
상인(喪人)의 이마에 한 흑점(黑點)을 쳐주시며,

가라사대
"네 보자(褓子)를 저 천변(川邊)에 버리라."하시니,

그 상인(喪人)이 명(命)하신대로,
보자(褓子)를 버리고 울거늘,

성선(聖仙)이 가라사대,
"저 사람이 죄(罪)를 많이 지었으니,
제 죄(罪)에 제가 죽느니라.

그 보자(褓子)는,
행요(行妖)하는 기구(器具)니,
몇 시간(時間)을,
지낸 뒤가 아니면 펴보지 말라."하시거늘,
그 뒤에,
종도(從徒)들이 보자(褓子)를 펴보니,

돌을 싼 것이러라.
그 상인(喪人)은 그곳에서,
울며 떠난 뒤로 곧 실성(失性)하여,
사방(四方)으로 뛰어다니다가,
며칠 후에 죽으니라.

〈78절〉
하루는, 신원일(辛元一)이 급(急)히,
　사람을 보내어 품(稟)하되,
"경관(警官) 조사(調査)가 심(甚)하여,
날마다 와서, 성선(聖仙)의 주소(住所)를 묻나이다."

성선(聖仙)이 래인(來人)에게 글을 써 주시며

가라사대,
"이 글을 경원(京元)에게 전(傳)하여,
한 번 보고 곧 불사르라."하시니,

그 글은 이러하니라.

「天用雨露之薄則(천용우로지박즉)
　必有萬邦之怨(필유만방지원),
　地用水土之薄則(지용수토지박즉)
　必有萬物之怨(필유만물지원),
　人用德化之薄則(인용덕화지박즉)

必有萬事之怨(필유만사지원),

天用地用人用(천용지용인용)

統在於心(통재어심),

心也者(심야자)

鬼神之樞機也(귀신지추기야),

門戶也(문호야)

道路也(도로야),

開閉樞機(개폐추기)

出入門戶(출입문호),

往來道路神(왕래도로신),

或有善(혹유선),

或有惡(혹유악),

善者師之(선자사지),

惡者改之(악자개지),

吾心之樞機(오심지추기)

門戶道路大於天地(문호도로대어천지).」

신경원(辛京元)이 봉독(奉讀)한 후에,
곧, 불살랐더니,

그후로는,
경관(警官)이 조사(調査)가 그치니라.

〈79절〉
김병욱(金秉旭)의 차인(差人) 김윤근(金允根)이,

성선(聖仙)께 뵈옵고 품(稟)하되,
"근일(近日)에,
날이 가물어서 작물(作物)이 다 마르오니,

성선(聖仙)은 희우(喜雨)를 주사,
만민(萬民)의 초조(焦燥)를 끌으소서."

성선(聖仙)이 김덕찬(金德贊)을 명(命)하사,
그, 기르는,
'가저(家猪) 1수(一首)를 잡아서 팽재(烹宰)'하여,
여러 종도(從徒)들로 더불어 함께 잡수실 새,
미처, 마치지 못하여 뇌우(雷雨)가 대작(大作)하거늘,

윤근(允根)이 용약(踴躍)하여 가로대,
"성선(聖仙)은 진실(眞實)로 만민(萬民)을,
구활(救活)하는 상제(上帝)시라."하니라.

〈80절〉
태인(泰仁) 백암리(白岩里) 김명칠(金明七)이
산중(山中) 경사지(傾斜地)를 신간(新墾)하여,
연초(煙草)를 심었는데, 비료(肥料)를,
시(施)하여 북을 하였더니,

문득, 급우(急雨)가 강(降)함으로,
명칠(明七)이 가슴을 치며, 울어 가로대,

"내 농사(農事)는 연초재배(煙草栽培) 뿐인데,
시비(施肥) 배토(培土)한 후(後)에,
이렇게, 급우(急雨)가 내리니,
사태(沙汰)가 밀어 내려서, 다 버리게 되리라."하거늘,

성선(聖仙)이 불쌍히 여기어

가라사대,
"근심을 풀으라.
그 재해(災害)를 면(免)케 하여 주리라."하시더니,

우(雨) 개인 후에 가서 보니, 조금도 피해(被害)가 없고,
타인(他人)의 경작(耕作)은,
전부(全部) 사태(沙汰)의 해(害)를 입어서,
이 해에 연농(煙農)이 대흉(大凶)하니라.

〈81절〉
하루는, 정괴산(丁槐山)의 주점(酒店)에 지내실 새,
마침, 고부(古阜) 화란(禍亂)에 지면(知面)된,
정 순검(鄭 巡檢)이 이르거늘,

성선(聖仙)이 술을 사서 접대(待接)하셨더니,
떠날 때에, 돈 10원(十圓)을 청구(請求)하며,
조끼 속에 손을 넣어 돈 10원(十圓)을 훔쳐가거늘,

성선(聖仙)이 일러 가라사대,

"모든 일이 의(義)롭게 할지어늘,

어찌 이렇게 무례(無禮)를 행(行)하느냐?"하시더라.

정 순검(鄭 巡檢)이 전주(全州)에 가서,

다시, 서신(書信)으로 또 40원(四十圓)을 청구(請求)하거늘,

성선(聖仙)이 김형렬(金亨烈)로 하여금,

약간(若干)의 돈을 구(求)하여 보내시며

가라사대,

"의(義)롭지 못한 사람이라."하시더니,

며칠 후에,

전 순검(鄭 巡檢)이 고부(古阜)로 돌아가다가,

정읍(井邑) 한 다리에서,

군도(群盜)에게 피살(被殺)된지라.

성선(聖仙)이 들으시고,

가라사대,

"순검(巡檢)은 도적(盜賊)을,

징치(懲治)하는 직책(職責)을 가졌거늘,

도리어, 비의(非義)의 물(物)을 즐기니,

도적(盜賊)에게 죽음이 당연(當然)치 아니하랴?

이것이, 다 신명(神明)이 행(行)하는 바이니라."하시니라.

〈82절〉
하루는, 김영서(金永西)와 정남기(鄭南基)가 와,
뵈인 후에,
양인(兩人)이, 서로 사어(私語)로 수작(酬酢)하되,

정남기(鄭南基)는
일본어학(日本語學) 배운 사람을 부러워하여,

가로대,
"근래(近來)에는 일본어(日本語)를,
통(通)한 사람은 현달(顯達)도 쉽고,
돈벌이도 용이(容易)하더라."하며,

김영서(金永西)는 배우(俳優)를 부러워하여,
가로대,
"근래(近來)에는 극희(劇戲)를,
잘 하여도 돈벌이가 잘 되더라."하여,

서로, 그런 일을 등한시(等閑視)하였음을,
후회(後悔)하더니,
문득, 정남기(鄭南基)는,
손을 흔들며, 유창(流暢)한 구조(口調)로,
일본어(日本語)를 말하고,

김영서(金永西)는 상인(喪人)이라,
상건(喪巾)을 흔들며,
일어나서, 상복(喪服) 소매로, 북 치는 흉내를 내면서,
가무(歌舞)를 연주(演奏)하여, 한출첨배(汗出沾背)하거늘,

일좌(一座)가 대소(大笑)하는지라.

성선(聖仙)이 웃으시며,

가라사대,
"너희는 조속(早速)히도,
소원(所願)을 성취(成就)하였다"하시니,
양인(兩人)이,
비로소, 정신(精神)을 차려 부끄러워하는지라,

다시, 일러,
가라사대,
"대인(大人)을 배우는 자(者),
마땅히 마음 정대(正大)히 하여,
그칠 곳을 알아야 할 것이오,
한 가지라도, 분외(分外)의 생각을 가지며,
실없는 말은 불가(不可)하다."하시니라.

〈83절〉
하루는, 손병욱(孫秉旭)의 집에 가시니,

종도(從徒)들이 많이 모였음으로,
손병욱(孫秉旭)이, 그 처(妻)를 시켜서,
오반(午飯)을 지을 새,

일기(日氣)가 심(甚)히, 더움으로,
그 처(妻)가 괴롭게 여기어,

부엌에서 홀로 불평(不平)한 말을 하였더니,
문득, 와사증(喎斜症)이 발(發)하거늘,

황응종(黃應鍾)이 보고,
놀래어 성선(聖仙)께 고(告)했는데,

성선(聖仙)이,

가라사대
"이는, 불평(不平)한 말을 하다가,
조왕(竈王)에게 벌(罰)을 받음이라."하시고,

글을 써서 주사,
손병욱(孫秉旭)의 처(妻)로 하여금,
부엌에 불사르며, 사과(謝過)하라 하시니,

손병욱(孫秉旭) 처(妻)가, 그대로 하여
곧, 나으니라.

〈84절〉

대흥리(大興里)에 계실 새,

박공우(朴公又)더러 물어 가라사대

"네가 남과 싸움을 많이 하였느냐?"

대(對)하여 가로대, "그러하였나이다."

성선(聖仙)이,

다시 일러, 가라사대,

"네게 표단(豹丹)이 들어서 싸움을 잘하니,

이제 표단(豹丹)을 빼어내고,

인단(人丹)을 넣으리라."하시더니,

이후(以後)로는,

박공우(朴公又)가 성질(性質)이 온화(溫和)하게 되어,

싸움을 즐기지 아니하고,

혹(或), 싸움을 하는 사람이 있으면,

공포심(恐怖心)이 생겨서,

곧, 멀리 피(避)하니라.

〈85절〉

8월(八月) 어느 날,

김덕찬(金德贊)이 선생(先生)께 여쭈어 가로대,

"오늘 내 매가(妹家)에 잔치가 있으니,

소풍(逍風) 겸(兼)하야 나아가시이다."

성선(聖仙) 가라사대 "내 술을 먼저 마시라."

김덕찬(金德贊)이 가로대 "무슨 술이니이까?"

성선(聖仙) 가라사대 "좀 더 기다리라."하시더니,
이윽고, 박공우(朴公又)가 술과 숙계(熟鷄)를 가져와서,
성선(聖仙)께 올리니라.

〈86절〉
이 해, 겨울 어느 날 아침에,
대흥리(大興里)로부터, 태인(泰仁) 새울
최창조(崔昌祚)의 집에 가실 새,
박공우(朴公又)는 해가 오르면,
길이 질까 하여 진 신발을 하였더니,

성선(聖仙)이 보시고,
"진 신발을 하였느냐?"하시며,

손으로 동령(東嶺)에 솟아오르는 해를 향하여,
세 번을 누르시니, 해가 오르지 못하다가,
살포정 여사(旅舍)에 들어 쉬시니,
그제야 해가 문득 높이 솟아오르더라.

〈87절〉
최창조(崔昌祚)의 집에 이르사,

벽력표(霹靂表)를 묻으시니,

즉시(卽時), 뇌성(雷聲)이 대발(大發)하여,

천지(天地)가 진동(震動)하거늘,

곧, 가두시고,

익일(翌日)에 동곡약방(銅谷藥房)에 이르시니,

신원일(辛元一)이 여쭈어 가로대,

"진묵대사(震黙大師)는

칠성(七星)을 7일(七日) 동안 가두었다 하니 옳으니이까?"

성선(聖仙) 가라사대,

"이제 시험(試驗)하리라."하시고,

이날부터, 3개월(三個月)동안,

칠성(七星)을 가두신 후(後)에,

가라사대,

"현세(現世)에 천문학자(天文學者)가 많다 하되,

칠성(七星)이 나타나지 아니한 일을,

발표(發表)한 자(者)가 없다."하시니라.

〈88절〉

최창조(崔昌祚)의 집에서,

박공우(朴公又)더러 물어 가라사대,

"네가 많이 눈을 흘겨 보았느냐?"

대(對)하야 가로대, "그러하였나이다."

다시, 일러 가라사대,
"집으로 돌아가라."하시거늘,

박공우(朴公又)가 성선(聖仙)께 하직(下直)하고,
집으로 돌아올 새, 길에서부터 눈이 가렵고 붓더니,
집에 이르매 안질(眼疾)이 대발(大發)하여,
한 달 동안을 고통(苦痛)하다가,
하루는, 밤을 쉬고 일어나니 씻은 듯이 나은지라.

곳, 성선(聖仙)께 와 뵈이니 가라사대,
"안질(眼疾)로 신고(辛苦)하였느냐?"

대(對)하여 가로대, "그러하였나이다."
성선(聖仙)이 웃으시더라.

원래(元來), 박공우(朴公又)는,
성질(性質)이 표한(慓悍)하여,
싸움을 즐기고 눈짓이 곱지 못하더니,
이로부터는, 성질(性質)이 부드럽고 눈짓이 고와지니라.

〈89절〉
박공우(朴公又)가 술이 과(過)하여 주실(酒失)이 많더니,

하루는, 성선(聖仙)이 가라사대,
"네가 술을 즐기니 주량(酒量)을 보리라."하시고,
술을 많이 주시거늘,
박공우(朴公又)가 연(連)하여,
받아 마시고 취(醉)한지라.

다시 가라사대,
"한잔 술 밖에 못 된다."하시더니,
이 후(後)로는 1~2잔(盞)만 마셔도,
곳 취(醉)하여 더 먹지 못하니라.

〈90절〉
김덕찬(金德贊)이 그 자혼(子婚)을 지내려할 새,
모든, 사람이 물품(物品)과 금전(金錢)으로,
부조(扶助)하거늘,

성선(聖仙)이 가라사대,
"나는 부조(扶助)할 것이 없으니,
일기(日氣)로나 부조(扶助)하리라."하시더니,

이때, 천후(天候)가 연일(連日) 험악(險惡)하여,
심(甚)히 우려(憂慮)하던 중(中)인데,
그, 기일(期日)에 이르러서는,
예외(例外)에 온화(溫和)하니라.

〈91절〉
11월(十一月)에 김형렬(金亨烈)더러 일러,

가라사대,
"내가 정읍(井邑)으로 가리니,
이 길이 길행(吉行)이라.
이 후(後)에, 일을 네게 알리리라."하시더니,

이날에, 차윤경(車輪京)이 와 뵈옵고,
고부인(高夫人)이,
안질(眼疾)로 고통(苦痛)함을 아뢰니,

가라사대,
"이제 돌아가다가,
명일(明日)에, 태인(泰仁) 쌀포정에서 나를 만나리라."

차윤경(車輪京)이 곧, 돌아가,
익일(翌日)에, 쌀포정으로 오니,
성선(聖仙)이 아직, 오시지 아니하였거늘,

곳, 솟투원 주점(酒店)에 이르니,
점주(店主)가 말하되,

"성선(聖仙)께서,
새울, 최창조(崔昌祚)의 집으로 가시면서,

차윤경(車輪京)이 와 묻거든,
그곳으로 보내라 하셨다"하거늘,

차윤경(車輪京)이 새올로 갈 새,
일본병(日本兵) 수백인(數百人)이,
도중(道中)에 유진(留陣)하여,
거주(居住)와 출행(出行) 이유(理由)를 묻더라.

새올에 이르러, 성선(聖仙)께 뵈이니,
날이, 이미 저물더라.

이날 밤에, 차윤경(車輪京)을 명(命)하사,
"밤이 맛도록 자지 말고 밖에 있어 돌라."하시고,

닭의 소리가 난 후(後)에,
차윤경(車輪京)을 데리고,
백암리(白巖里)로 향(向)하여 떠나시니라.

〈92절〉
백암리(白岩里) 김경학(金京學)의 집에 이르사,
조반(朝飯)을 잡수시고,
다시 정읍(井邑)으로 가실 새,
혹(或), 앞서기도 하고,
혹(或), 뒷서기도 하사,

4~5보(步)를 걸으신 후(後)에,

가라사대,

"이 길에는 외인(外人)을 대(對)하는 것이,

불가(不可)하다."하시고,

정읍(井邑) 노송정(老松亭)에 이르사,

가라사대,

"좀 지체(遲滯)함이 가(可)하다."하시고,

반시진(半時辰)을 지나 신 후(後)에,

다시 떠나사 그 모퉁이 큰 못가에 이르니,

마병(馬兵)이 많이 오다가, 되돌아간 자취가 있더라.

〈93절〉

거기서, 대흥리(大興里) 가려면,

양조로(兩條路)가 분기(分岐)하여,

한 길은, 정읍군(井邑郡)을 통과(通過)하는 '대로(大路)'요,

한 길은, '협로(狹路)'라,

차윤경(車輪京)이, 어느 길로 행(行)할 것을 물으니,

성선(聖仙)이 가라사대,

"군자(君子) 어찌 협로(狹路)로 행(行)하리요"하시고,

대로(大路)를 취(取)하여,

정읍군(井邑郡)을 통과(通過)하시니,

좌우측(左右側)에 외인(外人)의 상점(商店)이,
많이 있으되,
한 사람도 밖에 나선 자(者)가 없더라.

대흥리(大興里)에 이르사,
고부인(高夫人)의 안질(眼疾)을 낫게 하시고,
인(因)하여,
무신(戊申, 1908년)
납월(臘月) 공사(公事)를 행(行)하시니라.

〈94절〉
하루는,
차경석(車京石)의 흑주의(黑周衣) 한 벌을 가저오라 하사,
입으시고,
내의(內衣)를 벗으신 후(後)에,
긴 수건으로 허리를 매시며,
모든, 종도(從徒)들에게 물어 가라사대,
"이러하면 일본인(日本人)과 같으냐?"

모두 대(對)하야 가로대,
"같으니이다."

다시 벗으시고 가라사대,
"내가 유시(幼時)에 서숙(書塾)에서 글을 배울 때에,
한 아해(兒孩)로 더불어 먹 희롱을 하다가,

그 아해(兒孩)가 나에게 지고, 울며, 돌아가서,
다시 오지 아니하고,

다른 서숙(書塾)에 통과(通過)하다가,
그 후(後)에 병(病)들어 죽었는데,
그 신명(神明)이 원한(寃恨)을 품었다가,
이제, 나에게 해원(解寃)을 구(求)함으로,
어떻게 하면, 해원(解寃)이 되겠느냐고 물으니,

그, 신명(神明)이,
내가 일본복(日本服)을 싫어함을 알고,
일복(日服)을 입으라 함으로,
내 그 신명(神明)을 위로(慰勞)함이라"하시니라.

〈95절〉
대흥리(大興里)에서 무신(戊申,1908년)
납월공사(臘月公事)을 행(行)하시고,

기유(己酉,1909년) 정월(正月) 3일(三日)에
관재(官災)를 피(避)하여,
백암리(白岩里) 김경학(金京學)의 집으로 가셨더니,

태인읍(泰仁邑)에서 김경학(金京學)의 형(兄)이
사람을 보내어, 김경학(金京學)을 불러 가거늘,

성선(聖仙)이 발을 만지시며

가라사대,
"이언(俚言)에 발복(福)이라 하나니,
모르는 길에 잘 가면 행(幸)이요,
잘못 가면, 불행(不幸)이라 함을 이름이라."하시고,

곧, 떠나서 독행(獨行)으로
최창조(崔昌祚)의 집에 가셨다가,
다시, 그 앞 송림(松林)을 통(通)하여
최덕겸(崔德兼)의 집에 가서 머무르시니,
모든 사람들이 계신 곳을 알지 못하니라.

원래(元來), 김경학(金京學)의 형(兄)은
김경학(金京學)이 술객(術客)에게 미혹(迷惑)하여,
가산(家産)을 돌보지 아니한다는 말을 듣고,
일면(一面)으로는 김경학(金京學)을 부르고,
일면(一面)으로는 관부(官府)에 고(告)하여,
술객(術客)을 잡아 징치(懲治)하려 함이라.

김경학(金京學)이 집을 떠나 읍(邑)으로 가다가,
중로(中路)에서 순검(巡檢)에게 붙들려,
대동(帶同)되어, 되돌아 집으로 와서
성선(聖仙)을 찾다가 없음으로,
최창조(崔昌祚)의 집까지,

왔다가 찾지 못하고 돌아가느니라.

〈96절〉
5일(五日)에 동곡(銅谷)에 이르사,
수일(數日) 후(後)에 태인(泰仁)으로부터,
무사(無事)히, 된 전말(顚末)을 보고(報告)하거늘,

가라사대,
"정읍(井邑)은 하루 공사(公事)인데,
차경석(車京石)에게 맡겼더니,
일조(一朝)에 끄르고,
태인(泰仁) 일은 하루아침 공사(公事)인데,
차경학(車京學)에게 맡겼더니,
1일(一日)을 걸렸으니,
차경석(車京石)이 차경학(車京學)보다 낫다."하시고,

또, 가라사대
"차경석(車京石)은 병판(兵判) 가름이오.
차경학(車京學)은 위인(爲人)이 직장(直腸)이라.
돌리기 어려우니, 그만하면 선인(善人)이 되리라"하시니라.

〈97절〉
하루는,
박공우(朴公又), 황응종(黃應鍾)을 데리시고,
태인읍(泰仁邑) 여사(旅舍)에 이르사,

신경원(辛京元)더러 일러 가라사대,
"오늘은 백 순검(白 巡檢)을 만나야 하겠으니,
그를 데려오라."

말씀이 마치자,
백 순검(白 巡檢)이 그 집 앞으로 지나거늘,
신경원(辛京元)이 나가서,
성선(聖仙)의 계신 곳을 알리니,
백 순검(白 巡檢)이,
곧, 뛰어 들어와서,
성선(聖仙)을 포박(捕縛)하는지라.

성선(聖仙)이
박공우(朴公又)에게 명(命)하야, 가라사대,
"네게 있는 돈 100냥(百兩)을 내게 전(傳)하고,
최창조(崔昌祚)의 집에 갔다오라."하시니,

박공우(朴公又)가 응명(應命)하고 갔다 오거늘,
또, 황응종(黃應鍾)과 차경원(車京元)을 불러,
각(各)히, 다른 곳으로 보내고,
백 순검(白 巡檢)에게 돈 100냥(百兩)을 주시며,

가라사대,
"그대를 만나려고 이곳에 기다린지 오래였노라,
이것을 적다 말고 용(用)에 보태어 쓰라."

백 순검(白 巡檢)이 치사(致謝)한 후(後),

포박(捕縛)을 끌르고 물러가니,

대저(大抵) 그가 성선(聖仙)을 붙들어서,

돈을 빼앗으려 하는 줄을 아시고,

그, 소욕(所欲)을 채워 주심이러라.

〈98절〉

하루는,

전주(全州) 불가지(佛可止),

김성국(金成國)의 집에 계실 새,

김덕찬(金德贊)이 시측(侍側)하다가,

성선(聖仙)의 무슨 말씀컨대,

속으로는 실없게 알면서, 거짓 응낙(應諾)하였더니,

다시, 일러 가라사대,

"이제 용소리(龍巢里) 김의관(金議官)의 집에,

가서 자고오라"하심으로,

김덕찬(金德贊)이 응명(應命)하고,

용소리(龍巢里)에 갔다가,

김의관(金議官)집 문(門) 앞에서,

취(醉)한 사람을 만나 패욕(悖辱)을 많이 당(當)하고,

분(憤)을 이기지 못하여 돌아오거늘,

성선(聖仙)이
문(門) 밖에 나서 바라보시고 웃어,

가라사대,
"왜 자지 아니하고 돌아오느냐?"하시며,

술을 주시며,

가라사대,
"사람을 살피되 마음을 참되게 할 것이어늘,
어찌 마음을 스스로 속이느냐?"하시니,

김덕찬(金德贊)이
처음에는,
성선(聖仙)이 무고(無故)히 용소리(龍巢里)에 보내어,
패욕(悖辱)을 당(當)하게 하신 것을,
불평(不平)히 여겼다가,

이 말씀을 듣고,
비로소, 성선(聖仙)의 말씀 끝에,
속으로는 실없이 알면서,
거짓 응낙(應諾)한 것을 통촉(洞燭)하사,
실없은 취(醉)한 사람을 만나도록,
징벌(懲罰)하신 줄을 깨닫고,
이로부터는, 더욱 두려워하여,

비록, 일사일념(一思一念)이라도 삼가나라.

⟨99절⟩
6월(六月)에 동곡(銅谷)에 계실 새,
종도(從徒)들이 오랫동안 날이 가문 것을 걱정하거늘,

성선(聖仙)이 김갑칠(金甲七)더러 일러,

가라사대,
"청수(淸水) 일기(一器)를 길어다 놓고,
상하의(上下衣)를 벗고 청수(淸水) 앞에 합장(合掌)하고,
서 있으라.
이제, 네게 장령(將令)을 붙여서 서양(西洋)으로부터
우사(雨師)를,
불러, 넘겨 만민(萬民)의 갈앙(渴仰)을 풀어주리라."

김갑칠(金甲七)이 명(命)하신 대로 하여,
수분(水盆) 앞에 서니,
문득, 서천(西天)으로부터 흑운(黑雲)이 일어나며,
대우방타(大雨滂沱)하거늘,
이에, 명(命)하사,
청수(淸水)를 쏟아버리고, 옷을 입으라 하시며,
모든 종도(從徒)더러 일러 가라사대,
"너희들도 잘 수련(修鍊)하면,
모든 일을 마음대로 되리라."하시니라.

〈100절〉

이때에,

청주(淸州)에서 괴질(怪疾)이 창궐(猖獗)하고,

나주(羅州)께도 치열(熾烈)하여,

인심(人心)이 흉흉(洶洶)한지라,

성선(聖仙)이,

가라사대,

"남북(南北)에서 마주 터지니,

장차(將次) 무수(無數)한,

생명(生命)이 잔탕(殘蕩)되리라."하시고,

이에, 글을 써서 불사르시며,

가라사대,

"내가 이것을 대속(代贖)하리라."하시고,

김형렬(金亨烈)을 명(命)하사,

신의(新衣) 5건(五件)을 급(急)히 지어서,

한 벌씩 갈아입으시고, 설사(泄瀉)하여 버리신 후(後)에,

가라사대,

"약자(弱者)가 걸리면 다 죽겠도다."하시더니,

그 후(後)로, 괴질(怪疾)이 곳 침식(寢息)되니라.

〈101절〉
매양(每樣) 월야(月夜)에 길을 가실 새,
구름이 달을 가렸으면, 손으로 달을 향(向)하야,
우시(右施)하여, 구름을 둥그렇게 열어 헤치사,

달빛을 내비추이며,
목적지(目的地)에 달(達)하신 후(後)에,
다시, 손으로 달을 향(向)하여 좌시(左施)하시면,

구름이 다시 합(合)하여,
원상(原狀)대로 회복(回復)되니라.

〈102절〉
원평 시장(院坪 市場), 김경집(金京執)의 주점(酒店)에,
단골 주인(主人)을 정(定)하시고,
오랫동안 두류(逗留)하실 새,

누구든지, 성선(聖仙)의 말씀을 빙탁(憑托)하여,
주식(酒食)을 청(請)하면, 대금(代金) 유무(有無)를
불계(不計)하고, 다 허락(許諾)하시더니,

태인(泰仁) 청석(靑石)골 강팔문(姜八文)이,
주식(酒食)을 많이 먹은 후(後)에,
돈을 휴대(携帶)한 것을,
주인(主人)에게 발견(發見)되었으나,

성선(聖仙)의 말씀이 있다고, 거짓 빙탁(憑托)하여,
돈을 지불(支拂)치 않고 갔더니,
이로부터, 협체(挾滯)하여 창증(脹症)을 이루어,
사경(死境)에 이르거늘,
신경수(申京守)가 그 사유(事由)를 아뢰는데,

성선(聖仙)이 대답(對答)치 아니하시더니,
그 후(後)에, 또 위급(危急)함을 내고(來告)하거늘,

가라사대,
"몹쓸 일 행(行)하여 신명(神明)에게
죄(罪)를 얻어,
그릇 죽음을 하게 되었으니 하릴없다."하시더니,
그 후(後)에 곧 사망(死亡)하니라.

〈103절〉
종도(從徒)들이 매양(每樣) 근심된 일이 있을 때에,
그 사유(事由)를 선생(先生)께 품고(稟告)하면,
무위중(無爲中)에 자연(自然)히 풀리게 되는데,
만일(萬一),
품고(稟告)한 후(後)에도,
오히려, 근심을 놓지 아니하면,

위로(慰勞)하여 가라사대,
"내가 이미 알았으니 근심하지 말라."하시니라.

〈104절〉
매양(每樣) 종도(從徒)들에게,
일을 명(命)하심에,
반드시, 기일(期日)을 정(定)하여 주사,
어기지 않게 하시며,

만일 명(命)을 받은 자(者)가,
혹(或), 그 기일(期日)에,
일기(日氣)가 부조(不調)로
인(因)하여, 어김이 있을까 염려(念慮)하면,

성선(聖仙)이 일깨워,
가라사대,
"내가, 너에게 어찌 부조(不調)한 날을,
일러 주겠느냐?"하셨나니,

대저(大抵), 성선(聖仙)이 정(定)하여 주신 날은,
한 번도, 부조(不調)한 날이 없었나니라.

〈105절〉
매양(每樣) 종도(從徒)들을 어느 곳에 보내시되,
사명(使命)을 말씀치 아니하신 때가 많이 있었으나,

종도(從徒)들은,
항상(恒常) 그렇게 경험(經驗)하였음으로,

다시, 묻지 않고 명(命)하신 곳에 가면,
반드시 무슨 일이 있더라.

〈106절〉
가물 때에 비를 주실 새,
청수(淸水) 동이에 소변(小便)을 좀 타면,
그, 비로 인(因)하여,
곡류(穀類)가 풍양(豊穰)하고,
충재(蟲災)가 있을 때는 고추가루를 풀어 넣으면,
곧, 충재(蟲災)가 그치더라.

〈107절〉
더울 때, 출행(出行)하시면,
구름이, 일산(日傘)과 같이 태양(太陽)을 가리워,
볕이, 쬐이지 아니하니라.

제4장

문도(門徒)의 종유(從遊)와 훈회(訓誨)

"언행(言行)이 덜 풀려서, 독기(毒氣)가 남아 있도다."

「惡將除去無非草(악장제거무비초),
好取看來總是花(호취간래총시화)」 니라.

말은 마음의 소리요, 행사(行事)는 마음의 자취라.
말을 선(善)하게 하면, 복(福)이 되어,
점점(漸漸) 큰 복(福)을 이루며, 내 몸에 이르고,
말을 악(惡)하게 하면, 화(禍)가 되어,
점점(漸漸), 큰 화(禍)를 이루며,
내 몸에 이르나니라.

제4장
문도(門徒)의 종유(從遊)와 훈회(訓誨)

〈1절〉
임인(壬寅, 1902년) 4월(四月)에
김형렬(金亨烈)의 집에 머무르사,
공사(公事)를 행(行)하시니,

김형렬(金亨烈)과 김자현(金自賢), 김갑칠(金甲七),
김보경(金甫京), 한공숙(韓公淑) 등(等)이 차제(次第)로
종유(從遊)하니라.

〈2절〉
계묘(癸卯, 1903년) 정월(正月)에
전주부(全州府)에 순유(巡遊)하사,
서원규(徐元奎) 약국(藥局)에 머무르시니,
서원규(徐元奎), 김원규(金元圭)와 김병욱(金秉旭),
장흥해(張興海), 김윤찬(金允贊) 등(等)이
종유(從遊)하니라.

〈3절〉
장흥해(張興海)가 그 유아(幼兒)를 심(甚)히 사랑하거늘,

성선(聖仙)이 흥해(興海)더러 일러,

가라사대,
"복(福)은 위로부터 내리는 것이오,
아래에서 치오르지 아니하는 것이니,
부모(父母)를 잘 경애(敬愛)하라."하시니라.

〈4절〉
갑진(甲辰,1904년) 6월(六月)에
김형렬(金亨烈)의 집에 이르사,
김형렬(金亨烈)더러 전주(全州)에 가서,
김병욱(金秉旭)에게 만날 기약(期約)을,
하고 오라 명(命)하시니,

김형렬(金亨烈)이 영명(領命)하고,
전주(全州)에 가서 김병욱(金秉旭)을 만나,

그 익일(翌日),
야반(夜半)에 만나기로 약정(約定)하고,
돌아오는 길에,
장효순(張孝淳)이 사망(死亡)한 소식(消息)을 들은지라.

김형렬(金亨烈)이 성선(聖仙)께 복명(復命)하고,

이어서, 김효순(金孝淳)의 사망(死亡)을 보(報)하여,

가로대,
"이 사람은 우리 손에 죽어야 할 것인데,
절로 병사(病死)하였으니, 한(恨)스러운 일이로소이다."

성선(聖仙)이 가라사대,
"그 무슨 말이뇨. 죽은 사람은 불쌍하다."하시니라.

〈5절〉
성선(聖仙)이
비록, 지천(至賤)한 사람을 대(對)할지라도,
반드시, 존경(尊敬)하시더니,
김형렬(金亨烈)의,
노자(奴子) 지남식(池南植)에게도,
항상(恒常), 존경(尊敬)하시거늘,

김형렬(金亨烈)이 여쭈어 가로대,
"이 사람은 곧 나의 노자(奴子)오니,
 존경(尊敬)치 마소서."

성선(聖仙)이 가라사대,
"이 사람이 그대의 노자(奴子)오니,

내게는 아무 관계(關係)가 없나니라."하시며,

또, 일러 가라사대,
"이 마을에는 아소(兒少)로부터 숙습(熟習)이 되어,
창졸간(倉卒間)에 말을 고치기 어려울지나,
다른 곳에 가면,
어떤 사람을 대(對)하든지, 다 존경(尊敬)하라."

이 후(後)로는,
적서(嫡庶)의 명분(名分)과 반상(班常)의 별(別)이 없나니라.

〈6절〉
하루는, 김형렬(金亨烈)이,
어떤 친족(親族)에게 불합의(不合意)한 일이 있어서,
모질게, 질책(叱責)하거늘,

성선(聖仙)이 가라사대,
"아직 언행(言行)이 덜 풀려서,
독기(毒氣)가 남아 있도다.
「惡將除去無非草(악장제거무비초),
好取看來總是花(호취간래총시화)」니라.

말은 마음의 소리요, 행사(行事)는 마음의 자취라.

말을 선(善)하게 하면, 복(福)이 되어,

점점(漸漸) 큰 복(福)을 이루며, 내 몸에 이르고,

말을 악(惡)하게 하면, 화(禍)가 되어,
점점(漸漸) 큰 화(禍)를 이루며, 내 몸에 이르나니라.”

〈7절〉
을사(乙巳,1905년) 8월(八月)에,
함열 회선동(咸悅 會仙洞),
김보경(金甫京)의 집에 이르사,
누월간(累月間) 체류(滯留)하실 새,

김보경(金甫京)이
함열읍인(咸悅邑人), 김광찬(金光贊)을,
천거(薦擧)하여 종유(從遊)케 하고,

또, 소진섭(蘇鎭燮)과
임피군 둔리(臨陂郡 屯里), 김성화(金性化) 등(等)이
상계(相繼), 종유(從遊)하니라.

〈8절〉
하루는,
성선(聖仙)이 ‘소년시(少年時)’에 지으신 글이라 하사,

「運來重石何山遠(운래중석하산원),
 粧得尺椎古木秋(장득척추고목추)」를 외워 주시며,

"성선문명(聖仙文明)이라 함인가"라고,
심고(心告)하고, 받으라 하시고,

「霜心玄圃淸寒菊(상심현포청한국),
　石骨靑山瘦落秋(석골청산수락추)」를 외워주시며,
"선령문명(先靈文明)이 아닐런가"라고,
심고(心告)하고, 받으라 하시고,

「千里程湖狐棹遠(천리정호호도원),
　萬方春氣一筐圓(만방춘기일광원)」을 외워주시며,
"선왕문명(先王文明)이 아닐런가"라고,
심고(心告)하고 받으라 하시고,

「時節花明三月雨(시절화명삼월우),
　風流酒洗百年塵(풍류주세백년진)」을 외워주시며,
"성선(聖仙), 선령(先靈), 선왕(先王), 합덕문명(合德文明)이
아닐런가"라고,
심고(心告)하고, 받으라 하시고,

「風霜閱歷誰知己(풍상열력수지기)
　湖海浮遊我得顏(호해부유아득안)
　驅情萬里山河友(구정만리산하우)
　供得千門日月妻(공득천문일월처)」를 외워주시며,
"우리의 득의추(得意秋)가 아닐런가"라고,
심고(心告)하고, 받으라 하신 후(後)에

168　대순전경(大巡典經)

「시세(時勢)를 짐작(斟酌)컨대,

大人輔國正知身(대인보국정지신),

磨洗塵天運氣新(마세진천운기신),

遺恨警深終聖意(유한경심종성의),

一刀分在萬方心(일도분재만방심)」이라,

창(唱)하시며 가라사대,

"이 글은 민영환(閔泳煥)의 만장(挽章)이니,

'一刀分在萬方心(일도분재만방심)'으로 하여,

세사(世事) 알게 하시고,

또, 가라사대,

'四五世無顯官先靈生儒學死學生

(사오세무현관선령생유학사학생),

二三十不功名子孫入書房出碩士

(이삼십불공명자손입서방출석사)'라"하시니라.

〈9절〉

병오(丙午, 1906년) 10월(十月)에,

예수교당(耶蘇教堂)에서

모든, 의식(儀式)과 교의(教義)를 문견(聞見)하신 후(後)에,

종도(從徒)더러 일러,

가라사대,

"족(足)히 취(取)할 것이 없다."하시니라.

〈10절〉
하루는 종도(從徒)더러 일러,

가라사대,
"이 세상(世上)에,
학교(學校)를 널리 세워 사람을 가르침은,
장차(將次) 천하(天下)를 크게 문명(文明)케 하야 써,
천지(天地)의 역사(役事)를 시키려 함이되,

현하(現下)의 학교교육(學校敎育)이,
학인(學人)으로 하여금,
비열(卑劣)한 공리(功利)에 빠지게 하니,
그러므로, 판 밖에서 성도(成道)하게 되었노라."

〈11절〉
정미(丁未,1907년) 4월(四月)에,
신원일(辛元一)을 데리고,
태인(泰仁) 관왕묘(關王廟) 제원(祭員),
신경언(辛敬彦)의 집에 가서 머무르실 새,
신경언(辛敬彦)과
신경원(辛京元), 김경학(金京學), 최창조(崔昌祚),
최내경(崔乃敬), 최덕겸(崔德兼) 등(等)이,
종유(從遊)하니라.

〈12절〉

5월(五月)에,

용암리(龍岩里) 수침막(水砧幕)에서 머무르실 새,

그 앞 주점(酒店)에서,

정읍인(井邑人), 차경석(車京石)이를 만나시니라.

차경석(車京石)이 전주(全州)로 가는 길에,

이 주점(酒店)에서 오반(午飯)을 먹고 떠나려 할 새,

성선(聖仙)이 대삿갓 푸단 님으로

김자현(金自賢) 등(等),

수인(數人)을 데리고 오시니,

차경석(車京石)이 그 소탈(疏脫)한 가운데,

씩씩한 기운(氣運)을 띄신,

의표(儀表)와 순진(純眞)한 가운데,

교식(巧飾)이 없으신 언어동지(言語動止)를 보고,

비범(非凡)히 여겨 말씀을 청(請)하니,

성선(聖仙)이 온화(溫和)하게 대답(對答)하신지라,

차경석(車京石)이 예필(禮畢)에 물어 가로대,

"실례(失禮)이오나 무슨 업(業)을 하시나이까?"

성선(聖仙)이 웃으시며 가라사대,

"의업(醫業)을 행(行)하노라."

"어느 곳에 머무르시나이까?"

가라사대,
"나는,
동역객서역객천지무가객(東亦客西亦客天地無家客)
이노라."하시더라.

차경석(車京石)은,
원래(元來) 동학신도(東學信徒)로써,

손병희(孫秉熙)를 좇다가,
모든 것이 마음에 합(合)치 아니하여,
다시 길을 고치려, 하던 차(次)이라.

이날, 성선(聖仙)을 뵈임에,
모든 행의(行儀)가 범속(凡俗)과 다름에,
이상(異常)히 여기어,
짐짓 떠나지 아니하고,
저물기를 기다려서, 성선(聖仙)의 돌아가신 곳을 따르니,
곳, 용암리(龍岩里) 수침막(水砧幕)이라.

그, 식사(食事)와 범절(凡節)이 너무 조솔(粗率)하여,
일시(一時)라도 견디기 어렵더라.

성선(聖仙)이,

차경석(車京石)이 떠나지 아니함을 괴로워 하사,
물러가기를 독촉(督促)하되,

차경석(車京石)이 떠나지 아니하고,
자기(自己)의 집으로 가시기를 간청(懇請)하니,

성선(聖仙)이 혹(或) 진노(震怒)도 하시며,
혹(或) 능욕(凌辱)도 하시며,
혹(或) 구축(驅逐)도 하시며,

차경석(車京石)의 관찰(觀察)에는,
모든 일이 범상(凡常)치 아니할 뿐 아니라,

동학가사(東學歌詞)에
「여광여취(如狂如醉) 저 양반을 간 곳마다,
따라가서, 지질한 그 고생(苦生)을,
누구더러 한 말이며」
라는 구절(句節)에, 감오(感悟)하여,

드디어, 떠나지 아니하고,
10일간(十日間)을 머무르면서,
사사(師事)하기를 고청(固請)하거늘,

성선(聖仙)이 일러 가라사대,
"네가 나를 따르려면, 모든 일을 전폐(全廢)하고,

나의 가르친 바에 일심(一心)하여야 할지니,
이제 돌아가서 모든 일을 정리(整理)하고,
다시, 이곳으로 찾아오라."

차경석(車京石)이 이에 하직(下直)하고,
집에 돌아가 모든 일을 정리(整理)하고,
6월 1일(六月 一日)에 다시, 용암리(龍岩里)에 와서
성선(聖仙)께 뵈옵고,
정읍(井邑)으로 가시기를 간청(懇請)하니,

성선(聖仙)이 다시 거절(拒絶)하시다가,
3일(三日) 후(後)에 허락(許諾)하여

가라사대,
"내가 깊은 목물에 빠져서 허덕거리다가,
겨우 벗어나서 발목 물에 당(當)하였는데,
이제, 너가 다시 깊흔 물로 끌어들인다."하시니라.

〈13절〉
수침막(水砧幕)을 떠나 원평(院坪)에 이르사,
군중(群衆)을 불러 술을 주시며

가라사대,
"이 길은 남조선(南朝鮮) 배질이니,
짐을 채워야 떠나리라."하시니,

모든, 사람은 그 의미(意味)를 알지 못하니라.
다시, 떠나시며 가라사대,
"대진(大陣)은 일행(日行), 30리(三十里)라."하시니,

차경석(車京石)이 문명(聞命)하고,
이정(里程)을 헤아려서,

고부(古阜) 송내(松內)에 이르러,
지우(知友) 박공우(朴公又)의 집으로 모시니,
박공우(朴公又) 또한, 동학신도(東學信徒)로써,
마침, 49일간(四十九日間) 도천(禱天)하던 때러라.

〈14절〉
성선(聖仙)이
차경석(車京石), 박공우(朴公又)더러 일러,

가라사대,
"이제 만날 사람 만났으니, 통정신(通情神)이 나온다.
나의 일은, 비록
부모형제처자(父母兄弟妻子)라도 모르는 일이니,

나는,
'서양(西洋) 대법국(大法國) 천계탑(天啓塔) 천하(天下)
대순(大巡)'이라.

동학주(東學呪)에
「侍天主 造化定(시천주 조화정)」이라 하였으니,

내가 천지(天地)를 개벽(開闢)하고,
조화정부(造化政府)를 열어서,
인천(人天)의 혼란(混亂)을 안정(安定)케 하려 하여,

삼계(三界)를 주시(周視)하다가,
여기, 동토(東土)에 그쳐,
잔피(殘疲)에 헤매인 민중(民衆)을,
먼저, 건지려 함이니,

나를 믿는 자(者)는, 무궁(無窮)한 영복(榮福)을 얻어,
선경(仙境)의 낙(樂)을 이루리니,
이것이, 참 동학(東學)이라.

궁을가(弓乙歌)에
「조선강산명산(朝鮮江山名山)이라,
 도통군자(道通君子) 다시 난다.」**하였으니,
이 일을 이름이라.

동학신도(東學信者) 간(間)에
최수운(崔水雲)이 갱생(更生)하리라고,
전(傳)하나,
죽은 자(者)가 다시 살아오지 못하는 것이오.

내가 곧, **대성선(代聖仙)**이로다."

〈15절〉
익일(翌日)에 송내(松內)를 떠나,
정읍 대흥리(井邑 大興里)로 향(向)하실 새,

박공우(朴公又)를 돌아보시며 가라사대,
"만났을 적에"하시니,

박공우(朴公又)가 문득,
동학가사(東學歌辭)에
「만나기만 만나보면, 너의 집안 운수로다.」
라는 구절(句節)이,
감오(感悟)되어 드디어 따라 나서니라.

〈16절〉
이 날, 대흥리(大興里) 차경석(車京石)의 집에 이르사,
글을 써서 서벽(西壁)에 붙이시니,
문득, 뇌성(雷聲)이 대작(大作)하거늘,

성선(聖仙)이 "속(速)하다."하시고,
그, 글을 떼어 무릎 밑에 넣으시니,
뇌성(雷聲)이 곧 그치는지라.

박공우(朴公又)는 크게 경복(驚服)하고,

촌인(村人)은 뜻밖에 일어나는, 백일뇌성(白日雷聲)을
이상(異常)히 여기니라.

⟨17절⟩
이 후(後)에
동학신도(東學信者) 안내성(安乃成), 문공신(文公信), 황응종(黃應鍾),
신경수(申京守), 박장근(朴壯根) 등(等)이
상계종유(相繼從遊)하니라.

⟨18절⟩
이때에, 김광찬(金光贊)은 동곡(銅谷)에 있어,

차경석(車京石)에 종유(從遊)함을 염오(厭惡)하여,

가로대,
"차경석(車京石)은 본래(本來) 동학여당(東學餘黨)으로,
일진회(一進會)에 참가(參加)하여,
불의(不義)를 많이 행(行)하였거늘,

이제, 도문(道門)에 들임은,
성선(聖仙)의 부정대(不正大)하심이라.

우리가,
힘써 마음을 닦아온 것이 다 쓸 데 없게 된다" 하고,
날마다, 성선(聖仙)을 원망(怨望)하거늘,

김형렬(金亨烈)이 민망(憫惘)하여
성선(聖仙)께 와 뵈옵고,
김광찬(金光贊)이 불평(不平) 가짐을 고(告)하며,

가로대,
"어찌, 이런 성격(性格) 가진 자(者)를,
문하(門下)에 두셨나이까?"

성선(聖仙)이,

가라사대,
"용(龍)이 물을 구(求)할 때에,
비록 형극(荊棘)이 당도(當道)할지라도,
피(避)치 아니 하나니,
돌아가서, 잘 무유(撫諭)하라."하시니라.

〈19절〉
하루는, 차경석(車京石)에게,
「溪分洙泗派(계분수사파),
峯秀武夷山(봉수무이산),
襟懷開霽月(금회개제월),
談笑止狂瀾(담소지광란),
活計經千卷(활계경천권),
行裝屋數間(행장옥수간),
小臣求聞道(소신구문도),

非偸半日閑(비투반일한)」
의 고시(古詩)를,
외워 주시고,

차경석(車京石)을 데리고,
순창 용암(淳昌 籠岩), 박장근(朴壯根)의 집에 가사,

그, 머슴을 불러 물어 가라사대,
"작야(昨夜)에 무슨 본 일이 있었느냐?"

머슴이 대(對)하여,

가로대,
"어제밤 꿈에, 한 노인(老人)이 농함(籠函)을 열고,
갑주(甲胄)와 장검(長劍)을 내어주며,
이것을, 가져다가,
주인(主人)을 찾아다가 전(傳)하라,
함으로, 내가 받아다가 이 방(房)에 두었는데,
곧, 차경석(車京石)이 앉은 자리이다."하니라.

대저(大抵), 이 지방(地方)에서는
「농암(籠岩) 속에 갑주(甲胄)와
  장검(長劍)이 들어 있는데,
  장군(將軍)이 나면 내어 가리라」는
속언(俗言)이, 전(傳)하여 오니라.

〈20절〉
그 후(後)에 순창(淳昌)으로부터 돌아오실 새,
태인 고현리 행담(泰仁 古縣里 杏坍)에 이르사,

차경석(車京石)더러 일러,

가라사대,
"공자(孔子)가 행담(杏坍)에서 강도(講道)하였나니,
이제 여기서 네게 한 글을 전(傳)하리라."하시고,

고서(古書) 1장(一章)을 외워주시며,
잘 복응(服膺)하라 하시니 이러하니라.

「夫主將之法(부주장지법),
 務攬英雄之心(무람영웅지심),
 賞祿有功(상록유공),
 通志於衆(통지어중),
 與衆同好靡不成(여중동호미불성),
 與衆同惡靡不傾(여중동악미불경),
 治國安家得人也(치국안가득인야).
 亡國敗家失人也(망국패가실인야).
 含氣之類(함기지류),
 咸願得其志(함원득기지)」

〈21절〉
그 후(後), 정읍(井邑)에 계실 새,

차경석(車京石)더러 일러,

가라사대,
"너는, 금후(今後)로 출입(出入)을 금(禁)하고 집을 지키라.
 이것이, 자옥도수(自獄度數)니라."

〈22절〉
11월(十一月)에 동곡(銅谷)에 이르사,
공사(公事)를 행(行)하시고,

김형렬(金亨烈)더러 일러,

가라사대,
"내가 머리를 깎으리니 너도 또한 머리를 깎으라."

김형렬(金亨烈)이 마음으로는 즐겨하지 아니하나,
강연(强然) 응낙(應諾)하였더니,

또, 김갑칠(金甲七)을 불러 가라사대,
"내가 머리를 깎으리니,
 명일(明日) 대원사(大願寺)에 가서,
 금곡(錦谷) 주지(住持)를

불러오라."하시거늘,

김형렬(金亨烈)이 크게 근심하였더니,
그 뒤에, 다시 말씀치 아니 하시니라.

〈23절〉
하루는 김형렬(金亨烈)에게
고서(古書) 1장(一章)을 외워주시며,
잘 복응(服膺)하라 하시니 이러하니라.

「夫用兵之要(부용병지요),
　在崇禮而重祿(재숭례이중록),
　禮崇則義士至(예숭칙의사지),
　祿重則志士輕死(녹중칙지사경사),
　故祿賢不愛財(고록현불애재),
　賞功不逾時(상공불유시),
　則士卒並 敵國削(즉사졸병적국삭)」

〈24절〉
그 후(後)에, 또 김형렬(金亨烈)에게,
고시(古詩)를 외워주시며,
잘 기억(記憶)하라 하시니, 이러하니라.

「處世柔爲貴(처세유위귀),
　剛强是禍基(강강시화기),

發言常欲訥(발언상욕눌),
　　　臨事當如癡(임사당여치),
　　　急地尙思緩(급지상사완),
　　　安時不忘危(안시불망위),
　　　一生從此計(일생종차계),
　　　眞個好男兒(진개호남아)」

〈25절〉
또, 김형렬(金亨烈)에게 고시(古詩)를 외워주시니,
이러하니라.

「明月千江心共照(명월천강심공조),
　長風八隅氣同驅(장풍팔우기동구)」

〈26절〉
하루는, 김형렬(金亨烈)을 명(命)하사,
지편(紙片)에 64괘(六十四卦)를 점(點)치고,

24방위(二十四方位) 자(字)를 둘러 쓰이사,
태양(太陽)을 향(向)하여 불사르시며,

가라사대,
"여아동거(與我同居)하자"하시고,

김형렬(金亨烈)을 돌아다보시며 가라사대,

"잘 믿는 자(者)에게,
해인(海印)을 전(傳)하여 주리라."하시니라.

〈27절〉
또, 가라사대,
"선비는 반드시 몸에 지필묵(紙筆墨)을 가져야 하나니라."

〈28절〉
또, 김형렬(金亨烈)더러 일러,

가라사대,
"선비는 대학경(大學經) 1장(一章) 장하(章下)를
알아두어야 하나니라."하시고,
외워주시니, 이러하니라.

「右經一章(우경일장)
蓋孔子之言而曾子述之(개공자지언이증자술지),
其餘十章則曾子之意而門人記之也(기여십장칙증자지의이문인기지야),
舊傳頗有錯簡(구전파유착간),
今因程子所定(금인정자소정),
而更考經文(이갱고경문),
別有序次如左(별유서차여좌).」

〈29절〉
또, 김형렬(金亨烈)에게 "진서장(秦誓章)"을 외워주시며,

잘, 기억(記憶)하라 하시니, 이러하니라.

「如有一介臣斷斷猗(여유일개신단단의),
　無他技(무타기),
　其心休休焉(기심휴휴언),
　其如有容(기여유용),
　人之有技若己有之(인지유기약기유지),
　人之彦聖(인지언성),
　其心好之(기심호지),
　不啻如自其口出(불시여자기구출),
　是能容之以能保我子孫黎民(시능용지이능보아자손여민),
　尙亦有利哉(상역유리재),
　人之有技(인지유기),
　媢疾以惡之(창질이악지),
　人之彦聖而違之(인지언성이위지),
　俾不通(비불통),
　寔不能容(식불능용),
　以不能保我子孫黎民(이불능보아자손여민),
　亦曰殆哉(역왈태재).」

〈30절〉
또, 김형렬(金亨烈)더러 일러,

가라사대,
"너는 모든 말을 묻는 자(者)가 있거든 듣고,

실행(實行)이야 하든지 아니하든지,
바른대로 일러 주라."하시니라.

〈31절〉
하루는, 태인 백암리(泰仁 白岩里),
김경학(金京學)이 와 뵈옵거늘,

성선(聖仙)이 명(命)하사,
김자선(金自善)의 집에 유숙(留宿)케 하시고,

익일(翌日)에, 자선(自善)의 집에 이르사,
김경학(金京學)더러,
작야(昨夜)에 꿈 본 것을 말하라 하시니,

김경학(金京學)이 여쭈어 가로대,
"꿈에 일필구(一匹狗)가 대 짜지 아니한 우물에,
빠지는 것을 보고, 죽을까 염려(念慮)하여,
쫓아가서 구(救)해 내려 하였더니,
그 개가 다시 물에서 뛰어나와 다른 곳으로 가더이다."

성선(聖仙)이,

가라사대,
"이언(俚言)에 강성(姜姓)을 개라 하나니,
네가 꿈을 옳게 꾸었다."하시니라.

〈32절〉
박공우(朴公又)가 3년(三年) 동안,
성선(聖仙)을 시종(侍從)하며,
천지공사(天地公事)에 많이 봉공(奉公)하였는데,

매양(每樣) 공사(公事) 후(後)에는,
각처(各處), 종도(從徒)에게 순회연포(巡廻演布)하라,
명(命)하시며,

가라사대,
"이 일이 곧 천지(天地)의 대순(大巡)이라."하시니라.

〈33절〉
무신(戊申, 1908년) 6월(六月)에,

성선(聖仙)이 김광찬(金光贊)에게 물어,

가라사대,
"네가 평거(平居)에,
나를 어떠한 사람으로 칭호(稱呼)하였느냐?"

대(對)하야 가로대,
"촌양반(村兩班)이라고 칭호(稱呼)하였나이다."

또, 물어 가라사대,

"촌양반(村兩班)은,
너를 어떠한 사람이라고 칭호(稱呼)하겠느냐?"

대(對)하여 가로대,
"읍 아전(邑 衙前)이라 할 것이외다."

성선(聖仙)이

가라사대,
"촌양반(村兩班)은
읍 아전(邑 衙前)더러, 읍 아전(邑 衙前)놈이라 하고,
읍리(邑吏)는
촌양반(村兩班)더러, 촌(村)양반놈이라 하나니,
이것이, 다 불평(不平)줄이라.

이제, 너와 내가 서로 화해(和解)하면,
천하(天下)가 다 화평(和平)하리라."하시니라.

〈34절〉
하루는, 김형렬(金亨烈)이 출행(出行)하였다가,
예수교인(耶蘇教人)에게 무수(無數)히,
능욕(凌辱)을 당(當)하고, 돌아와서,
성선(聖仙)께 그 사유(事由)을 고(告)하니,

성선(聖仙)이

가라사대,
"청수(清水) 일기(一器)를 떠놓고,
스스로 허물을 살펴 뉘우치라."

김형렬(金亨烈)이 명(命)하신 대로 하였더니,
그 후(後)에,
그 사람이 병(病)들어서 사경(死境)에 이르렀다가,
어렵게, 회춘(回春)하였거늘,

김형렬(金亨烈)이 듣고 아뢰되,

성선(聖仙)이,

가라사대,
"이 후(後)로는 그런 일을 당(當)하거든,
조금도 , 그를 원망(怨望)치 말고, 스스로 몸을 살피어라.

만일(萬一),
허물이 네게 있는 때는, 그 허물이 다 풀릴 것이오,
허물이 네게 없는 때는, 그 독기(毒氣)가 근본(根本)으로
돌아가나니라."

〈35절〉
7월(七月)에 백암리(白岩里)에 계실 새,
김영학(金永學)이

김경학(金京學)의 천인(薦引)으로 와 뵈옵거늘,
7일(七日)이 지나도록 더불어 말씀치 아니하시니,
김영학(金永學)이 크게 분에(憤恚)하는지라,
박공우(朴公又), 신원일(辛元一)이 일러, 가로대,
"성의(誠意)로써 사사(師事)하기를 청(請)하면,
맑히 가르치시리라."

김영학(金永學)이 그 말을 좇아,
성선(聖仙)께 사사(師事)하기를 청(請)한대,
성선(聖仙)이 허락(許諾)하시더니,
문득, 크게 꾸짖으시거늘,
김영학(金永學)이,
한편으로는, 공구(恐懼)하고,
한편으로는, 분(憤)하여 문외(門外)로 나가는지라,

이윽고, 김영학(金永學)을 불러, 가라사대,
"너를 꾸짖은 것은, 네 몸에 있는,
두 척신(隻神)을 물리치려 함이니,
너는 불평(不平)히 생각(生覺)하지 마라."

김영학(金永學)이 가로되,
"무슨 척신(隻神)이 있나이까? 깨닫지 못하겠나이다."

가라사대,
"네가 18세(十八歲)에 살인(殺人)하고,

금년(今年)에도 살인(殺人)하였나니,
잘 생각(生覺)하여 보라."

김영학(金永學)이 생각하니,
18세(十八歲)에 남원(南原)에서
전주(全州) 리(吏) 김모(金某)와 교어(交語)하다가,
그 무례(無禮)한 말에 노(怒)하여 화로(火爐)를 던져,
그 두부(頭部)를 타상(打傷)하였더니,
이로부터, 신음(呻吟)하다가 익년(翌年) 2월에 신사(身死)하였고,

금년춘(今年春)에, 장성 맥동(長城 麥洞)에
거주(居住)하는,
외숙(外叔) 김요선(金堯善)이,
의병(義兵)에게 약탈(掠奪)을 당(當)한 고(故)로,

의병대장(義兵大將) 김영백(金永伯)을,
장성(長城) 백양사(白羊寺)에 찾아보고,

그 비행(非行)을 꾸짖었더니,
김영백(金永伯)이 사과(謝過)하고,
범인(犯人)을 조사(調査)하여,
총살(銃殺)한 일이 있음으로,

비로소, 황연(恍然)히 깨달아 아뢴데,

성선(聖仙)이 가라사대,
"정(正)히 그러하다."하시니라.

〈36절〉
대흥리(大興里)에 계실 새, 하루는
차경석(車京石), 안내성(安乃成),
박공우(朴公又)를 데리고,
앞 내에 나가 목욕(沐浴)하실 새,
차경석(車京石)을 명(命)하사,
백염(白鹽) 일국(一掬)을 가져다가,
물 위에 뿌리게 하시고,

물에 들어서시며, 가라사대,
"고기잡이를 하리라."하시더니,
문득, 차경석(車京石)의 다리를 잡고 가라사대,
"큰 고기를 잡았다."하시거늘,

차경석(車京石)이 가로대,
"내 다리로소이다."하니,

성선(聖仙)이 가라사대,
"그렇게 되었느냐?"하시고 놓으시니라.

〈37절〉
안내성(安乃成)더러 일러, 가라사대,

"너는 반드시 농사(農事)를 부지런히 하여,

밖으로 '봉공(奉公)의 의무(義務)'를 다하며,

안으로, '선령(先靈)의 제사(祭祀)와
양노육영(養老育英)'의 일을,

힘써, 나의 돌아오기를 기다리라."하시니라.

〈38절〉
8월(八月)에 동곡(銅谷)에 계실 새,
차경석(車京石)이 종유(從遊)함으로부터,
가업(家業)을 불치(不治)하여,
가업(家産)이 날로 영체(零替)하는지라.

그, 아우 차윤칠(車輪七)이,
불평(不平)히 생각하되,
성선(聖仙)을 따르면, 복(福)을 받는다 하더니,

이제, 복(福)은 멀어지고 빈고(貧苦)가 따라드니,
이는, 한갓 무혹(誣惑)에 불과(不過)함이라,

내가, 성선(聖仙)께 가서 질문(質問)하리라 하고,
동곡(銅谷)으로 오다가, 도중(途中)에서, 비를 만나고,
진흙에 업드러져서 의복(衣服)을 망쳐가지고,

성선(聖仙)께 와 뵈이니,
성선(聖仙)이 놀라신 빛으로 일러,

가라사대,
"이 부근(附近)에 의병(義兵)이 출몰(出沒)함으로,
관병(官兵)이 사방(四方)으로 정찰(偵察)하니,

만일(萬一),
네가 모우행로(冒雨行路)한 모양(模樣)을 보면,
의병(義兵)으로 오인(誤認)하여,
곤욕(困辱)을 줄 것이니
벽처(僻處)에 은거(隱居)하여,
내가 부를 때까지 기다리라."하시고,

김형렬(金亨烈)로 하여금, 잘 은익(隱匿)케 하였다가,
익일(翌日)에 차윤칠(車輪七)을 부르사,

돈 15냥(十五 兩)을 주시며,
가라사대,
"내가 수일(數日) 후(後)에 정읍(井邑)으로 가리니,
돌아가서 기다리라."

차윤칠(車輪七)이 무렴(無廉)에 싸였을 뿐 아니라,

수일(數日) 후(後),

정읍(井邑)으로 오시겠다는 말을 듣고,

마음이 좀 풀려서,
질문(質問)은 후일(後日)로 미루고 돌아가니라.

〈39절〉
수일(數日) 후(後)에,
성선(聖仙)이 고부 와룡리(古阜 臥龍里)에 가사

차경석(車京石)에게 전명(傳命)하시되,
"나를 보려거든 고부 학동(古阜 學洞)으로 오라."하시거늘,

익일(翌日)에 차경석(車京石)이 학동(學洞)으로 뵈오니,

성선(聖仙)이 돈 15원(十五 圓)을 주시며,
가라사대,
"너를 부르기는 일극(一極)을 주려 함이다.
내가 차윤칠(車輪七)을 두려워서,
네 집에 가지 못하노라."

차경석(車京石)이 돈을 받고,
황구(惶懼)하여 여쭈어,
가로대,
"무슨 일로 그리하시나이까?"

가라사대,
"일전(日前)에 차윤칠(車輪七)이 살기(殺氣)를 띄고,
동곡(銅谷)에 왔는데,
돈이 아니면 풀기 어렵기로,
돈 3원(三 圓)을 주어서 돌려보냈노라."

차경석(車京石)이 황망(慌忙)히 돌아와서,
차윤칠(車輪七)을 불러 물으니,
과연(果然), 사실(事實)을 고백(告白)하니라.

〈40절〉
익일(翌日)에 학동(學洞)을 떠나실 새,

박공우(朴公又)더러 일러, 가라사대,
"나의 이번 길은 한 사람의 절을 받기 위함이니,
이번에, 받은 절이 천하(天下)에 널리 미치리라."하시니라.

〈41절〉
기유(己酉, 1909년) 절일(節日)에
차경석(車京石)이,
그 조선(祖先)에 향배(享祀)하려 하거늘,

성선(聖仙)이
그 공비(供備)한 찬수(饌需)를 가져오라 하사,
여러 종도(從徒)들로 더불어 잡수시며,

가라사대,

"이것이 곧 절사(節祀)라."하시니,

그 후(後)로는, 매양(每樣) 절사(節祀)와 기진(忌辰)을

당(當)하면, 천사(天師)께 공향(供享)하니라.

〈42절〉

성선(聖仙)이 구육(狗肉)을 즐기사

가라사대,

"이 고기는 상등인(上等人)의 음식(飮食)이니라."

종도(從徒)들이 그 이유(理由)를 물으니,

가라사대

"이 고기는 농민(農民)이 즐기나니,

이 세상(世上)에 상등인(上等人)은 곧 농민(農民)이라.

선천(先天)에는 도가(道家)에서,

이 고기를 기(忌)하였음으로,

망량(魍魎)이 응(應)치 아니 하였나니라."

〈43절〉

하루는, 김자현(金自賢)이

그 조모(祖母)의 상례(喪禮)를 행(行)하려고,

운거(運轝)하야 소정지(所定地)로 향(向)하거늘,

성선(聖仙)이

동곡(銅谷) 앞에 금광(金鑛)터를 가르키시며,

"이곳에 매장(埋葬)하라."하시니,
김자현(金自賢)이 듣지 않거늘,

성선(聖仙)이

가라사대,
"화룡천년(畵龍千年)에,
진룡(眞龍)이 이름을 모른다."하시니라.

〈44절〉
하루는, 종도(從徒)더러 일러,
가라사대,
"내가 고부 고리(古阜 故里)에 가면,
모든 족속(族屬)의 고행자(高行者)를,
대(對)할 때에,
김형렬(金亨烈)을 따라 말하게 되나니,

이것은, 윤리상(倫理上) 전통(傳統)이라.
무슨 관계(關係)가 있으리요마는,
모든 신명(神明)은,
그, 불경(不敬)한 언사(言辭)를,
그르게, 여겨 반드시 벌(罰)을 주나니,

그럼으로, 나는 이 일 어려워서
친족(親族)과 교통(交通)을 희소(稀少)케 하노라."

〈45절〉
하루는, 김형렬(金亨烈)을 명(命)하사,

김광찬(金光贊), 김갑칠(金甲七)에게
"태을주(太乙呪)"를 많이 읽으라 하시고,

김병선(金炳善), 김광찬(金光贊)의 질(姪)에게
"도리원서(桃李園序)"를
구송천독(口誦千讀)하라 하시고,

차경석(車京石), 안내성(安乃成)에게
"시천주주(侍天主呪)"를
순설부동(脣舌不動)하고 많이 묵송(黙誦)하라."하시니라.

〈46절〉
4월(四月)에 용두치(龍頭峙)에 머무르실 새,
김광찬(金光贊)더러 일러,

가라사대,
"네가 김병욱(金秉旭)의 집에 있으면서,
내가 전(傳)하는 글을,
일일이 정서(淨書)하여 가져오라."하시고,

김형렬(金亨烈)로 하여금,
글을 전(傳)하여 정서(淨書)하여 온 후(後)에,

김광찬(金光贊)더러 일러 가라사대,
"이 글을 세상(世上)에 전(傳)함이 가(可)하냐?"

(對)하여 가로대,
"뜻대로 하소서."

성선(聖仙)이
가라사대,
"정읍(井邑)에 한 책(冊)에 그 글이 나타나면,
세상(世上)이 다 알리라."하시고,
드디어, 불사르신 후(後)에 동곡(銅谷)으로 돌아오시니라.

그, 글은 다만, 김광찬(金光贊)의 기억(記憶)된대로,
1절(一節)을 전(傳)하여 온 것이니, 이러하니라.

「士之商職也(사지상직야),
　農之工業也(농지공업야),
　士之商農之工職業也(사지상농지공직업야),
　其外他商工(기외타상공). 留所(疑有闕文)(유소(의유궐문)),
　萬物資生(만물자생),
　羞恥(수치), 放(방), 蕩(탕), 神(신), 道(도), 統(통),
　春之氣放也(춘지기방야),
　夏之氣蕩也(하지기탕야),
　秋之氣神也(추지기신야),
　冬之氣道也(동지기도야).

統以氣之主張者也(통이기지주장자야),

知心大道術(지심대도술),

戊申(1908년)十二月二十四日左旋(무신십이월이십사일좌선).

四三八(사삼팔) 天地魍魎主張(천지망량주장)

九五一(구오일) 日月竈王主張(일월조왕주장)

二七六(이칠육) 星辰七星主張(성신칠성주장)

運 至氣今至願爲大降(운 지기금지원위대강)

無男女老少兒童咏而歌之(무남녀노소아동영이가지)

是故永世不忘萬事知(시고영세불망만사지)

侍天主造化定永世不忘萬事知(시천주조화정영세불망만사지)」

〈47절〉

하루는, 김덕찬(金德贊)에게

양지(洋紙) 1매(一枚)를 주시며,

칠성경(七星經)을 쓰라 하시니,

김덕찬(金德贊)이 자양(字樣)의 대소(大小)를 물으니,

가라사대,

"수의(隨意)대로 쓰라."하심으로,

김덕찬(金德贊)이 뜻대로 쓰니,

지면(紙面)에 만재(滿載)하고,

다만, 3자(三字)를 쓸 만한 여백(餘白)이 남았거늘,

이에, 그 여백(餘白)에 **"칠성경(七星經)"** 3자(三字)를

쓰라 하사후, 불사르시니라.

〈48절〉
하루는, 김준찬(金俊贊)의 집에 계실 새,

김낙범(金洛範)에게 물어

가라사대,
"근일(近日) 관묘(關廟)에 치성(致誠)이 있느냐?"

대(對)하야 가로대 "있나이다."

가라사대,
"그, 신명(神明)이 이 지방(地方)에 있지 아니하고,
멀리 서양(西洋)에 가서,
치성(致誠)은 헛된 일이라."하시니라.

〈49절〉
하루는,
차경석(車京石), 김광찬(金光贊), 황응종(黃應鍾)을
앞세우신 후(後)에,
박공우(朴公又)에게 몽치를 들리고,
차윤경(車輪京)에게 칼을 들리사 하여금,

"너희들이 이 후(後)에도,

지금 스승을 모시고 있는 듯이, 변개(變改)함이 없겠느냐?

일후(日後)에 만일(萬一),
마음을 변개(變改)함이 있으면,
이 몽치로 더수기를 칠 것이오,
이 칼로 할복(割腹)을 하리라."고 경
고(警告)하야 써 굴복(屈服)케 하시니라.

〈50절〉
매양(每樣) 동곡(銅谷) 앞 대수하(大樹下)에서,
소풍(逍風)하시며,

금산(金山) 안과 용화동(龍華洞)을 가리켜,

가라사대,
"이곳이, 내 기지(基址)라. 장차(將次) 꽃밭이 될 것이요,
이곳에, 인성(人城)이 쌓이리라."하시고,

또, 「천황지황인황(天皇地皇人皇),
    후(後)에, 천하지대금산사(天下之大金山寺)」라고
말씀하시니라.

〈51절〉
하루는, 여러 종도(從徒)들에게 일러 가라사대,
"대운(大運)을 받으려 하는 자(者)는,

서전서문(書傳序文)을 많이 송독(誦讀)하라."하시고,

또, 가라사대,
「且生於數千載之下(차생어수천재지하),
  而欲講明於數千載之前(이욕강명어수천재지전),
  亦已難矣(역이난의)」의 1절(一節)은

청수(淸水)를 떠놓고, 읽을 만한 구절(句節)이라 하시니라.

〈52절〉
하루는, 종도(從徒)들에게 일러,

가라사대,
"도통(道通)이,
건감간진손리곤태(乾坎艮震巽离坤兌)에
있나이라."하시니라.

류찬명(柳贊明)이 시좌(侍坐)하였다가,
대성(大聲)으로
'乾坎艮震巽离坤兌(건감간진손리곤태)'를 읽고 나가니라.

〈53절〉
최덕겸(崔德兼)이 여쭈어 가로대,

"천하사(天下事)는 어떻게 되오리까?"

성선(聖仙)이
「子丑寅卯辰巳午未申酉戌亥
　(자축인묘진사오미신유술해)」를
쓰시며,

가라사대,
"이러하리라."

자현(自賢)이 가로대,
"이것을 해석(解釋)하기 어려우니이다."

성선(聖仙)이 다시 그 위에,
「甲乙丙丁戊己庚辛壬癸
　(갑을병정무기경신임계)」를 쓰시고,
차경석(車京石)더러 일러,

가라사대,
"이 두 줄은 베짜는 바듸와 머리 빗는 빗과 같으니라." 하시니라.

⟨54절⟩
또, 가라사대,
"24절후문(二十四節候文)이 좋은 글인데,
세인(世人)은 다 모르나니라.

이언(俚言)에, '절후(節候)를 철'이라 하고,

‘어린 아해(兒孩)의
무지몽연(無知蒙然)한 것을 철부지’라 하여,

‘소년(少年)도 지각(知覺)을,
못 차린 자(者)에게는 철’을 모른다 하고,

‘노인(老人)도 몰지각(沒知覺)하면,
철부지(철不知)한 아해(兒孩)와 같다’ 하나이라.”

〈55절〉
또, 김형렬(金亨烈)더러 일러

가라사대,
“대상(大祥)이란 상자(祥字)는,
상서(祥瑞)라는 상자(祥字)니라.”

〈56절〉
하루는, 공사(公事)를 행(行)하시고,
「大丈夫(대장부) 大丈婦(대장부)」라 써서 불사르시니라.

〈57절〉
하루는, 모처(某處)에서,
소부(少婦)가 부상(夫喪)을 당(當)한 후(後)에,
순절(殉節)하였다 하거늘,

성선(聖仙)이 들으시고,

가라사대,

"악독(惡毒)한 귀신(鬼神)이,

무고(無故)히 인명(人命)을 살해(殺害)한다."하시고,

글을 써서 불사르시니 이러하니라.

「**忠孝烈國家之大網然**(충효열국가지대강연)

 國亡於忠(국망어충)

 家亡於孝(가망어효)

 身亡於烈(신망어열)」

〈58절〉

하루는, 김송환(金松煥)에게 고시(古詩)를

외워 주시니 이러하니라.

「少年才氣拔天摩(소년재기발천마),

 手把龍泉幾歲磨(수파용천기세마),

 石上梧桐知發響(석상오동지발향),

 音中律呂有餘和(음중율려유여화),

 口傳三代詩書敎(구전삼대시서교),

 文記千秋道德波(문기천추도덕파),

 皮幣已成賢士價(피페이성현사가),

 賈生事何怨長沙(가생사하원장사)」

〈59절〉

성선(聖仙)이

자기(自己)에게 대(對)하여,

심(甚)히 불경(不敬)하며,

능욕(凌辱)하는 사람에는,

더욱 예(禮)로써 우대(優待)하심으로,

종도중(從徒中)에

혹(或)이, '불가(不可)히 생각(生覺)하는 자(者)'가

있으면,

곳, 이를 깨워

가라사대,

"저들이 불경(不敬)하게 생각(生覺)함은,

 나를 모르는 연고(緣故)라.

만일(萬一),

나를 잘 알면 너희들과 조금도 다름이 없으리라.

저희들이 나를 아지 못하고, 불경(不敬)하고,

능욕(凌辱)함을,

내가 어찌 개의(介意)하리오."하시니라.

〈60절〉
하루는 종도(從徒)들에게 일러,

가라사대,
"과거(過去)에는,
도통(道通)이 나지 아니 하였음으로,
음해(陰害)를 이기지 못하여,
성사(成事)되는 일이 적었으나,

이 후(後)로는, 도통(道通)이 났음으로,
음해(陰害)하려는 자(者)가,
도리어 해(害)를 입으리라."

〈61절〉
또, 가라사대,
"예수교도(耶蘇敎徒)는
 '예수(耶蘇)의 재림(再臨)'하기를 기다리고,

 불교도(佛敎徒)는 '미륵(彌勒)의 출세(出世)'를 기다리고,

 동학교도(東學信徒)는 '최수운(崔水雲)의 갱생(更生)'을
 기다리나니,

누구든지,
 한 사람만 오면,

각(各)히, 저의 스승이라 하여 따르리라."

〈62절〉
또, 가라사대,
"내가 출세(出世)할 때에는,
천지(天地)가 진동(震動)하고,
뇌성벽력(雷聲霹靂)이,
대작(大作)하리니,

잘못 닦은 사람은 죽지는 아니하나,
앉을 자리가 없어서 참석(參席)하지 못할 것이요,

갈 때에는, 따라오지 못하고 엎드려지리라."

〈63절〉
하루는,
종도(從徒)들에게 일러 가라사대,

"대인(大人)의 행차(行次)에 삼초(三哨)가 있으니,
갑오(甲午,1894년)에 일초(一哨)가 되었고,
갑진(甲辰,1904년)에 이초(二哨)가 되었고,
손병희(孫秉熙)는 삼초(三哨)를 맡았나니,
삼초(三哨) 끝에는 대인(大人)이 나오나니라."하시고,

"손병희(孫秉熙)의 만사(挽詞)"를 지어,
불사르시니 이러하니라.

「知忠知義君事君(지충지의군사군),
　一魔無藏四海民(일마무장사해민),
　孟平春信倍名聲(맹평춘신배명성),
　先生大羽振日新(선생대우진일신)」

〈64절〉
하루는, 박공우(朴公又)가 성선(聖仙)께 여쭈어 가로대,
"도통(道通)을 주시옵소서."

성선(聖仙)이 꾸짖어 가라사대,
"이 무슨 말이뇨?
각성(各姓)에, 선령신(先靈神) 일명(一名)씩이
천상공정(天上公庭)에 참열(參列)하여 있나니,

이제, 만일(萬一),
한 사람에게 도통(道通)을 주면,
모든 선령신(先靈神)들이 모여들어,
편벽(偏僻)됨을 힐난(詰難)할지라.
그럼으로, 나는 사정(私情)을 못 쓰노라.

이 후(後)에,
일제(一齊)히 그 닦은 바를 따라,

도통(道通)이 열리리니,
공자(孔子)는
다만, 72인(七十二人)만 통예(通藝)를 시켰음으로,
얻지 못한 자(者)는 함원(含寃)하였나니라.

나는 누구에게나,

그 닦은 바를 따라서 **도통(道通)**을 주리니,

상재(上才)는 7일(七日)이오,
중재(中才)는 14일(十四日)이오.
하재(下才)는 21일(二十一日) 만이면
각각(各各) 성도(成道)하게 되리라."

〈65절〉
또, 가라사대,
"선천(先天) 영웅시대(英雄時代)에는 죄(罪)로써 먹고살며,
후천(後天) 성인시대(聖人時代)에는 선(善)으로써 먹고사나니,

죄(罪)로써 먹고사는 것이 장구(長久)하랴?
선(善)으로써 먹고사는 것이 장구(長久)하랴?

이제, **후천중생(後天衆生)**으로 하여금,
선(善)으로써 먹고살게 할 도수(度數)를 짜 놓았노라."

〈66절〉
고부 교동(古阜 校洞) 신경수(申京守)가
저(猪) 일수(一首)를, 사축(飼畜)하다가 도실(盜失)하고,
성선(聖仙)께 와서 그 사유(事由)를 고(告)한데,

성선(聖仙)이 가라사대,
"그 돗을 찾지 말라.
네가 그 전생(前生)에 그 사람의 집에 가서,
돗을 잡아 온 일이 있었나니라."

〈67절〉
또, 가라사대,
"창생(蒼生)이
대죄(大罪)를 짓는 자(者)는, 천벌(天罰)을 받고,

소죄(小罪)를 짓는 자(者)는
'인벌(人罰) 혹(或)은 신벌(神罰)'을 받나니라."

〈68절〉
세속(世俗)에 전(傳)하여 내려온,
모든, '의식(儀式)과 허례(虛禮)'를 그르게 여겨,

가라사대,

"이는, 묵은 하늘이 그르게 꾸민 것이니,

장차(將次) 진법(眞法)이 나리라."

〈69절〉
'제례(祭禮) 진설법(陳設法)'을 보시고,

가라사대,
"이는 묵은 하늘이 그릇 정(定)한 것이니,
'모든 찬수(饌需)는 깨끗하고,
 맛있는 것이 구(貴)한 것'이오.
그, 놓여있는 위치(位置)로 인(因)하여,
귀중(貴重)케 되는 것은 아니니라."

〈70절〉
'상복(喪服)'을 보시고 미워하여
가라사대,
"이는 걸인(乞人) 죽은 귀신(鬼神)이 지은 것이니라."

〈71절〉
하루는, 종도(從徒)더러 일러,

가라사대,
"나의 일은 어떤 탕자(蕩者)의 일과 같으니,
고대(古代)에 어떤 사람이,
지조(志操)가 견실(堅實)치 못하여,
방탕(放蕩)히 지내더니,

하루는, 홀로,

생각(生覺)하되,
내 일생(一生)에 아무 것도 성취(成就)한 바 없고,
이제,
'한갓 노쇠(老衰)에 이르게 되니,
어찌 한(恨)할 바 아니리오!'

이로부터,
개심(改心)하여,
'선인(仙人)을 찾아 선학(仙學)을 배우리라' 하고,
묵연양구(黙然良久)에,

문득, 심신(心神)이 표양(飄揚)하야,
초연(飄然)히 승천(昇天)하여,
한 선인(仙人)을 만나니,

그 선인(仙人)이 가로대,
'네가 이제 방탕(放蕩)을 뉘우치고,
선학(仙學)을 뜻하니,
기지(其志)가 가상(嘉尙)이라.
내가, 네게 선학(仙學)을 가라치리니,

네가, 정치(淨地)에 도장(道場)을 설(設)하고,
다수(多數)한 동학(同學)을 모아 기다리라.

내가, 장차(將次) 임장(臨場)하야,
선학(仙學)을 전수(傳授)하리라.'

그, 사람이 청명(聽命)한 후(後)에,
선인(仙人)을 사(辭)하고,
정신(精神)을 수습(收拾)하니,
기미(氣味)가 쇄락(灑落)한지라.

이 날로부터,
정지(淨地)를 갖추고, 동지(同志)를 구(求)하니,
그의 방탄(放蕩)한 전습(前習)에 회의(懷疑)하여,
청종자(聽從者)가 적고,

다만, 그와 평소(平素)에,
기미(氣味)가 투합(投合)된 자(者),
기개인(幾個人)이 회합(會合)하여,
연(宴)을 설(設)하고,
도장(道場)을 개(開)하였더니,
아이오(俄而吳), 그 선인(仙人)이 임장(臨場)하여,
일제(一齊)히, 선학(仙學)을 전수(傳授)하였나니라."

〈72절〉
또, 가라사대,
"나의 일은 여동빈(呂洞賓)의 일과 같으니,
여동빈(呂洞賓)이 인간(人間)에 유연자(有緣者)를 가려,

'장생술(長生術)을 전(傳)'하려고,

빗장사로 변장(變裝)하여,
가도(街道)에서 외쳐 가로대,
'이 빗으로 빗으면 흰 머리가 검어지고,
굽은 허리가 펴지고,
쇠(衰)한 기력(氣力)이 강장(强壯)하여지고,
늙은 얼굴이 젊어지나니,
이 빗 값이 천냥(千兩)이로라.'하거늘,

세인(世人)이 허탄(虛誕)하게 생각(生覺)하여,
신종(信從)치 아니함으로,

한 노부(老婦)에게 시험(試驗)하니,
과연(果然) 소원(所願)과 같은지라,
모든 사람이 그제야 다투어 모여드니,
동빈(洞賓)이 드디어 승천(昇天)하니라."

〈73절〉
또, 가라사대,
"48장(四十八將) 늘어세우고,
옥추문(玉樞門)을 열 때에는 정신(精神)차리기 어려우리라."

〈74절〉
이언(俚言)에, 짚으로 만든 계룡(鷄龍)이라 하나니,

세상(世上)에 막 일러주는 것을 모르나니라.

〈75절〉
차경석(車京石)에게 일러, 가라사대
"동학(東學)은 차정으로 망(亡)하였나니라."

〈76절〉
또, 가라사대,
"운수(運數)을 열어주어도,
어기여 받지 못하면,
그 운수(運數)가 본처(本處)로 돌아가기도 하고,
또, 남에게 그 수(數)를 빼앗기기도 하나니라."

제5장

치병(治病)

"의법(醫法)"을,

　　　이경오(李京五)에게 처음 베푸시니라….

성선(聖仙)이 웃으시며,

　　　사체(死體)를 무릎 위에 올려 누이시고,

　　　　　배를 만져 내리시며,

　　　　　　　침을 흘려서 사아(死兒)의 입에 넣으시니…

사아(死兒)가 항문(肛門)으로 추즙(醜汁)을 쏟으며,

　　　큰소리를 치고 회소(回甦)하거늘…

제5장
치병(治病)

〈1절〉
임인(壬寅,1902년)에,
성선(聖仙)이 **"의법(醫法)"**을,

**호정리(花亭里), 이경오(李京五)에게
처음 베푸시니라.**

이경오(李京五)는,
대원사(大院寺) 주지(住持) 박금곡(朴錦谷)과
친의(親誼)가 있음으로,

그, 병세(病勢)가 위독(危篤)함을,
금곡(錦谷)에게 말하여,
의사(醫師)를 널리 구(求)하여 주기를 청(請)하니,

금곡(錦谷)이 성선(聖仙)의
신성(神聖)하심을 앎으로,
그 일을 품고(稟告)하여,

신력(神力)을 베풀어 주시기를 간청(懇請)하거늘,

성선(聖仙)이,
이경오(李京五)를 가보시니,

그 병증(病症)은,
좌족무명지(左足無名指)가 저리고 쑤시어,
오후(午後)로부터 새벽까지 다리가 부어올라,
다리, 전부(全部)가 큰 기둥과 같이 되었다가,
아침으로부터 부기(浮氣)가 내려,
정오(正午)에는, 원상(原狀)을 회복(回復)하여,
이렇게,
3~4년(三,四年) 동안을 촌보(寸步)를 옮기지 못하고,
좌벽(坐躄)이 되어 있더라.

성선(聖仙)이,
가라사대,
"이 병증(病症)이 진실(眞實)로 괴이(怪異)하도다.
모든 일이, 적은 일로부터 큰일을 헤아리나니,
내가 이 병(病)으로써 준적(準的)을 삼아,
천하(天下)의 병(病)을,
다스리기에 시험(試驗)하리라."하시고,

손으로 만져 내리신 후(後)에,
'첨말(簷末)로부터 떨어지는 우수(雨水)'를 받아서 씻으라,

명(命)하셨더니,

이경오(李京五)가,
명(命)하신 대로,
첨수(簷水)를 받아 씻으매 곧 나으니라.

〈2절〉
전주 우묵곡(全州 宇黙谷),
이경오(李京五)의 아해(兒孩)가
복통(腹痛)이 있어,
여러 날, 대소변(大小便)을 불통(不通)하여,
생명(生命)이 위독(危篤)한지라,

이경오(李京五)가 아해(幼兒)를 안고 와서,
시료(施療)하심을 청(請)한데,

성선(聖仙)이 유아(幼兒)를 앞에 눕히시고,
손으로 배를 내려 만지시니,
곳 소변(小便)을 통(通)하는지라.

그릇에 소변(小便)을 받아 두었다가,
내어본즉, 그릇 바닥에 무슨 분말(粉末)이,
침전(沈澱)되어 있거늘,

성선(聖仙)이

가라사대,

"이것은 당분(糖粉)이라.

유아(幼兒)가 많이 먹으면, 한문(汗門)이 막히고,

이러한, 병(病)이 발(發)하기 쉬우니,

주의(注意)하라."하시니라.

〈3절〉

계묘(癸卯, 1903년) 3월(三月)에

전주부(全州府)에 머무르실 새,

장효순(張孝淳)의 여(女)가,

유시(幼時)로부터 회복(蛔腹)을 앓아,

매년(每年) 3~4회(三, 四回)를,

월여(月餘)씩 고통(苦痛)하더니,

이 해에는, 수삭(數朔)을 연통(連痛)함에,

생명(生命)이 위태(危殆)에 빈(瀕)하거늘,

장효순(張孝淳)이 그 일을 아뢰고,

시료(施療)하시기를 애걸(哀乞)하니,

성선(聖仙)이 그 여서(女婿)를 부르사,

부부(夫婦)끼리 벽(壁)을 간격(間隔)하여,

서로, 등을 맞추어 서라 하시니,

그 여서(女婿)가 명(命)하신대로 함에,

처(妻)의 통증(痛症)은 곧 낫고,

그 병세(病勢)를 옮겨서 앓거늘,

성선(聖仙)이 손으로 만져 낫으시니라.

〈4절〉

김윤근(金允根)이 묵은 치질(痔疾)로,

수십년(數十年)을 앓아 오다가,

이 해는,

더욱, 심(甚)하여 기동(起動)을 못하고 누웠거늘,

성선(聖仙)이 불쌍히 여기사,

매조(每朝)에,

'시천주(侍天呪) 7편(七遍)'씩 읽으라 하셨더니,

김윤근(金允根)이 그대로 하여,

수일(數日) 만에 곧 나으니라.

〈5절〉

고부인(古阜人) 이도삼(李道三)이,

간질(癎疾)이 있어, 시료(施療)를 청(請)하거늘,

성선(聖仙)이 가라사대,

"나를 따르라."하시고, '누어서, 자지 못'하게 하였더니,

식후(食後)이면 복통(腹痛)이 발(發)하고,

대변(大便)에 담(痰)이 섞여 나오다가,

14일(十四日) 만에 나으니라.

〈6절〉
갑진(甲辰,1904년) 9월 10일에
함열 회선동(咸悅 會仙洞),
김보경(金甫京)의 집에 가시니,

개가 심(甚)히 짖고 나오더라.

이때에, 김보경(金甫京)이 병(病)들어 누워서,
크게 위독(危篤)함으로,
성선(聖仙)께 시료(施療)를 청(請)하거늘,

성선(聖仙)이 웃으시며
가라사대,
"주인(主人)의 병(病)은 이미,
저 개에게 옮겼으니 근심 말라."하시더니,

과연(果然), 김보경(金甫京)의 병(病)은,
곧, 쾌복(快復)되고,
그 개는, 병(病)들어 3일(三日) 만에 죽으니라.

〈7절〉
12월(十二月)에 동곡(銅谷)에 이르시니,
김갑진(金甲振)이,

적년(積年)된 나병(癩病)으로,
면부(面部)와 수족(手足)에 부종(浮腫)이 나고,
미모(眉毛)가 빠졌더니,

'성선(聖仙)의 신성(神聖)'하심을 듣고 와,
시료(施療)를 애청(哀請)하거늘,

성선(聖仙)이 김갑진(金甲振)으로 하여금,
정문(正門) 밖에서, 방(房)을 향(向)하여 서게 하시고,

김형렬(金亨烈)과 그 외(外) 수인(數人)으로 하여금,
'대학경(大學經) 1장(一章) 장하(章下)'를,
'송독(誦讀)'케 하신 후(後)에 돌려보내시더니,
이로부터, 김갑진(金甲振)의 병(病)이 전쾌(全快)하니라.

〈8절〉
동곡리(銅谷里) 전(前)에서,
주상(酒商)하는 김순일(金順一)이,
장병(長病)으로 오랫동안 위통(委痛)하다가,
성선(聖仙)께 뵈입기를 지원(至願)하거늘,

성선(聖仙)이,
한공숙(韓公淑)을 데리고 그 집에 가사,
김순일(金順一)더러 일러,

가라사대,
"나 있는 곳에,
주안(酒案) 한상(一床)을 차려 오라."하시고,

또, 일러,
가라사대,
"의사(醫師)가 떠나니,
병인(病人)은 문(門) 밖에 나와 송별(送別)하라."하시고,

김순일(金順一)이 강작(强作)하여,
사람을 붙들고 일어나서,
문(門) 밖에 나와 송별(送別)함에,
병세(病勢)가 곳 쾌차(快差)하니라.

그 후(後)로,
김순일(金順一)이 주안(酒案)을 차려오지 아니하거늘,

성선(聖仙)이,
가라사대
"그 사람이 구미(口味)를 얻지 못하여,
신고(辛苦)하리라."하시더니,

과연(果然), 김순일(金順一)의 구미(口味)가,
돌아서지, 아니하여, 수삭(數朔)을 신고(辛苦)하니라.

〈9절〉

또, 그 이웃집에 주상(酒商)하는

김사명(金士明)의 아들 김성옥(金成玉)이,

6~7살(六,七 歲) 되었는데,

어느 날, 급병(急病)에 걸려 죽거늘,

반일(半日)이 넘도록 살리려고,

백방주선(百方周旋)하여도,

회소(回甦)할 여망(餘望)이 없는지라,

하릴없이, 그 모(母)가 사아(死兒)를 안고,

동곡약방(銅谷藥房)에 다다르니,

성선(聖仙)이,

그 외문(外門)에 당도(當到)할 때에 미리 알으시고,

문득, 가라사대,

"약방(藥房)이 운부(運否)하려고,

시체(屍體)를 안고 오는 자(者)가 있다."하시더라.

김성옥(金成玉)의 모(母)는,

시체(屍體)를 성선(聖仙)의 앞에 누이고,

호곡(號哭)하면서,

살려 주시기를 애걸(哀乞)하거늘,

성선(聖仙)이 웃으시며,

사체(死體)를 무릎 위에, 올려 누이시고,
배를 만져 내리시며,

허공(虛空)을 향(向)하여
"미수(眉叟) 시켜, 우암(尤菴)을 부르라."고,
큰소리로 외치신 후(後)에,

'침을 흘려서 사아(死兒)의 입'에 넣으시니,
사아(死兒)가 문득, 항문(肛門)으로,
추즙(醜汁)을 쏟으며,

큰소리를 치고, 회소(回甦)하거늘,
이에, 미음(米飮)을 지어서 먹이시고,
걸려서 돌아가게 하시니라.'
(金成玉은 現今 壯年인데 銅谷에 居住함)

〈10절〉
동곡(銅谷) 김창여(金昌汝)가,
누년(累年) 적체(積滯)로,
음식(飮食)을 먹지 못하여,
형용(形容)이 초췌(憔悴)하거늘,

성선(聖仙)이 불상(不祥)히 여기사,
평상(平床) 위에 누이신 후(後)에,
배를 어루만지시며,

김형렬(金亨烈)을 명(命)하사

「調來天下八字曲(조래천하팔자곡),
　淚流人間三月雨(누류인간삼월우),
　葵花忱細能補袞(규화침세능보곤),
　萍水浮踵頻泣玦(평수부종빈읍결),
　一年月明壬戌秋(일년월명임술추),
　萬里雲迷太乙宮(만리운미태을궁),
　淸音鮫舞二客簫(청음교무이객소),
　往劫鳥飛三國塵(왕겁조비삼국진)」

이라는, 글을 읽어 주었더니,

그 후(後), 김창여(金昌汝)의 체증(滯症)이,
전쾌(全快)되니라.

〈11절〉
전주(全州) 용두치(龍頭峙), 김모(金某)가,
앉은뱅이로써 교자(轎子)를 타고 와서,
시료(施療)를 애걸(哀乞)하거늘,

성선(聖仙)이
그 사람을 앞에 앉히시고, 연죽(煙竹)을 들어올니시며,
가라사대,
"이 연죽(煙竹)을 따라 차차 일어나서라."하시니,

그 사람이

그 '서서(徐徐)히 들어올리는 연관(煙管)'을 따라서,

'무릎과 다리를 점점(漸漸) 펴이며' 일어서거늘,

이에 김형렬(金亨烈)을 명(命)하사

「曳皷神(예고신),

　曳絋神(예굉신),

　石蘭神(석란신),

　東西南北中央神將(동서남북중앙신장)

　造化造化云吾命令吽(조화조화운오명령훔)」

이라는 글을 읽은 후(後)에,

그 사람으로 하여금 정중(庭中)에 구보(驅步)케 하시고,

김광찬(金光贊)을 명(命)하사,

회초리로 종아리를 때려 빨리 걷게 하시고,

교자(轎子)를 버리고,

도보(徒步)로 돌려보내실 새,

사금(謝金) 30냥(三十 兩)을 받아,

큰길가에 주점(酒店)에 나가사,

내왕행인(來往行人)을 불러 술을 사주시며,

가라사대,
"다리를 펴주니 고맙다."하시니라.

〈12절〉
금구 수류면 구미동(金溝 水流面 龜尾洞),
최운익(崔雲益)의 아들이 병(病)들어,
사경(死境)에 이르렀음으로,

최운익(崔雲益)이 와서,
살려주시기를 청(請)하거늘,

성선(聖仙)이,
가라사대,
"그 병인(病人)의 형모(形貌)가,
심(甚)히 추루(醜陋)하여,
일생(一生)에 한(恨)을 품었음으로,

그, 혼(魂)이,
이제 '지나 심양(支那 瀋陽)'에 있어서,
돌아오기를 싫어하니, 어찌 할 수 없노라."

최운익(崔雲益)이
그 병자(病子)를 보는 듯이 알아,
말씀하심을, 신성(神聖)히 여기며,
회소(回甦)치 못하리라는 말씀에,

더욱 슬퍼하여, 굳이 약(藥)을 청(請)하는지라,

성선(聖仙)이
사물탕(四物湯) 한 첩(貼)을 지으사,
첩지(貼紙)에 구월음(九月飲)이라 써주시니,
최운익(崔雲益)이 약(藥)을 가지고 집에 돌아간
즉, 그 아들은 벌써 죽었더라.
최운익(崔雲益)이 돌아간 후(後)에,
종도(從徒)들이 '구월음(九月飲)의 뜻'을 물은데,

가라사대,
「九月葬始皇於驪山下(구월장시황어려산하)」라,
하였으니,
살지 못할 뜻을 표시(表示)함이로라.

만일(萬一),
굳이 약(藥)을 청(請)하여 얻지 못하면,
한(恨)을 품을 것임으로,
그 뜻을 위로(慰勞)하기 위(爲)하야,
약(藥)을 주었노라.”하시니라.

〈13절〉
동곡(銅谷) 박순여(朴順汝)의 모(母)가,
연(年)이 60여(六十餘)에 병(病)들어,
매우, 위독(危篤)하여,

회춘(回春)될 희망(希望)이 없음으로,
치상제구(治喪諸具)를 준비(準備)하고,
장례(葬禮)에 쓸 술까지 빚어 넣었더니,

성선(聖仙)이 들으시고,
김순여(金順汝)의 집에 가사,
김순여(金順汝)로 하여금,

시장(市場)에 가서,
초동(初冬)에 쓸 모든 물건(物件)을,

쓰이지 않게 하여 주라는,
심고(心告)를 성의(誠意)껏 하고,
돌아오라고 하시고,

사물탕(四物湯) 한 첩(貼)을 달이신 후(後),
그 병실(病室) 정문(正門) 밖,
계하(階下)로부터, 12보(十二步)를 행(行)하사,
땅을 장방형(長方形)으로 파고,

그 약(藥)을 부으며,
가라사대,
"병(病)이 이미 장기(葬期)에 이르렀으니,
약(藥)을 땅에 써야 되리라."하시고 돌아오시니,

병인(病人)은 이로부터,
곧, 회소(回甦)하니라.

이때에, 김순여(金順汝)가,
시장(市場)으로부터 돌아오거늘,

성선(聖仙)이 물어,
가라사대,
"시장(市場)에서 누구에게 심고(心告)하였나뇨?"

김순여(金順汝)가 대(對)하여 가로대,
"성선(聖仙)님께 심고(心告)하였나이다."

성선(聖仙)이 웃으시고,
그 빚어 넣었던 술을, 가져오라 하사,
이웃사람들을 불러 나누어 먹이시니라.

〈14절〉
병오(丙午,1906년) 3월(三月)에,
경성 황교(京城 黃橋),
김영선(金永善)의 집에 머무르실 새,

이웃에 있는 오의관(吳議官)이,
3년(三年) 전(前)부터,
폐병(肺病)에 걸리어, 이미 위기(危期)에 이르렀더니,

김영선(金永善)에게 ,
성선(聖仙)이 신성(神聖)하심을 듣고 와 뵈인 후(後),
시료(施療)를 간청(懇請)하거늘,

성선(聖仙)이 글을 써서 주시며
가라사대,
"이것을 그대의 침실(寢室)에 갈마 두라."

오씨(吳氏)가 그대로 하였더니,
그날 밤부터 온수(穩睡)하고,
모든, 다른 병수(病祟)도 다 끌러 완쾌(完快)하니라.

〈15절〉
오의관(吳議官)의 처(妻)가,
소시(少時)로부터 정목(睛目)이 되어 앞을 보지 못하더니,

그, 부병(夫病)이 쾌차(快差)하심을 듣고,
눈을 또 뜨게 하여 주시길, 애걸(哀乞)하는지라,

성선(聖仙)이 맹목인(盲目人)의
침실(寢室) 정문(正門)에 이르사,
양산(陽傘) 대로,
땅을 그어 돌리신 후(後)에,

백염(白鹽)을 좀 먹이시고,

해 쪼이는 곳에서,

사성음(四聖飮) 한 첩(貼)을 달여서,

땅을 파고 부으시니, 그 눈이 황연(煌然)히 밝아지니라.

오의관(吳議官)의 부처(夫妻)는,

크게 감읍(感泣)하여,

지성(至誠)으로 선생(先生)께 공양(供養)하며,

일행(一行)의 경용(經用)을 부담(負擔)하니라.

〈16절〉

동곡(銅谷) 부근(附近)에 사는,

김도일(金道一)이

성선(聖仙)께 심(甚)히 거만(倨慢)하더니,

복통(腹痛)이 발(發)하여,

여러 날 고통(苦痛)하거늘,

성선(聖仙)이

김도일(金道一)을 가보시고,

손으로 그 흉뷰(胸部)로부터,

제상(臍上)까지 만져, 내리고 돌아오시더니,

그 후(後)로는,

제상복부(臍上腹部)에는 통증(痛症)이 없어지고,

제하복부(臍下腹部)에는 통증(痛症)이 의연(依然)한지라,

김도일(金道一)이
사람을 보내어,
성선(聖仙)께 다시, 만져 주시기를 청(請)한데,

성선(聖仙)이
김도일(金道一)을 불러오사,
방중(房中)에 뉘이시고,
문(門) 밖에서 걸으시다가 들어오시며,

문득,
김도일(金道一)을 꾸짖어 가라사대,
"네가 어찌 장자(長者)의 앞에 누웠나뇨?"하시고,

종도(從徒)를 명(命)하사,
일으켜 축출(逐出)하시니,
김도일(金道一)이 크게 분노(憤怒)하여 돌아갔더니,

그 병(病)이, 그때부터 곧 쾌차(快差)하거늘,
김도일(金道一)이 비로소,
그 꾸지람이 약(藥)이였음을 깨달으니라.

종도(從徒)들이 꾸지람으로 치료(治療)하시는,
이유(理由)를 물은데,

가라사대,

"그 병증(病症)은 회충(蛔蟲)의 작용(作用)이라,
내가 한 번 만짐에 회충(蛔蟲)이,
제하(臍下)에 내려가서,
감(敢)히 대두(擡頭)치 못하는데,

만일(萬一),
다시 만지면 녹아서 죽을 뿐 아니라,
사람의 생명(生命)까지 위태(危殆)할지라,

그러므로, 병인(病人)을 분노(憤怒)케 하여 회충(蛔蟲)이,
그, 기운(氣運)을 타고 올라와서,

본처(本處)로 돌아 안정(安靜)을 얻게 한 것이니,
이것이 의술(醫術)이니라."

〈17절〉
김도일(金道一)이,
병(病)이 나은 후(後)로,
요통(腰痛)이 나서 풀리지 아니하여,
지팡이를 짚고 성선(聖仙)께 와 뵈이니,

성선(聖仙)이 가라사대,
"병(病) 나은 뒤에,
오히려 지팡이를 짚고 다님은 웬일인고?"

김도일(金道一)이 대(對)하여 가로대,
"요통(腰痛)이 나 그리하나이다."

성선(聖仙)이 김광찬(金光贊)을 명(命)하사,
그, 지팡이를 꺾어 버리셨더니,
이로부터, 요통(腰痛)이 곧 쾌차(快差)하니라.

〈18절〉
다시, 김도일(金道一)을 명(命)하야, 가라사대,
"서천(西天)에 홍운(紅雲)이 떠 있는가 보라."하시니,

김도일(金道一)이 나가 보고,
복명(復命)하여 가로대,
"홍운(紅雲)이 떠 있나이다."

성선(聖仙)이 가라사대,
"금산(金山)을 얻기가 어렵다."하시니라.

〈19절〉
김형렬(金亨烈)이
각통(脚痛)으로 인(因)하여,
발한두통(發寒頭痛)하며,

음식(飮食)을 전폐(全廢)하고,
고민(苦悶)하거늘,

성선(聖仙)이
64괘(六十四卦)를 암송(暗誦)하라. 명(命)하시니,

김형렬(金亨烈)이 그대로 함에,
곧, 한기(寒氣)가 물러가며, 두통(頭痛)이 그치고,
각통(脚痛)도 전쾌(全快)하거늘,
극(極)히 이상(異常)히 여겨,
그 이유(理由)을 물은데,

성선(聖仙)이 가라사대,
"팔괘(八卦) 가운데 오행지리(五行之理)가 있고,
약(藥)은, 곧 오행(五行)의 기운(氣運)을 응(應)함인
연고(緣故)라."하시니라.

〈20절〉
정미(丁未,1907년) 춘(春)에,
전주 이서면 불가지(全州 伊西面 佛可止)
김성국(金成國)의 집에 계실 새,

동면 관동(同面 鸛洞:황새몰)에 사는,
문치도(文致道)가,
성선(聖仙)의 성명(聲名)을 듣고 찾아 뵈이려 할 새,

오는 길에 이성동(伊城洞),
송대유(宋大有)에게 들려,

동행(同行)하려 하였더니,

송대유(宋大有)는
마침 손이 있어서,
동행(同行)치 못하고,
그 종제(從弟)를 동행(同行)케 하며 가로대,

"내 종제(從弟)가 폐병(肺病)으로,
고통(苦痛)한지, 수년(數年)에 위기(危期)에 이르렀으니,

강 성선(姜 聖仙)께, 말씀을 잘 하여,
양약(良藥)을 얻어 줌을 바라노라."하며,

돈 2원(二圓)을 그 종제(從弟)에게 주며,

가라사대,
"이것이 약소(略少)하나 가지고 가서,
주효(酒肴)나 한 때 공양(供養)하라.
그러고, 상환(償還)할 때에 이식(利息)은 없이 하라."
병인(病人)이 그 돈을 받아다가,
상환(償還)하라는 말을 듣고,
1원(一圓)을 돌려주며 가로대,
"1원(一圓)이면 조(足)하외다"하고,
이치도(李致道)를 따라서, 성선(聖仙)께 와 뵈이니라.

이치도(李致道)가
성선(聖仙)께 그의 병세(病勢)를 아뢰고,
시료(施療)를 청(請)한데,

성선(聖仙)이 가라사대,
"인색(吝嗇)한 자(者)는 병(病)을 고치지 못하나니라."

이치도(李致道)가 대(對)하여 가로대,
"이 사람이 원래(元來) 빈핍(貧乏)하여,
인색(吝嗇)할 거리가 없나이다."

성선(聖仙)이
가라사대,
"주는 것을 가지고 오지 아니하였으니,
어찌 인색(吝嗇)이 아니리오.
병(病)이란, 저의 믿음과 성의(誠意)로 낫나니라."

이치도(이致道)는 이 말씀을 듣고,
그 신성무비(神聖無比)함을 놀라고,
병인(病人)은 부끄러워하여 돌아가니라.

이치도(李致道)가,
돈 1원(一圓)을 내어,
김성국(金成國)에게 부탁(付託)하여,
약간(若干)의 주효(酒肴)를 준비(準備)하여,

성선(聖仙)께 올리니,

성선(聖仙)이 물어 가라사대,
"이것이 어디서 난 것이냐?"하시니,

김성국(金成國)이,
이치도(李致道)의 공양(供養)임을 아뢰거늘,

성선(聖仙)이 가라사대,
"그 돈이 오늘 저녁에,
다수(多數)한 증산(增産)을 얻을 것인데,
부질없은 일이로다."하시니,

대개(大槪), 그 돈은 그날 저녁에,
노름 자본(資本)을 하려 하였던 것이다.
이치도(李致道)가 더욱 놀래어,
천신(天神)의 강세(降世)이신 줄로 믿음이니라.

이치도(李致道)가 물러감을 고(告)한데,

성선(聖仙)이 가라사대,
"병인(病人)은 오늘 저녁부터 맥반(麥飯)을 먹게 하라.
그러면, 병증(病症)이 곳 끌리리라."

치도(致道)가 응명(應命)하고,

병인(病人)에게 그대로 일렀더니,

과연(果然) 맥반(麥飯)으로써,

미기(未幾)에 전쾌(全快)하니라.

〈21절〉

정미(丁未,1907년)에

김형렬(金亨烈)의 종제(從弟),

이준상(李俊相)의 처(妻)가

좌우(左右) 발바닥에 종창(腫瘡)이 나서,

모든 약(藥)에 효험(效驗)을 보지 못하고,

마침내 사경(死境)에 이르렀거늘,

이준상(李俊相)이 와 시료(施療)를 청(請)한데,

성선(聖仙)이, 가라사대,

"그 환처(患處)가 곧 용천혈(湧泉穴)이라,

다스리기 어려울 것이니,

죽는 날만 기다릴 수밖에 없을 것이오.

만일(萬一),

성의(誠意)를 다하여 다스리려 할진대,

100냥(一百 兩)의 금전(金錢)을,

소비(消費)하여야 하리라."

이준상(李俊相)이 여쭈어 가로대,
"가세(家勢)가 극(極)히 빈핍(貧乏)하여,
100냥(一百 兩)의 금전(金錢)을,
출판(出辦)키 어려우니,
가옥(家屋)이라도 방매(放賣)할 밖에 없나이다."

성선(聖仙)이, 가라사대,
"그러면 가옥(家屋)을 내게 팔으라."

이준상(李俊相)이 드디어, 승낙(承諾)하고,
매도문기(賣渡文記)를 써 올리니,
성선(聖仙)이 받아서 소화(燒火)하시고,
손가락으로 물을 찍어서,
환처(患處)를 만져 낫게 하여 주신 후(後)에,

그 집은 이준상(李俊相)으로 하여금,
여전(如前)히 거주(居住)케 하시고,
다만, 한편방(한便房) 한 칸(一間)을 수리(修理)하여,
약국(藥局)을 설(設)하시니라.

〈22절〉
동곡(銅谷) 박순여(朴順汝)가,
반신불수증(半身不遂症)으로,
오랫동안, 위석(委席)하여 활동력(活動力)을,
전실(全失)하였음으로,

성선(聖仙)께 사람을 보내어, 시료(施療)를 청(請)하거늘,

성선(聖仙)이 김자현(金自賢)에게 물어,
가라사대,
"박순여(朴順汝)의 병(病)을 다스림이 옳으냐?
그대로 죽게 함이 옳으냐?
네가 마음을 풀어야 하리라."

김자현(金自賢)이 이상(異常)히 여겨 가로대,
"살려 주심이 옳으이다."

성선(聖仙)이,
가라사대,
"박순여(朴順汝)가 네게 불평(不平)을 끼친 일이 많으니,
그러면, 너와 함께 가서 치료(治療)하리라."하시고,

김자현(金自賢)을 데리고,
박순여(朴順汝)의 집에 이르사,
휫바람을 한 번 부르시고,
병든 다리를 주물러 내리시며,
끓인 물 한 그릇을 먹이셨더니,
그 병(病)이 곧 전쾌(全快)되니라.

대저(大抵), 김자현(金自賢)이 사교관계(社交關係)로,
박순여(朴順汝)에게 불평(不平)을 가졌는데,

성선(聖仙)이 그 일이 척(隻)이 되어 있음을 이르시고,
물으심이라.

〈23절〉
동곡(銅谷),
이재헌(李載憲)의 처(妻)가,
병(病)든지 수년(數年)에 형해(形骸)만 남았거늘,

이재헌(李載憲)이 선생(先生)께 와 뵈입고,
시료(施療)를 간청(懇請)하니,

성선(聖仙)이,
가라사대,
"그 병(病)든 병인(病人)이,
평소(平素)에 타인(他人)에게 악언(惡言)을 많이 하여,
그 보응(報應)으로 발(發)한 것이니,
날마다 회개(悔改)하면,
병(病)이 저절로 나으리라."

이재헌(載憲)이 명(命)하신대로,
그 처(妻)를 효유(曉諭)하여,
날마다 허물을 뉘우치게 하였더니,
그 뒤로 곧 나으니라.

〈24절〉

용암리(龍岩里),

주점(酒店)에 지나실 새,

그 주부(酒婦)가 연주나력(連珠瘰癧)으로,

말경(末境)에 이르러서,

성선(聖仙)께 시료(施療)를 애걸(哀乞)하거늘,

성선(聖仙)이,

'글을 써서 그 집 개에게 던지시니',

그 개는 곧 엎드러져 죽고,

주부(酒婦)의 병(病)은 곧 나으니라.

〈25절〉

박공우(朴公又)의 처(妻)가,

겨울에 물을 긷다가 빙판(氷板)에 엎드러져서,

허리와 다리를 중상(重傷)하여,

기동(起動)치 못하고 누웠거늘,

박공우(朴公又)가 크게 걱정하여,

청수(淸水)를 떠놓고,

멀리, 성선(聖仙)의 계신 곳을 향(向)하여,

그 처(妻)의 상처(傷處)를 낫게 하여,

주시기를 지성(至誠)으로 발원(發願)하였더니,

그 처(妻)가, 곧 나아 일어나니라.

그 뒤에, 박공우(朴公又)가 성선(聖仙)께 와 뵈인데,

성선(聖仙)이 웃으시며,
가라사대,
"네가 내환(內患)으로, 얼마나 염려(念慮)하였느냐?"하시니라.

〈26절〉
무신(戊申,1908년)에
차경석(車京石)의 소실(小室)이,
지두(指頭)에 바늘 찔린 것이 독(毒)이 나,
점점(漸漸) 팔이 저리다가,
마침내, 반신불수(半身不遂)가 되었거늘,

성선(聖仙)이
60간지(六十干支)를 쓰시고,
한 간지(干支)씩 읽으심을,

따라서,
상(傷)하였던 지두(指頭)로, 힘껏 집으라 하신 후(後)에,

다시 명(命)하사,
술잔을 들고 거닐게 하시니,
이로부터, 혈기유통(血氣流通)되어,

곧, 쾌차(快差)하니라.

〈27절〉
대흥리(大興里),
부근(附近) 거사막(巨沙幕)에 사는,
장성원(張成遠)의 유아(幼兒)가,
병(病)들어서 낮이면 낫고,
밤이면 해수(咳嗽)로 잠자지 못하고,
수삭(數朔)동안 고통(苦痛)하거늘,
성원(成遠)이 병아(病兒)를 안고 와,
시료(施療)를 청(請)한데,

성선(聖仙)이

가라사대,
"이 증수(症祟)는,
곧, 서양(西洋)으로부터 멀리 건너온 비별(飛龞)이니,
낮이면 나가 놀고, 밤이면 들어오는 것이라.

불가불(不可不), 다른 곳으로 옮겨야 나을 터인데,
산(山)으로 옮기면,

금수(禽獸)도 또한 생명(生命)이요,
바다로 옮기면,

어별(魚鼈)도 또한 생명(生命)이니,
전선(電線)에 붙여서,

사방(四方)으로 흩어가게 하리라."하시고,

김성원(金成遠)을 명(命)하사,
철사(鐵絲) 수척(數尺)을 구(求)하여,
병아(病兒)의 머리에 둘렀다가,
전주(電柱) 밑에 버리라 하시고,
김성원(金成遠)이 그대로 하여 곧 나으니라.

〈28절〉
김경학(金京學)의 8살(八歲)된 유아(幼兒)가,
병(病)들어 여러 날을 위통(委痛)하거늘,

성선(聖仙)이 병실(病室)에 들어가 보시고,
꾸짖어 가라사대,
"너의 부친(父親)이 들어오는데,
일어나지 아니하니,
그런 도리(道理)가 어디 있나냐?"하시니,

병아(病兒)가 두려워하여 일어나니,
곳, 병(病)이 나으니라.

김경학(金京學)이

부친(父親)이라는 말씀을 이상(異常)히 여겨,
생각(生覺)하니,

일찍이 속례(俗例)를 따라,
금산사(金山寺) 미륵불(彌勒佛)에 팔은 일이 있었는데,
성선(聖仙)은
곧, 미륵불(彌勒佛)이신 까닭이러라.

〈29절〉
그 후(後)에,
김경학(金京學)이 병(病)들어 위독(危篤)하거늘,
성선(聖仙)이 아시고,
사물탕(四物湯)을 달여서,
땅에 붓고 월색(月色)을 앙견(仰見)케 하시니,
곳, 나아 일어나니라.

〈30절〉
김낙범(金洛範)이 천포창(天疱瘡)으로,
고통(苦痛)하다가,
하루는, 성선(聖仙)이 용두치(龍頭峙)에 계실 새,
김낙범(金洛範)이 지성(至誠)으로 봉시(奉侍)하더니,

성선(聖仙)이 문득, 진노(震怒)하사,
꾸짖어 가라사대,
"네가 어찌 장자(長者) 앞에서,

그렇게 태만(怠慢)하뇨?"하시니,

김낙범(金洛範)이 다만 부수(俯首)하여,
일방(一方)으로는 송구(悚懼)히 생각하며,
일방(一方)으로는 이상(異常)히 여기다가,
그 후(後)에, 집으로 가 허물을 생각하되,
깨닫지 못하고, 송구(悚懼)히 지내더니,

그 후(後)에,
천포창(天疱瘡)이 곧 쾌차(快差)하거늘,
비로소, 성선(聖仙)의 진노(震怒)와 견책(譴責)이
고약(苦藥)임을 깨달으니라.

〈31절〉
수류면 회평리(水流面 會坪里)에 사는,
18살(十八 歲)된 소년(少年) 광부(礦夫)가,
큰돌에 상(傷)하여 다리가 부러지고,
근육(筋肉)이 떨어져,

마침내, 그대로 굳어서 다리가 연곡(攣曲)하여,
굴신(屈伸)치 못함으로,
성선(聖仙)께 와서 시료(施療)를 애걸(哀乞)하거늘,

성선(聖仙)이 가라사대,
"남의 눈에 눈물을 흘리게 하면,

내 눈에는 피가 흐르나니라."하시며,

몸을 뛰어서,

골절(骨節)과 혈맥(血脉)을 충동(衝動)케 하라 하시니,

그, 소년(少年)이 몸을 솟아 한 번 뜀에,

즉시(卽時),

그 연곡(攣曲)되었던 다리가 펴져,

임의(任意)로 굴신(屈伸)케 되니라.

〈32절〉

동곡(銅谷), 이정삼(李正三)이,

발저종(髮底腫)이 발(發)하여,

크게 고통(苦痛)하거늘,

성선(聖仙)이 보시고,

김광찬(金光贊)을 명(命)하사,

배코를 쳐주시니,

그 종(腫)이 곧 나으니라.

〈33절〉

동곡(銅谷) 앞에 주상(酒商)하는,

평양녀(平壤女)의 아들이,

년(年) 오세(五歲)인데,

좌벽(坐躄)이 되어, 기립(起立)치 못함으로,

성선(聖仙)께 안고 와서,

시료(施療)를 청(請)하거늘,
성선(聖仙)이
가라사대,
"명조(明朝)에 우육(牛肉)과 진유(眞油)를,
좀 먹이고 안고 오라." 하시니,

평양녀(平壤女)가,
궁핍(窮乏)한 소치(所致)로, 우육(牛肉)은 사 먹이지 못하고,
진유(眞油)만 먹인 후(後)에, 안고 와서,

그 사유(事由)를 아뢰니,
성선(聖仙)이 누우사, 아무 말씀도 아니 하시는지라,

평양녀(平壤女)가 심(甚)히 미안(未安)하여,
병아(病兒)를 때리며 가로대,

"병신(病身)이 되려거든 차라리 죽으라."하니,
병아(病兒)가 울며,
문득, 다리를 펴고 일어나서,
피(避)하여 달아나거늘,

평양녀(平壤女)가 그 광경(光景)을 보고,
심(甚)히 기뻐하여 선생께 사은(謝恩)하되,
성선(聖仙)은 아무 말씀도 아니 하시니라.

〈34절〉

황응종(黃應鍾)이 성선(聖仙)을 뵈이려고,

태인(泰仁) 새울 최창조(崔昌祚)의 집에 이르니,

마침, 곡성(哭聲)이 들리거늘,

황응종(黃應鍾)이 들어가지 아니하고,

창조(昌祚)를 불러내서 온 사유(事由)를 말하니,

창조(昌祚)가 들어가서,

성선(聖仙)께 고(告)한 후(後)에,

나와서, 일러 가로대,

"이제 내 집에 계시나,

지금(只今), 보시는 일이 있으니,

좀 지체(遲滯)하라."하므로,

황응종(黃應鍾)이,

그 앞 여사(旅舍)에 나가서 기다리려 하더니,

다시, 곧 부르시거늘 들어가,

성선(聖仙)께 뵈이니,

성선(聖仙)이 창조(昌祚)의 7살(七歲)된,

아해(兒孩)를 무릎 위에 뉘여 안으셨는데,

곧, 기식(氣息)이 떨어진 시체(屍體)러라.

대저(大抵), 창조(昌祚)의 아들이,

그 앞날에 급병(急病)으로 인(因)하여,
사망(死亡)하였음으로,

창조(昌祚)가 성선(聖仙)의 계신 곳으로,
찾아가, 사아(死兒)를 회소(回甦)케 하여 주시기를,
애원(哀願)하여,
성선(聖仙)이 그때에 방장 창조(昌祚)의 집에 오사,
사아(死兒)를 살리려 하심이라,
손으로 사아(死兒)의 복부(腹部)를 만지시고,
수저로 정수(淨水)를 떠서, 사아(死兒)의 입에 넣으니,

사아(死兒)가 좌각(左脚)을 움직이거늘,

성선(聖仙)이 꾸짖어 가라사대,
"네가 어찌 어른 앞에 누웠느냐?"하시니,
사아(死兒)가 문득 눈을 뜨고,
정신(精神)을 차리려 하거늘,

성선(聖仙)이 모든 사람에게, 사어(私語)를 금(禁)하시며,

가라사대,
"이 아해(兒孩)가 머나먼,
천리(千里) 길을 왕환(往還)하였으니,
침정(沈靜)히 있어야 할지라,
내실(內室)로 옮겨 누이고,

미음(米飮)을 달여 먹이라."하셨더니,

익일(翌日)에,
그 아해(兒孩)가 외실(外室)에 나오거늘,
그 입에, 진유(眞油)을 바르고 밥을 먹이시니라.

〈35절〉
그 후(後)에,
손병욱(孫秉旭)의 처(妻)가 병(病)들어,
사경(死境)에 이르렀거늘,
황응종(黃應鍾)이 그 사유(事由)를,
성선(聖仙)께 고(告)하니,

성선(聖仙)이 응종(應鍾)을 데리고,
김병욱(金秉旭)의 집에 이르사,
병방문(病房門) 밖에 앉아 한담(閑談)하시더니,

황응종(黃應鍾)이 김병욱(金秉旭)더러,
성선(聖仙)께,
공대(供待)할 술을 준비(準備)하라 하거늘,

성선(聖仙)이 들으시고,
가라사대,
 "나 먹을 술은 있으니,
준비(準備)하지 마라."하시더니,

과연(果然),

김병욱(金秉旭)의 처모(妻母)가,

성선(聖仙)의 래임(來臨)하심을 알고,

주효(酒肴)를 가지고 오니라.

성선(聖仙)이 술을 마신 후(後)에,

황응종(黃應鍾) 더러 일러 가라사대,

"와병(臥病)에 인사절(人事絶)이니,

병인(病人)을 붙들어 일으키라."하시니,

황응종(黃應鍾) 병인(病人)을 붙들어 일으키거늘,

다시, 가라사대,

"병(病)은 이미 나았으나,

이 후(後)로 잉태(孕胎)는 못하리라."하시더니,

과연(果然), 그 후(後)로는 잉태(孕胎)하지 못하니라.

〈36절〉

성선(聖仙)의 부친(父親)이 병(病)들어서,

위독(危篤)하거늘,

황응종(黃應鍾)이,

성선(聖仙)께 병보(病報)를 아뢰려고,

동곡(銅谷)에 이르러,

성선(聖仙)의 주처(住處)를 물으니,

전주(全州) 능소(陵所)에 계신다 하거늘,

다시, 그곳으로 발왕(發往)하니,
동곡(銅谷)에서 거리(距離)가 70리(七十里)러라.

능소(陵所)에 이르러,
성선(聖仙)께 뵈입고, 병보(病報)를 아뢴데,

성선(聖仙)이 술을 주신 후(後)에,
돈 10원(十圓)을 주시며, 가라사대,
"날은 이미 늦었으나, 불쾌(不快)한 마음을 두지 말고,

곳, 돌아가 청도원(淸道院) 김송환(金松煥)의 집에,
들어 자고,

명조(明早)에 동곡(銅谷),
김갑칠(金甲七)에게 가서,
나의 저주의(苧周衣) 한 벌을 가지고 집에 돌아가,
부친(父親)을 입히시고,
이 돈으로 자양물(滋養物)을 사서 잘 공양(供養)하라."

황응종(黃應鍾)이 날은 이미 저물었으나,
감(敢)히, 위명(違命)치 못하고 능소(陵所)를 떠나더니,
행(行)한지 한 시간(時間)이 못 되었는데,
뜻밖에, 로방(路傍)에 석비(石碑)가 보이거늘,
자세(仔細)히 살피니 곧 청도원(淸道院)이라.
황응종(黃應鍾)이 놀래어 생각하되,

능소(陵所)에서,

여기가, 60리(六十里)어늘, 한 시간(時間)이 못되어,

당도(當到)하게 됨은,

반드시, 성선(聖仙)의 도력(道力)에 밀려옴이라 하니라.

송환(松煥)의 집에 들어 자고,

익조(翌早)에 동곡(銅谷)에,

들러 주의(周衣)를 가지고,

객망리(客望里)에 이르러서,

그, 부친(父親)에게 주의(周衣)를 입히시니,

곳, 정신(精神)이 회소(回甦)하여,

변별력(辨別力)이 생기거늘,

이에, 자양물(滋養物)을 사서 공양(供養)하니,

원기(元氣)가 곧 회복(回復)되니라.

⟨37절⟩

김준찬(金俊贊)의 모(母)가,

견비통(肩臂痛)으로 팔을 굴신(屈身)치 못하고,

위통(委痛)하더니,

형(兄) 김덕찬(金德贊)이 선생(先生)을 모시고 이르거늘,

김준찬(金俊贊)이 그 소실(小室)의 숙실(宿室)을 치우고,

성선(聖仙)을 모셨더니,

성선(聖仙)이 가라사대,
"네 모친(母親)이 견비통(肩臂痛)으로 고통(苦痛)하나냐?"

김준찬(金俊贊)이 대(對)하여 가로대
"그러하니이다."

또, 사어(私語)하여 가라사대,
"밖 인심(人心)은 좋은데,
안 인심(人心)이 좋지 못하다."하시거늘,

김준찬(金俊贊)이 이상(異常)히 여겨,
내실(內室)에 들어가 살피니,
소실(小室)이 자기(自己)의 숙실(宿室)을 치운 것을,
불평(不平)히 하여,
노기(怒氣)를 띄우고 있음으로,
김준찬(金俊贊)이 잘 위무(慰撫)하니라.

익일(翌日)에,
그 모친(母親)의 견비통(肩臂痛)이,
저절로, 나아 굴신(屈身)을 임의(任意)로 하니,
이로부터, 김준찬(金俊贊)은 크게 경복(敬服)하여,
성선(聖仙)을 따르니라.

〈38절〉
황응종(黃應鍾)의 아들이,

병(病)들어 위독(危篤)하거늘,
황응종(黃應鍾)이 청수(淸水)를 떠놓고,

성선(聖仙)의 계신 곳을 향(向)하여,
낫게 하여 주시기를,
발원(發願)하니, 그 병(病)이 곧 낫는지라.

익일(翌日)에, 동곡(銅谷)에 와서,
성선(聖仙)께 뵈이니,

성선(聖仙)이 물어 가라사대,
"어제 구름을 타고 내려다,
본즉, 네가 손을 부비고 있었으니,
어쩐 일이뇨?"하시거늘,

황응종(黃應鍾)이 그 사유(事由)를 아뢴데,
성선(聖仙)이 웃으시니라.

〈39절〉
김준찬(金俊贊)의 아들이,
병(病)들어,
사경(死境)에 이르거늘,
빨리, 동곡(銅谷)에 와 선생(先生)께,
그 사유(事由)를 아뢰니,

성선(聖仙)이 아무 말씀도, 아니 하심으로,

마음이 초조(焦燥)하여,

곧, 돌아오기를 告한데,

성선(聖仙)이 만류(挽留)하사,

밤을 지내고 가라 하시고,

명(命)을 어기지 못하여,

뜬눈으로 밤을 새고,

익일(翌日), 조조(早朝)에,

집으로 돌아가라 하시니,

병아(病兒)가 나아서,

쾌활(快活)히 유희(遊戱)하는지라,

그 병세(病勢) 쾌차(快差)된 때를 물으니,

성선(聖仙)께 병세(病勢)를,

품(稟)한 시각(時刻)과 상부(相符)하니라.

〈40절〉

김준상(金俊相)의 처(妻),

흉복통(胸腹痛)이 있어서,

연 2~3회(年 二,三回)씩 지리(支離)하게,

고통(苦痛)하여, 형용(形容)이 초췌(憔悴)할 뿐 아니라,

가세(家勢)를 수습(收拾)치 못하여,

산업(産業)이 항상(恒常) 소연(蕭然)하여,

가양(家樣)을 이루지 못하거늘,

김준상(金俊相)이 성선(聖仙)께,
그 사유(事由)를 아뢰어, 시료(施療)를 청(請)한데,

성선(聖仙)이 불쌍히 여기사,
사성음(四聖飮) 1첩(一貼)을 지어주시며,
"의장(衣藏) 속에 심장(深藏)하라."하시거늘,

김준상(金俊相)이 명(命)하신 대로 하였더니,

그 후(後)로는, 그 증수(症祟)가,
다시 발작(發作)이 되지 아니하니라.

〈41절〉
대흥리(大興里) 신재인(申才人)의 아들이,
흉복통(胸腹痛)으로 사경(死境)에 이른지라,
재인(才人)이 선생(先生)께 와서,
치료(治療)를 청(請)하거늘,
성선(聖仙)이 가라사대,
"저(猪) 1수(一首)를 팽재(烹宰)하여 오라."

재인(才人)이 명(命)하신대로,
행(行)하려 하였더니,

문득, 다시 가라사대,

"미구(未久)에 저육(猪肉) 3편(三片)이 이르리니,
돗을 잡지 마라."하시더니,

이윽고, 차윤경(車輪京)이 제사(祭祀)지낸 집에 가서,
주안(酒案)을 가져오니,

과연(果然), 주안(酒案)에 저육(猪肉) 3편(三片)이 있는지라,
드디어, 재인(才人)에게 주어, 그 아들을 먹이게 하시니,
흉복통(胸腹痛)이 곧, 나으니라.

〈42절〉
대개(大概), 종도(從徒) 중(中)에
무슨, 병고(病故)가 있어,
내고(來告)하는 자(者)가 있으면,
그 병세(病勢) 여하(如何)를 물으신 후(後)에는,
아무, 시료법(施療法)이 없이 나으며,

만일(萬一),
위경(危境)에 이른 사람이면,
그, 증수(症祟)를 가름하여 아시면 곧 나았나니,
가령, 복통(腹痛)이 있는 사람이면,
문득, 배가 아프시다고 한 번 말씀하시고,
머리 아픈 사람이면,
머리 아프시다고, 한 번 말씀하실 따름이니라.

그러므로,

하루는, 김형렬(金亨烈)이 여쭈어 가로대,

"병(病)을 낫게 하여 주시며,

아해(兒孩)를 낫게 하여 주시고도,

아무 말씀을 아니 하시니,

그 공(功)을 알아 줄 사람이 없겠나이다."

성선(聖仙)이,

가라사대,

"병(病)만 낫고 아해(兒孩)만 나면, 가(可)할지니,

공(功)을 알 필요(必要)가 있으리요?

공덕(功德)을 남에게 알게 하려는 것은,

소인(小人)의 일이라."하시니라.

제6장

천지공사(天地公事)

"선천(先天)에는 청춘소부(青春少婦)가, 수절(守節)한다 하여,
　　공규(空閨)를 지켜, 적막(寂寞)히 늙어버리는 것이,
　　　　불가(不可)하오니,

후천(後天)에는 이 폐해(弊害)가 없도록 하시와,
　　젊은 과부(寡婦)는 젊은 환부(鰥夫)를,
　　　　늙은 과부(寡婦)는 늙은 환부(鰥夫)를,
　　　　　각각(各各), 가려서,

지구(知舊)를 일일이 청(請)하여,
　　공중예석(公衆禮席)을 버리고,
　　　　예(禮)를 갖추어 개가(改嫁)케 하시는 것이,
　　　　　좋을 줄 아나이다."

제6장
천지공사(天地公事)

〈1절〉
임인(壬寅,1902년) 4월(四月)에
김형렬(金亨烈)의 집에 머무르사,

'명부공사(冥府公事)를 행(行)'하시며,

일러, 가라사대,

"명부공사(冥府公事)의 심리(審理)를 따라서,
인세(人世)의 모든 일이 결정(決定)되나니,
명부(冥府)의 혼란(混亂)으로,
말미암아, 세계(世界)도
또, 혼란(混亂)케 되나니라."하시고,

"최수운(崔水雲), 전명숙(全明淑), 김일부(金一夫)로,
명부(冥府)의 정리공사(正理公事)를,
주(主)케 하신다."하시면서,
날마다, 글을 써서 불사르시니라.

〈2절〉

김형렬(金亨烈)의 집이 빈핍(貧乏)하여,

맥반(麥飯)으로써 성선(聖仙)께 공양(供養)하더니,

8월(八月) 추석절(秋夕節)을 당(當)하여,

하릴없이 식정(食鼎)을 팔아서,

절찬(節饌)을 준비(準備)하려하니,

성선(聖仙)이,

가라사대,

"솥이 들썩이니,

미륵불(彌勒佛)이 출세(出世)하리로다."하시고,

김형렬(金亨烈)로 하여금,

'우미(牛尾) 한 개를 구(求)하여,

불을 피우고, 두어 번 둘러 내신 후(後)'에,

김형렬(金亨烈)을 명(命)하사

"태양(太陽)을 보라."하시니,

김형렬(金亨烈)이 우러러 보매,

일훈(日暈)이 둘러 있더라.

성선(聖仙)이 가라사대,

"이제, 천하대세(天下大勢)가 방병대종(方病大腫)이라.

내가 종(腫)을 파(破)하였노라."하시니라.

〈3절〉

계묘(癸卯, 1903년) 춘(春)에,

성선(聖仙)이

김형렬(金亨烈)과 모든 종도(從徒)더러 일러,

가라사대,

"고대(古代)에는,

동서양(東西洋)의 교통(交通)이 없음으로,

신명(神明)도 또한 넘나들지 못하였나니,

이제는,

기차윤선(汽車輪船)으로 수출입(輸出入)되는,

화물표(貨物票)를 따라서, 통행(通行)함으로,

조선 신명(朝鮮 神明)을 서양(西洋)으로 들여보내어,

역사(役事)를 시키려 하노니,

재주(財主)를 얻어서 길을 틔워야 할지라.

재주(財主)를 천거(薦擧)하라."

김병욱(金秉旭)이

전주(全州),

부호(富豪) 백남신(白南信)을 천거(薦擧)하거늘,

성선(聖仙)이 백남신(白南信) 더러 물어 가라사대

"소지(所持)한 재산(財産)이 얼마나 되나뇨?"

백남신(白南信) 대(對)하여 가로대,
"30만냥(三十萬兩) 쯤 되나이다."

또, 물어 가라사대,
"20만냥(二十萬兩)으로써,
그대의 생활(生活)은 넉넉히 하겠나냐?"

대(對)하여 가로대,
"그러하리이다."

또, 가라사대,
"이제 쓸 곳이 있으니 돈 십만냥(十萬兩)을 들이겠나냐?"

백남신(白南信)이 묵연(黙然)히 생각하다가,
드디어, 허락(許諾)하거늘,

이에 10일(十日)로 한정(限定)하여,
증서(證書)를 받아서,
김병욱(金秉旭)에게 맡겼더니,
기한(期限)이 이르매,

백남신(白南信)이 돈을 준비(準備)하여,
각지(刻紙) 20매(二十枚)를 올리매,

성선(聖仙)이 글을 써서 불사르시고,

또, 김병욱(金秉旭)에게 맡기신,
증서(證書)를 불사르신 후(後)에,
각지(刻紙) 12매(十二枚)는 돌려주시며,

가라사대,
"돈은 이미 요긴(要緊)히 써서,
일을 잘 보았으니 다행(多幸)이라."하시니,

백남신(白南信)은 현금(現金)으로 쓰지 아니하신 것을,

미안(未安)히 여기고, 다시 여쭈어 가로대,
"현물(現物)의 시세(時勢)를 보아서 무역(貿易)하여,
이(利)를 증식(增殖)함이 어떠하니까?"

성선(聖仙)이,
가라사대,
"그것은 불가(不可)하니라."하시고,

또, 가라사대,
"남신(南信)의 일이, 용두사미(龍頭蛇尾)와 같다."하시니라.

〈4절〉
그 뒤에, 성선(聖仙)이, 여러 종도(從徒)더러 일러,
가라사대,
"이 지방(地方)을 수호(守護)하는,

모든 신명(神明)을 서양(西洋)에 보내어,

대란(大亂)을 지으리니,

이 뒤로는, 외인(外人)들이 주인(主人) 없는 빈집 들 듯 하리라.

만일(萬一), 모든 신명(神明)이 일을 마치고 돌아오면,

제 집일은 제가 맡아 하리라.

〈5절〉

이 해, 여름에,

김병욱(金秉旭)이 관찰부(觀察府)에 위촉(委囑)으로,

남원(南原)에 가서 오랫동안 체류(滯留)하여,

세금(稅金)을 독촉(督促)하니라.

이때에, 조정(朝廷)은,

러시아(露西亞)를 결탁(結託)하여,

일본(日本)을 억제(抑制)코저 할 새,

일본(日本)에 망명(亡命)한,

박영효(朴永孝) 일파(一派)를,

친일파(親日派)로 지목(指目)하여,

그 당파(黨派)를 대거(大擧) 초멸(剿滅)하니,

김병욱(金秉旭)이 또한 연루(連累)가 된지라,

10월(十月) 경성(京城)으로부터,

다수(多數)의 순검대(巡檢隊)가,

돌연(突然)히,

전주부(全州府)에 이르러,

김병욱(金秉旭)을 수색(搜索)하다가,

남원(南原)에 체재(滯在)한 줄 알고,

성야(星夜)로 남원(南原)에 발향(發向)하니라.

이때에, 성선(聖仙)이 남원(南原)에 이르사,

김병욱(金秉旭)을 찾아,

그 수입(收入)한 세금(稅金)을,

관주(舘主)에게 보관(保管)케 하고,

곧, 반행(伴行)하사 뜰 밖에 나가시니,

김병욱(金秉旭)은 그 연유(緣由)를 모르더라.

10여리(十餘里)를 행(行)하사,

김병욱(金秉旭)의 선묘재사(先墓齋舍)에 들어 계시사,

묘직(墓直)을 명(命)하여,

"남원(南原)에 가서 형세(形勢)를 살펴오라."하시니,

묘직(墓直)이 봉명(奉命)하고,

곧, 남원(南原)에 갔다가 돌아와,

다수(多數)한 경순검대(京巡檢隊)가 이르러,

김병욱(金秉旭)을 수색(搜索)하는,

상황(狀況)을 고(告)하니,

김병욱(金秉旭)이 비로소, 극(極)히 두려워하니라.

익일(翌日)에,
교자(轎子)를 준비(準備)하여,
김병욱(金秉旭)을 태우고,
전주(全州)로 회정(回程)하사,
서원규(徐元奎) 약국(藥局)으로 들어가시니,

서원규(徐元奎)가 김병욱(金秉旭)을 보고,

대경(大驚)하여 가로대,
"군(君)이 어찌 사지(死地)를 벗어났으며,
또, 어찌 이러한 위지(危地)로 들어왔나뇨?
너무, 급화(急禍)임으로 통지(通知)할 겨를이 없어,

군(君)의 가족(家族)은,
다만,
경황망조(驚惶罔措)하여,
호곡(號哭)으로 지낼 따름이라."하거늘,

김병욱(金秉旭)이 그 자세(仔細)한 경과(經過)를 들으니,
경순검(京巡檢)이 전주(全州)를 떠나서,
남원(南原) 도착(到着)할 때와,
자기(自己)가 선생(先生)을 따라,
남원(南原)을 탈출(脫出)할 때가,

겨우 ,1~2시간(一,二 時間)의 차이(差異)가 있는지라.

김병욱(金秉旭) 탄식(嘆息)하여 가로대,
"성선(聖仙)은 실(實)로 천신(天神)이시라.
만일(萬一),
선생(先生)의 후원(後援)이 아니었다면,
어찌, 사지(死地)를 벗어났으리오."하니라.

그때에, 순검(巡檢)들이 남원(南原)에 가서,
김병욱(金秉旭)을 찾지 못하고,
전주(全州)로 돌아와, 사하(四下)로 크게 찾으니라.

서원규(徐元奎)의 약국(藥局)이,
통로대가(通路大街)에 있음에,
김병욱(金秉旭)이 그 유벽(幽僻)치 못함을 근심하거늘,

성선(聖仙)이,
가라사대,
"모든 것을 내게 신뢰(信賴)하여, 근심을 풀어버리라.
내가 장차(將次), 너의 일을 끌르리라."하시니라.

김병욱(金秉旭)이 서원규(徐元奎)의 약국(藥局)에
오랫동,안 머무르되,

지면(知面)한 사람의 출입(出入)이 없고,

또, 혼야(昏夜)에는 선생(先生)이 기탄(忌憚)없이,

김병욱(金秉旭)을 데리고 거리에 다니며,

소풍(逍風)하되,

한 번도 아는 사람의 눈에, 띄이지 아니하니라.

〈6절〉

성선(聖仙)이 김병욱(金秉旭)더러 일러, 가라사대,

"내가 너의 화액(禍厄)을 풀기 위(爲)하여,

일러전쟁(日露 戰爭)을 촉성(促成)하여,

일본(日本)을 도와서,

러세(露勢)를 구축(驅逐)하리라."하시니,

종도(從徒)들이,

그 말씀을 불신(不信)하여 서로 이르되,

"일인(一人)의 화액(禍厄)을 끌르기 위(爲)하여,

양국((兩國)의 전란(戰亂)을 촉발(促發)케 한다 함도,

망탄(妄誕)의 극(極)한 바어니와,

약소(弱少)한 일본(日本)을 도와,

천하막강(天下莫强)의 러세(露勢)를 구축(驅逐)한다 함은,

더욱, 허황(虛荒)한 말이라."하더니,

12월(十二月)에
일러 전쟁(日露 戰爭)이 발발(勃發)하여,

일병(日兵)이 승세(勝勢)를 타서,
국경(國境)을 통과(通過)하니,

이에, 국금(國禁)이 해이(解弛)하여져,
박영효(朴泳孝)의 혐(嫌)이 드디어 끌리니라.

〈7절〉
그때에, 성선(聖仙)이 김병욱(金秉旭)에게 물어,

가라사대,
"일러(日露)가 국가(國家)의 허약(虛弱)을 승(乘)하여,
서로 세력(勢力)을 각축(角逐)하니,
조정(朝廷)은 당파(黨派)가 분립(分立)하여,
혹(或)은, 일본(日本)을 친선(親善)하려 하며,
혹(或)은, 러국(露國)을 결탁(結託)하려 하니,
군(君)은 어떤 주의(主義)를 옳히 여기나뇨?"

김병욱(金秉旭)이 대(對)하여,
가로대,
"인종(人種)의 별(別)과 동서(東西)의 수(殊)로 하여,
일본(日本)을 친선(親善)하고,
러국(露國)을 멀리 함이 옳다 하나이다."

성선(聖仙)이,

가라사대,

"그대의 말이 유리(有理)하니라.

이제, 만일(萬一),

서세(西勢)를 물리치지 아니하면,

동양(東洋)은 영구(永久)히,

서인(西人)의 유린(蹂躪)한 바 되리라.

그럼으로, **서세(西勢)를 물리치고,**

동양(東洋)을 안보(安保)함이 옳으리니,

일본인(日本人)이 천지(天地)에,

큰, 일꾼이 되나니라." 하시고,

이에, 천지대신문(天地大神門)을 열고,

날마다 공사(公事)를 행(行)하사,

49일(四十九日)을 한,

도수(度數)로 하여,

동남풍(東南風)을 물리시더니,

미처, 기한(期限)에 수일(數日)이 차지 못하여,

한사람이 와서 치병(治病)하여,

주시기를 간걸(懇乞)하는지라,

성선(聖仙)이 공사(公事)에 전념(專念)하사 ,
그 사람의 간걸(懇乞)함을 듣지 못하고,
아무 대답(對答)이 없으니,

그 병인(病人)이,
드디어, 한(恨)을 품고 돌아가더니,

그 후(後)로,
문득, 동남풍(東南風)이 그치거늘,
선생(先生)이 그제야 깨달으시고,

사람을 그 병인(病人)에게 보내사,
공사(公事)의 전심(專心)으로,

인(因)하여 듣지 못하신 사실(事實)을 고(告)하여,
안심(安心)케 하시고,

곧, 병(病)을 낫게 하여주시니,
바람이 다시 계속(繼續)하는지라,

성선(聖仙)이,
가라사대,
"한 사람이 원한(寃恨)을 품으매,
능(能)히, 천지(天地) 기운(氣運)을 막는다."하시니라.

그 후(後)로,
러군(露軍)이 해륙(海陸)으로 연패(連敗)하니라.

〈8절〉
동학(東學) 신도(信徒)가,
갑오(甲午,1894년)의 참패(慘敗)를,
당(當)한 후(後)에,

감(敢)히, 대두(擡頭)치 못하고,
잠세(潛勢)를 보수(保守)하여 오다가,

일러전역(日露戰役)의 기세(氣勢)를 타서,
일본(日本)에 결탁(結託)하여,
일진회(一進會)를 조직(組織)하니,

사방(四方)이 향응(響應)하여,
요원(燎原)의 세(勢)를 정(呈)하매,

인민(人民)은
갑오(甲午,1894년)의 난폭(亂暴)에 감(鑑)하여,
위구지심(危懼之心)을 품은지라,

성선(聖仙)이 종도(從徒)더러 일러 가라사대,
"저들의 거동(擧動)에는,
각(各)히, 자력(自力)을 자(資)케 할 것이요,

갑오(甲午,1984년)와 같이,
민해(民害)를 짓지 못하게 하리니,
이는,
내가 선솔(先率)하여 모범(模範)을 지음이 가(可)하니라."하시고,

약간(若干)의 전지(田地)와 가옥(家屋)을 방매(放賣)하사,
전주부(全州府)에 이르러,
모든, 걸인(乞人)에게 산진(散盡)하시더니,

과연(果然),
일진회원(一進會員)이
마침내, 각자(各自)의 재산(財産)을 탕진(蕩盡)하거늘,

성선(聖仙)이,
가라사대,
"저들이 나를 본받으니 살려줌이 옳으니라."하시고,

관(冠)을 벗어, 삿갓을 쓰시며,
의복(衣服)은 안이 검고 밖이 희게 하사,
가라사대,
"저들이 흑의(黑衣)를 입으니, 나도 흑의(黑衣)을 입노라."

또, 하늘을 가리켜 가라사대,
"저 구름이 속은 검고, 밖이 흼이 나를 모형(模形)함이라."하시니라.

〈9절〉

병오(丙午, 1906년) 2월(二月)에
성선(聖仙)이 여러 종도(從徒)를 데리시고,

익산 만중리(益山 萬中里),
정춘심(鄭春心)의 집에 이르사,
승의(僧衣) 한 벌을 지어 벽(壁)에 걸고,
'사명당(四明堂)'을 외우시며,
산하대운(山河大運)을 들이실 새,

7일간(七日間)을 방(房)에 불을 넣지 아니하시고,
정춘심(鄭春心)을 명(命)하사,
"우두(牛頭) 1개(一個)를 자숙(煮熟)하여,
문(門) 앞에 놓은 후(後)에,
배를 운조(運漕)하리라." 하시고,

정성백(鄭伯成)을 명(命)하사,
승의(僧衣)를 부엌에 불사르시니,
문득 뇌성(雷聲)이 기적(汽笛)소리와 같이 발(發)하며,

석탄연기(石炭煙氣)가 촉비(觸鼻)하며,
온 집안 동량(棟梁)이 폭풍(暴風)에 동요(動搖)되는,
배 속과 같아야,

일실중(一室中)에 있는 사람이,

다, 훈도(暈倒)하여,

혹(或), 구토(嘔吐)도 하며,

혹(或), 정신(精神)을 잃으니,

이때에, 참좌(參座)한 자(者)는,

소진섭(蘇鎭燮), 김덕유(金德裕), 김광찬(金光贊), 김형렬(金亨烈), 김갑칠(金甲七), 정춘심(鄭春心), 정성백(鄭成伯)과 및 그 가족(家族)이라.

김덕유(金德裕)는 문(門) 밖에서 거꾸러지고,

정춘심(鄭春心)의 가권(家眷)은,

각(各)히, 그 침실(寢室)에 혼도(昏倒)하고,

김갑칠(金甲七)은 인사불성(人事不省)하여,

호흡(呼吸)을 불통(不通)하거늘,

성선(聖仙)이 청수(淸水)를,

김갑칠(金甲七)의

입에 흘려 넣으시며 불으시니,

곧, 소소(蘇甦)된지라,

차례로, 청수(淸水)를 얼굴에도 뿌리며,

혹(或), 먹이기도 하시니,

모두 정신(精神)을 회복(回復)하니라.

김덕유(金德裕)는,

폐병(肺病)으로 중기(重期)에 이르렀더니,

이로부터, 완쾌(完快)되니라.

성선(聖仙)이,
가라사대,
"육정육갑(六丁六甲)을 쓰러뜨릴 때에는,
살아날 사람이 적으리라."하시니라.

〈10절〉
그 후(後)에, 동곡(銅谷)으로 돌아오사,
수일(數日)을 지내신 후(後)에,
다시, 대공사(大公事)를 행(行)하시려고,
경성(京城)으로 떠나실 새,

가라사대,
"전함(戰艦)은 순창(淳昌)으로 돌려대이리니,
김형렬(金亨烈)은 지방(地方)을 잘 지키라 하시고,

또, 모든 사람을 명(命)하사,
각자(各自)의 소원(所願)을 적어 오라 하사,
그 종이로 안경(眼鏡)을 싸 넣으신 후(後)에,

정남기(鄭南基), 정성백(鄭成伯), 김광찬(金光贊), 김갑칠(金甲七)을 데
리시고,
군산(群山)으로 가서, 기선(汽船)을 타기로 하고,

신원일(辛元一)과 그 외(外) 4인(四人)은
대전(大田)으로 가서, 기차(汽車)를 타라."하시며,

가라사대,

"이는 수륙병진(水陸並進)이라."하시니라.

또, 신원일(辛元一)에게 명(命)하여

가라사대,

"너는 먼저 입경(入京)하여

「天子浮海上(천자부해상)」이라 써서,

남대문(南大門)에 붙이라."

신원일(辛元一)이 영명(領命)하고,

일행(一行)을 거느리고 대전(大田)으로 떠나니라.

〈11절〉

성선(聖仙)이 군산(群山)에 이르사,

여러 종도(從徒)에게 물어 가라사대,

"바람을 갖고 감이 옳으냐?

놓고 감이 옳으냐?"하시니,

김광찬(金光贊)이 대(對)하여,

가로대,

"놓고 감이 옳으니다."하거늘,

이에, 모든 사람으로 하여금,

"오매(烏梅) 5매(五枚)씩 준비(準備)하라."하시고,

기선(汽船)을 타시니, 바람이 크게 일어나서,
배가 심(甚)히 요동(動搖)하여,

모든 사람이 현훈구토(眩暈嘔吐)하거늘,

각(各)히, 오매(烏梅)를 입에 물어 안정(安定)케 하시고,
이날 밤에,

김갑칠(金甲七)을 명(命)하사,
"각인(各人)의 소원(所願)을,
기록(記錄)한 종이로 싼 안경(眼鏡)을,
북방(北方)으로 향(向)하여, 바다물에 던지라."하시니,

김갑칠(金甲七)이 선상(船上)에 올라서,
방향(方向)을 변분(辨分)치 못하여 주저(躊躇)하거늘,

성선(聖仙)이 다시 불러 물어,

가라사대,
"어찌 빨리 던지지 아니 하나냐?"

김갑칠(金甲七)이 대(對)하여,

가로대,
"방향(方向)을 변분(辨分)치 못한 연고(緣故)니이다."

가라사대

"전광(電光)이 발(發)하는 곳으로 던지라."

김갑칠(金甲七)이 응명(應命)하고,

다시, 선상(船上)에 올라 살피니,

문득, 전광(電光)이 발(發)하거늘,

이에, 그 방향(方向)으로 던지니라.

익일(翌日)에, 인천(仁川)에 내리사,

곧, 기차(汽車)를 바꾸어 타시고,

경성(京城)에 이르러,

"각(各)히 금연(禁煙)하라."하시고,

김광찬(金光贊)의 인도(引導)로,

황교(黃橋)에 있는,

그의 종제(從弟) 영선(永善)의 집에 드시니,

신원일(辛元一)은 먼저 당도(當到)하였더라.

〈12절〉

신원일(辛元一)은

당도(當到) 즉시(卽時)에,

「天子浮海上(천자부해상)」이라는,

문자(文字)를 써서, 남대문(南大門)에 붙이니,

온, 경성(京城)이 크게 동소(動騷)하여,

인심(人心)이 흉흉(洶洶)함으로,

조정(朝廷)은, 엄중(嚴重)히 경계(警戒)하더라.

경성(京城)서, 여러 가지 법(法)을 행(行)하시고,
10여일(十餘日) 후(後)에 ,
모든 종도(從徒)는 다 돌려보내시고,

오직, 김광찬(金光贊)만 머무르게 하시다가,
수일(數日) 후(後)에,
다시, 만경(萬頃)으로 보내시며,
통지(通知) 있기까지 기다리라 하시니라.

〈13절〉
4월(四月) 회(晦)에 선생(先生)이,
만경(萬頃) 김광찬(金光贊)의 주소(住所)에 이르시니,

이때에, 최익현(崔益鉉)이
충남 홍주(忠南 洪州)에서 거의(擧義)하매,

마침 날이 가물어,
인심(人心)이 흉흉(洶洶)하여,
서로 안업(安業)치 못하고,

의병(義兵)에 투입(投入)하는 자(者)가,
날로 증가(增加)하여,
군세(軍勢)가 대진(大振)하거늘,

이에, 수일(數日) 동안,
만경(萬頃)에 머무르시면서,
비를 많이 내리시니,

인심(人心)이 비로소 안정(安定)하여,
각(各)히, 농무(農畝)로 돌아감으로,
의병(義兵)의 형세(形勢)가,

드디어, 위축(萎縮)하여,
최익현(崔益鉉)은 마침내 순창(淳昌)에서 피금(被擒)하니라.

〈14절〉
성선(聖仙)이
최익현(崔益鉉) 피금(被擒)의 보(報)를 들으시고,
만경(萬頃)을 떠나,
익산 만중리(益山 萬中里)로 가시며,

가라사대,
"금번(今番) 최익현(崔益鉉)의 동(動)을,
일찍 진압(鎭壓)하지 아니하면,

조선(朝鮮) 전토(全土)가 참화중(慘禍中)에 들어,
무고(無辜)한 생민(生民)이,
전멸(全滅)을 당(當)할지라,

최익현(崔益鉉)의 거사(擧事)가,
한갓 창생(蒼生)만 사멸(死滅)에 구입(驅入)할 뿐이니,

내가 어찌 인견(忍見)할 바리요.
그럼으로, 어제 공사(公事)로써 진압(鎭壓)하였노라."하시고,

최익현(崔益鉉)의 '만장(挽章)'을 지어,
종도(從徒)에게 주시니,

「讀書崔益鉉(독서최익현),
 義氣束劍戟(의기속검극),
 十月對馬(십월대마),
 曳曳山河橇(예예산하취)」이라.
그 후(後)에,
과연(果然), 그러하니라.

〈15절〉
이 공사(公事)를 마치기 전(前)에,
경성(京城)에서 김갑칠(金甲七)을 돌려보내실 때에,

명(命)하야

가라사대,
"동곡(銅谷)에 가서
김형렬(金亨烈), 성백(成伯)으로 더불어,

49일(四十九日) 동안을
매일(每日) 지등(紙燈) 1개(一個)씩,
합력(合力)하여,
제조(製造)하고,
또, 각(各)히 초혜(草鞋) 1부(一部)씩 지어 두라."하심으로,

김갑칠(金甲七)이 돌아와서,
일일이, 명(命)하신 대로 행(行)하였더니,

그 후(後)에,
성선(聖仙)이 만경(萬頃)으로부터,
동곡(銅谷)에 이르사,

지등(紙燈)에 각(各)히,
「陰陽(음양)」2자(二字)를 쓰신 후(後)에,
다 불사르시고,

김갑칠(金甲七)더러,
은행(銀杏) 2개(二個)를, 구(求)하여 오라 하시니,

김갑칠(金甲七)이 사방(四方)으로 구(求)하여도,
얻지 못하다가,
그의 종제(從弟)에게, 2개(二個)가 있음을 발견(發見)하여,
가져다 드리니,
지등(紙燈) 사른 잿속에, 넣은 후(後)에,

다시, 김갑칠(金甲七)을 명(命)하사,
그 재를 모아 가지고 앞내에 가서,
한 줌씩 물에 띄워내리며, 하늘을 우러러보라 하시거늘,

김갑칠(金甲七)이 명(命)하신 대로 하여,
하눌을 우러러보니, 구름이 재가 집어 띄우는 대로,
물에 떨어져서,
펴여 흐르는 모형(模型)과 같이, 무듸 무듸 피어나더라.

〈16절〉
그 후(後)에,
「全州 銅谷 解寃神(전주 동곡 해원신),
 慶州 龍潭 報恩神(경주 용담 보은신)」이라 써서,
김형렬(金亨烈)의 집 벽상(壁上)에 붙이시니라.

〈17절〉
그 후(後)에, 군산(群山)에 가사,
또, 공사(公事)를 보시고,
글을 써서 불사르시니 이러하니라.

「地有群倉地(지유군창지),
 使不天下虛(사불천하허),
 倭萬里淸萬里洋九萬里(왜만리청만리양구만리),
 彼天地虛(피천지허)
 此天地盈(차천지영)」

〈18절〉
정미(丁未,1907년) 추(秋)에,
순창(淳昌) 용암리(龍岩里)에 머무르시며,
공사(公事)를 행(行)하실 새,

종도(從徒)더러 일러,

가라사대,
"허미수(許眉叟)가
중수(重修)한 성천(成川) 강선루(降仙樓)
1만2천(一萬二千) 고물은,
녹(祿)줄이 붙어있고,

금강산(金剛山) 1만2천봉(一萬二千峯)은
겁기(怯氣)가 끼어 있으니,
이제, 그 겁기(怯氣)를 제거(除去)하리라."하시고,

김형렬(金亨烈)을 명(命)하사
"김광찬(金光贊), 이도삼(李道三)으로,
더불어 동곡(銅谷)에 가서,

백지(白紙)를 1방촌(一方寸)씩 오려서,
'侍(시)'자(字)를 써서 사벽(四壁)에 붙이되,

한 사람이 하루에 400자(四百字)씩 써서,

10일(十日)에 마치라.

그러고, 그 동안에 조석(朝夕)으로,
청수(淸水), 24기(二十四器)씩 길러 놓고,
밤이면, 칠성경(七星經) 37편(三七遍)씩 염송(念誦)하라."
하시거늘,

김형렬(金亨烈)이,
명(命)하신 대로 행(行)한 후(後)에,
김갑칠(金甲七)을 농암(籠岩)으로 보내어,
일을 다 마쳤음을 고(告)하니,

성선(聖仙)이 양(羊) 1두(一頭)를 사주시며,

가라사대,
"나의 돌아가기를 기다리라."하시니라.

그 후(後)에, 선생(先生)이 동곡(銅谷)에 이르사,
양(羊)을 잡아,
그 '피를 1만2천(一萬二千) 侍(시) 자(字)의 머리'에 바르시고,

가라사대
"그 글자 모양이 아라사 병정(兵丁)과 같다."하시고,

또, 가라사대,

사기(沙器)는 김제(金堤)로 보내라 하시더니,
마침, 김제(金堤) 수각(水閣),
임상옥(林相玉)이 이르거늘,
청수기(淸水祈) 든,
사기(沙器)를 구탕(狗湯)에 씻겨 주시며,

가라사대
"인부(人夫)를 많이 부릴 때에 쓰라."하시니라.

〈19절〉
순창(淳昌) 피노리(避老里)에 계실 새,
황응종(黃應鍾)이 이르거늘,

성선(聖仙)이 가라사대,
"고부(古阜) 사람이 오니,
바둑판을 가(可)히 운전하리라."하시고,

「英雄消日大中華(영웅소일대중화),
　四海蒼生如落子(사해창생여락자)」
라는 글을 외우시고,

그 후(後)에,
최수운(崔水雲)과 전명숙(全明淑)의,
원(寃)을 끌으신다 하사,
사명기(司命旗)를 각1폭(各一幅)씩 지어서,

높은 솔가지에 달았다가,
다시 떼어서 불사르시니라.

〈20절〉
12월(十二月) 고부 와룡리(古阜 臥龍里)에 이르사,

신경수(申京守)의 집에 머무르시며,

종도(從徒) 20여인(二十餘人)을
동리(洞里) 문공신(文公信)의 집에 모으시고,
「天地之主張(천지지주장),
 萬物之首唱(만물지수창),
 陰陽之發覺(음양지발각)」이라 쓰시고,

기국(棋局) 중앙(中央)에,

다섯 장점(將點)을 열치(列置)함과 같이
「情誼(정의)」 2자(二字)를 지면(紙面) 4우(四隅)와,
중앙(中央)에 열서(列書)하사,
문공신(文公信)의 집 벽상(壁上)에 붙이시고,

요(堯)의
'曆像日月星辰敬授人時(역상일월성신경수인시)'를,
해설(解說)하여

가라사대

"천지(天地)가 일월(日月)이 아니면 공각(空殼)이오,
일월(日月)은 지인(知人)이 아니면 허영(虛影)이라.

당요(唐堯)가
비로소, '일월(日月)의 법(法)'을 알아서,
때를, 백성(百姓)에게 알렸으니,
천혜(天惠)와 지리(地利)가,

이로부터,
'인류(人類)에게 유루(遺漏) 없이 향유(享有)'케 되었나니라."
하시고,

박공우(朴公又)더러 일러,

가라사대,
"후천(後天), 5만년(五萬年) 첫 공사(公事)를,
행(行)할 터인데, 박공우(朴公又)가 아니면 못할지니,
공사(公事)를 말하라."
박공우(朴公又)가 지식(知識)이 없어,
고달(告達)할 바를 모른다 하여,
겸양(謙讓)하다가,

양구(良久)에 여쭈어,

가로대,
"선천(先天)에는 청춘소부(靑春少婦)가,
수절(守節)한다 하여, 공규(空閨)를 지켜,
적막(寂寞)히 늙어버리는 것이 불가(不可)하오니,

후천(後天)에는 이 폐해(弊害)가 없도록 하시와,
젊은 과부(寡婦)는 젊은 환부(鰥夫)를,
늙은 과부(寡婦)는 늙은 환부(鰥夫)를,
각각(各各), 가려서,
지구(知舊)를 일일이 청(請)하여,
공중예석(公衆禮席)을 버리고,
예(禮)를 갖추어 개가(改嫁)케 하시는 것이,
좋을 줄 아나이다."

성선(聖仙)이 상찬(賞讚)하사,

가라사대,
"네가 아니면,
이 공사(公事)를 못하겠으므로,
네게 맡겼더니 대단히 잘 하였도다.

이제, 결정(決定)한 공사(公事)가,
5만년(五萬年)을 내려 가나니라.

〈21절〉
공신(公信)의 집 문(門)에,
공문(孔門)을 뚫어 놓고,
박공우(朴公又)를 위수(爲首)하여,
모든 종도(從徒)를 열립(列立)케 하시고,
연죽(煙竹)을 들며,

가라사대,
"서로 체번(替番)하여,
물초리를 문공(門孔)에 대고, 입으로 북소리를 하며 돌라."

종도(從徒)들이 명(命)하신대로,
몇 번 함에 사방(四方)에서,
천고성(天鼓聲)이 대발(大發)하는지라.

이에, 천지대신문(天地大神門)을 열고,
공사(公事)를 행(行)하실 새,
김형렬(金亨烈), 김자현(金自賢), 문공신(文公信), 박장근(朴壯根), 이화
춘(李化春) 등(等),
20여인(二十 餘人)의 종도(從徒)에게 일러,

가라사대,
"너희는 문공신(文公信)의 집에 있어,
비록, 관리(官吏)가 올지라도, 외겁(畏怯)치 말고,
나의 주소(住所)를 묻거든,

은휘(隱諱)치 말고, 실고(實告)하라.

만일(萬一), 관리(官吏)에게 붙들려서,
화액(禍厄)을 당(當)하기에,
외겁심(畏怯心)이 있거든, 각(各)히 해산(解散)하라.”
모든 사람은,
다만, 이상(異常)히 알 따름이더니,
마침, 소관(所管) 면장(面長) 양모(梁某)와
동리(同里) 이장(里長)이 문공신(文公信)의 집에
들어오거늘,

성선(聖仙)이 문득 꾸짖어,
가라사대,
“너희들이 어찌, 이런 천지공사장(天地公事場)에
들어오나요?”하시거늘,

면장, 이장(面,里長)이,
그 말씀을 듣고, 의병(義兵)으로 오해(誤解)하여,
관부(官府)에 고발(告發)하니라.

〈22절〉
12월 25일(十二月 二十五日)에,
무장순검(武裝巡檢) 수십여인(數十餘人)이,
돌연(突然)히, 문공신(文公信) 가(家)를,
포위(包圍)하고,

모든 사람을 포박(捕縛)한 후(後)에,

성선(聖仙)의 거처(去處)를 묻거늘,
모든 사람이 비로소, 성선(聖仙)의 말씀을 깨닫고,
신경수(申京守)의 집에 계심을 직고(直告)하니,

순검(巡檢)들이 다시 달려가서,
성선(聖仙)을 붙들어 합21인(合二十一人)을,
고부 경무청(古阜 警務廳)으로 나거(拿去)하니라.

이 일이, 나기 전(前)에
김광찬(金光贊)과 박공우(朴公又)는
정읍(井邑) 차경석(車京石)의 집으로 보내시고,

신원일(辛元一)은,
태인(泰仁) 신경원(辛京元)의 집으로 보내시니,

대개(大槪), 박공우(朴公又)는,
여러 번 관재(官災)에 곤욕(困辱)을 당(當)하였음을 아시고,

그 화(禍)를 면(免)케 하심으로,
김광찬(金光贊)과 신원일(辛元一)은
성질(性質)이 과강(過剛)함을 기(忌)하여,
불참(不參)케 하심이러라.

26일(二十六日)에 경관(警官)이,
성선(聖仙)과 및 종도(從徒)를 신문(訊問)한 후(後)에,
모두, 옥중(獄中)에 구치(拘置)하니라.

〈23절〉
이 먼저, 선생(先生)이
이 일에 쓰기 위(爲)하여,
약간(若干)의 금전(金錢)을 준비(準備)하여,
김갑칠(金甲七)에게 맡기사,

차경석(車京石)에게 전(傳)하라 하셨더니,
김갑칠(金甲七)은 이 일이 난 후(後)에,
정읍(井邑)에 가서,
그 금전(金錢)을 차경석(車京石)에게 전(傳)하니,
차경석(車京石)이 고부(古阜)로 와서,
금구(衾具)와 식사(食事)를 차입(差入)하니라.

간수(看守) 중(中)에,
김형렬(金亨烈)과 김자현(金自賢)을,
아는 사람이 있어서,
그 편의(便宜)를 돕기 위(爲)하여,
다른 조용(從容)한 옥방(房獄)으로 옮기거늘,

김형렬(金亨烈)이 간수(看守)에게 청(請)하여,
성선(聖仙)까지 옮기시게 되니라.

성선(聖仙)이 다른 방(房)으로 옮기신 후(後)에,
김형렬(金亨烈)과 김자현(金自賢)더러 일러,

가라사대,
"3인회석(三人會席)에,
'관장(官長)의 공사(公事)를 처결(處決)'한다 하니,
우리, 3인(三人)이면 무슨 일을 해결(解決)치 못하리요."

또, 김자현(金自賢)더러 가만히 일러,

가라사대,
"비록 10만(十萬) 대중(大衆)이,
이러한 화액(禍厄)에 빠졌을지라도,
추호(秋毫)의 상해(傷害)가 없이,
다 끌르게 하여 데리고 나가리니, 안심(安心)하라."하시니라.

제석(除夕)에 뇌전(雷電)이 대발(大發)하거늘,
성선(聖仙)이,

가라사대,
"이는 서양(西洋)에서 천자신(天子神)이 넘어옴이라."하시고,

또, 가라사대,
"천자신(天子神)은 넘어왔으나,
너희들이 혈심(血心)을 가지지 못함을,

인(因)하여,
장상신(將相神)이 응(應)하지 아니한다."하시니라.

〈24절〉
무신(戊申,1908년) 원일(元日)에,
눈이 크게 내리고, 일기(日氣)가 혹한(酷寒)하거늘,

성선(聖仙)이,

가라사대,
"이는 대공사(大公事)를 처결(處決)함이라."하시니라.
경관(警官)이 여러 사람을 취조(取調)하여도,
아무, 의병(義兵)의 증거(證據)를 얻지 못하고,
성선(聖仙)의 말씀은 광언(狂言)으로 돌리더라.

정월 10일(正月 十日)에 옥문(獄門)을 열고,
여러 사람을 석방(釋放)한 후(後),
오직, 성선(聖仙)만 남겨 두었다가,
30일(三十日) 경칩절(驚蟄節)에,
또, 석방(釋放)하니라.

〈25절〉
이때에, 차경석(車京石), 안내성(安乃成)이,
금전(金錢) 120냥(一百二十 兩)을 가지고 와서,
신의(新衣)를 지어 드리려 하거늘,

선생(先生)이 금지(禁止)하시고,

그 금전(金錢)을,
모든 순검(巡檢)과 빈궁(貧窮)한 사람에게 나누어 주시고,

3일(三日)을 유(留)하신 후(後)에,
와룡리(臥龍里) 황응종(黃應鍾)의 집에 가시니,
차경석(車京石)이 따르니라.

〈26절〉
재수(在囚)하셨을 때에,
모든 종도(從徒)들은,
성선(聖仙)께서 천지(天地)를 개벽(開闢)하사,
선경(仙境)을 열어,
각(各)히 복록(福祿)을 마련하실 줄 믿었더니,

뜻밖에, 이런 화지(禍地)에 빠지게 되니,
이는, 허무(虛無)한 말로
우리를 기광(欺誑)함이라 하여,

모두, 성선(聖仙)을 원망(怨望)하고,
문공신(文公信), 이화춘(李化春), 박장근(朴壯根) 3인(三人)은,
분노(憤怒)하여 자주 패설(悖說)을 발(發)하며,

경관(警官)에게 성선(聖仙)을 구훼(搆毁)하더니,

3월(三月)에 이르러,

이화춘(李化春)은 의병(義兵)에게 포살(砲殺)되고,

박장근(朴壯根)은 의병(義兵)에게 구타(毆打)를 당(當)하여,

절골(絶骨)이 된지라.

성선(聖仙)이 들으시고,

문공신(文公信)더러 일러,

가라사대,

"너도 마음을 고치라.

그렇지 아니하면 천노(天怒)가 있으리라."

또, 가라사대,

"이화춘(李化春)은 귀신(鬼神)으로나,

좋은 곳에 가게."하시고,

글을 써서 불사르시니라.

〈27절〉

2월 2일(二月 二日)에

본댁(本宅)으로부터 태인(泰仁) 신경원(辛京元)의 집에 이르사,

그곳에서 1삭(一朔) 동안 머무르실 새,

최창조(崔昌祚)에게 명(命)하여,

가라사대,

"저(猪) 1수(一首)를 재(宰)하야,

계란(鷄卵)으로, 전야(煎야)를 부처,

죽기(竹器)에 담아서 정결(淨潔)한 곳에 두고,

또, 내 의복(衣服) 한 벌을 지어 두라.

장차(將次) 쓸 때가 있노라."

최창조(崔昌祚)가 응명(應命)하고,

저육(猪肉) 전야(煎야)와 의복(衣服)을 만들어 두니라.

〈28절〉

3월(三月)에 동곡(銅谷)에 이르사,

김형렬(金亨烈)에게 명(命)하야,

가라사대,

"네가 태인(泰仁)에 가서,

신경원(辛京元), 최내경(崔乃敬)을 데리고,

백암리(白岩里) 최창조(崔昌祚)의 집에 가서,

일찍, 준비(準備)하여 둔,

내 의복(衣服) 한 벌을 3인(三人)이 한 가지씩 나누어 입고,

저(猪) 1수(一首)를 잡아서, 자오(煮熬)한 후(後)에,

오늘, 저녁 인적(人跡)이 그칠 때를 기다려,

그 집 앞에 정문(正門) 밖에 땅을 파고,

그 앞에 청수(淸水) 1기(一器)와

화로(火爐)를 놓고,

정기(淨器)에 호주(胡酒)와 문어(文魚)와 전야(煎야)를 넣고,
그 위에 두부(豆腐)로 덮어,
그 구덩이 속에 넣고,

다시, 한 사 람은, 저육(猪肉) 전야(煎야)를 들어,
청수(淸水)와 화로(火爐)를 넘기고,
한 사람은 받고, 한 사람은 그것을 받아,
그 구덩이 속에 넣은 후(後)에, 흙으로 덮으라 하여,
자세(仔細)히 일러주고 빨리 돌아오라."

김형렬(金亨烈)이 봉명(奉命)하고,
태인(泰仁)에 가서,
일일이 지휘(指揮)한 후(後)에,
빨리 돌아와 집에 들어서니,
밤이 깊고 검은 구름이 하늘을 덮어서,
폭우(暴雨)가 쏟아지며, 뇌전(雷電)이 대작(大作)한지라,

성선(聖仙)이 물어,

가라사대,
"이때 좀 일을 하겠나냐?"

김형렬(金亨烈)이 대(對)하여,

가로대,

"행(行)할 때가 꼭 되었겠나이다."

성선(聖仙)이,

가라사대,
"변산(邊山)과 같은 불덩이가 나타나면,
온 세계(世界)가 초토(焦土)될지라.
그럼으로, 이제 그 불을 묻었노라."하시니라.

〈29절〉
4월(四月)에, 백남신(白南信)으로부터,
돈 천냥(千兩)을 가져오사,
동곡(銅谷) 김준상(金俊相)의 집에,
방(房) 1칸(一間)을 수리(修理)하고,
약국(藥局)을 벌이실 새,
목공(木工) 이경문(李京文)을 불러,
약장(藥藏)과 궤(机)를 제조(製造)하라,
명(命)하시고,
그, 장광척촌(長廣尺寸)과 제조방법(製造方法)을,
일일이 가르치시며,

기한(期限)을 정(定)하여, 완공(完工)하라 하셨더니,
목공(木工)이 기한(期限) 내(內)에, 완공(完工)치 못하거늘,

성선(聖仙)이 목공(木工)으로 하여금,

그 재목(材木)을 한 곳에 모아놓고,
그 앞에 궤좌(跪坐)케 하신 후(後)에,

그 위기(違期)함을 꾸짖으시며,
한 봉서(封書)를 목공(木工)에게 주어 불사르시니,

문득, 백일(白日)에 번개가 번쩍인지라,
목공(木工)이 전율(戰慄)하여 땀을 흘리더라.

다시, 명(命)하사.
"속(速)히 완공(完工)하라."하시니,
목공(木工)은 수전증(手戰症)이 나서,
한 달 후에 비로소 완공(完工)하거늘,

성선(聖仙)이 목공(木工)더러 일러,

가라사대,
"약장(藥藏)에 번개가 들어야 할지니,
네가 몸을 정(淨)히 씻고 의관정제(衣冠整齊)하고,
정수(淨水) 1기(一器)를 약장(藥藏)앞에 놓은 후(後)에,
성심(誠心)으로써 절하라."

목공(木工)이 명(命)하신 대로 행(行)하니,
문득, 청천(晴天)에 번개가 크게 발(發)하더라.
약장(藥藏)과 궤(机)를 약방(藥房)에,

안치(安置)한 후(後)에, 김갑칠(金甲七)을 명(命)하사,

매일(每日),
조조(早朝)에 약방(藥房)을 정소(淨掃)하시며,
창호(窓戶)를 긴폐(緊閉)하여,
사람의 출입(出入)을 금(禁)하시고,

21일(二十一日)을 지내신 뒤에,
비로소 방(房)을 쓰실 새,
통감(通鑑), 서전(書傳) 각 1질(各 一秩)과
철연자(鐵研子), 약도(藥刀) 모든 약국(藥局) 기구(器具)를
준치(準置)하시니라.

〈30절〉
그 후(後)에 전주(全州) 용두치(龍頭峙)에 이르사,
박공우(朴公又) 더러 일러,

가라사대,
"천지(天地)에 약(藥) 기운(氣運)이,
평양(平壤)으로 내렸으니,
네가 명일(明日) 평양(平壤)에 가서,
약재(藥材)를 구(求)하여 오라."하시거늘,

박공우(朴公又)가 응명(應命)하고,
행장(行裝)을 수습(收拾)하여,

다시 명령(命令) 있기를 기다리더니,

이날 밤에 글을 써서 불사르시고,

수일(數日) 후(後)에 동곡(銅谷)으로 돌아오사,

율목(栗木)의 약비(藥碑)를 제조(製造)하사,

비면(碑面)에, 「萬國醫院(만국의원)」이라, 각(刻)하여,

자획(字劃)에 경면주사(鏡面朱砂)를 박으신 후(後)에,

박공우(朴公又)에게 명(命)하여,

가라사대,

"이 약비(藥碑)를 원평(院坪) 길거리에 붙이라."

박공우(朴公又)가 응명(應命)하고,

원평(院坪)으로 가려 하거늘,

성선(聖仙)이 물어,

가라사대,

"이 약비(藥碑)를 원평(院坪)에 붙일 때에,

경관(警官)이 물으면 어떻게 대답(對答)하려 하나뇨?"

박공우(朴公又)가 대(對)하여,

가로대,

"죽은 사람을 다시 살리며,

눈먼 자(者)를 보게 하며, 앉은뱅이를 걷게 하며,
그 외(其外),
모든, 대소질병(大小疾病)을 다 낫게 한다 하겠나이다.”

성선(聖仙)이,
가라사대,
“너의 말이 옳으니 꼭 그대로 하라”하시고,
약비(藥碑)를 불사르시니라.

〈31절〉
약장(藥藏)은 아래에 큰 칸을 두고,
위로 약(藥) 넣는 칸(間)이,
종3횡5(縱三橫五) 합15칸(合十五間)인데,

한가운데에, 「丹朱受命(단주수명)」이라 쓰시고,
그 속에, 목단피(牧丹皮)를 넣고
「烈風雷雨不迷(열풍뇌우불미)」라 쓰시고,

또, 칠성경(七星經)을,
양지(洋紙)에 종서(縱書)하신 후(後)에,

그 말단(末端)에,
「禹步相催登陽明(우보상최등양명)」이라,
횡서(橫書)하여,
약장(藥藏) 위로부터 뒤로 내려 붙였으며,

궤(机) 안에는 「八門遁甲(팔문둔갑)」이라 쓰시고,
그 글자를 눌러서,
「舌門(설문)」 2자(二字)를 낙인(烙印)하신 후(後),
그 주위(周圍)에 24점(二十四 點)을,
홍색(紅色)으로 찍으시니라.

〈32절〉
그 후(後)에, 전주(全州)로부터,
약재(藥材)를 매입(買入)하셨는데,
마침, 비가 오거늘, 선생(先生)이,

가라사대,
"이는 약탕수(藥湯水)라."하시니라.

〈33절〉
약재(藥材)는 24종(二十四 種)인데,
인삼(仁蔘)이 들지 아니하였거늘,

황응종(黃應鍾)이 여쭈어,

가로대,
"속언(俗言)에
'약국(藥局)에 인삼(人蔘)이 빠지지 아니 한다'하는데,
어찌, 이 24종(二十四種) 중(中)에 약중영장(藥中靈長)이
되는 인삼(仁蔘)이 들지 아니하였나이까?"

성선(聖仙)이,
가라사대,
"삼정(蔘精)은 가는 곳이 있나니라."

황응종(黃應鍾)이,

가로대,
"어디로 가니이까?"

가라사대,
"김형렬(金亨烈)에게로 갔나니라."하시니라.

〈34절〉
약방벽상(藥房壁上)에,
「士農工商(사농공상), 陰陽(음양)」과
또, 그 외(其外) 여러 글자(글字)를 많이 써 붙이고,
백지(白紙)로 배부(褙附)한 후(後)에,

김자현(金自賢)을 명(命)하사,
그 뜻 가는대로 식완(食碗)을 대고,
배부(褙附)한 곳을 대고,
올려 떼이니, 음자(陰字)가 나타나거늘,

성선(聖仙)이,
가라사대,

"정(正)히 합(合)하도다.
음(陰)과 양(陽)을 말할 때에 음(陰)을 먼저 읽나니,
이는, 지천태(地天泰)니라."하시며

또, 가라사대,
"약장(藥藏)은 곧 안장롱(安葬櫳)이며,
또, 신궤(神櫃)이라."하시고,

또, 가라사대,
"이 종이를 뜯을 날이 속(速)히 이르리라."하시니라.

〈35절〉
그 후(後)에,
약방(藥房)에 비치(備置)한,
모든 물목(物目)을 기록(記錄)하사,
박공우(朴公又)와 김광찬(金光贊)을 주시며,

가라사대,
"이 물목기(物目記)를 금산사(金山寺)에 가지고 가서,
그곳에, 봉안(奉安)된 석가불상(釋迦佛像)을 향(向)하여,
마음으로, 다른 곳으로 이안(移安)한다는,
생각을 하면서 불사르라."하시니,

양인(兩人)이 금산사(金山寺)에 가서,
명(命)하신 대로 행(行)하니라.

〈36절〉

성선(聖仙)이,

가라사대,

"중천신(中天神)은 후사(後嗣)를 두지 못한 신명(神明)이오,

황천신(黃泉神)은 후사(後嗣)를 둔 신명(神明)이라,

중천신(中天神)은 의탁(依托)이 없어서,

황천신(黃泉神)에게 붙여 물과 밥을 얻어먹어 왔나니,

그럼으로, 원한(冤恨)을 품었다가,

이제, 내게 하소연을 함으로,

이로부터는, 중천신(中天神)에게 복(福)을 맡기어,

편사(偏私)가 없이, 균분(均分)케 하려 하노라."

〈37절〉

하루는, 여러날 동안 글을 쓰신 양지(洋紙)로,

크게 권축(卷軸)을 만드신 후(後)에,

김광찬(金光贊), 김형렬(金亨烈), 김갑칠(金甲七), 김윤근(金允根), 신경
학(辛京學), 신원일(辛元一) 등(等)에게 명(命)하여,

가라사대,

"너희는 창호(窓戶)를 긴봉(緊封)하고,

방중(房中)에서 이 글축(軸)을 화로(火爐)에 불사르되,

연기(烟氣)가 방(房)안에 충만(充滿)케 하여,

다, 소화(燒火)한 후(後)에 문(門)을 열라.

일을 하려면 화지진(火地晋)도 하여야 하나니라."

모든 사람이 명(命)하신 대로 거행(擧行)할 새,
연기(烟氣)가 방준(房中)에 충만(充滿)하여,
호흡(呼吸)을 통(通)하기 어려움으로,

김윤근(金允根), 신원일(辛元一)은 밖으로 나가고,
남은 사람은 다 타기를 기다려서, 문(門)을 열으니라.

〈38절〉
하루는, 황응종(黃應鍾)이 이르거늘,
성선(聖仙)이,

가라사대,
"황천신(黃泉神)이 이르니,
황건역사(黃巾力士)의 줏대를, 불사르라."하시고,

김갑칠(金甲七)을 명(命)하사,
짚 한 뭇을 물 축여 잘라서 줏대를 만들어,
화로(火爐)에 불사르시니라.

〈39절〉
하루는, 백
암리(白岩里) 최창조(崔昌祚)의 집에 계실 새,
창조(昌祚)를 명(命)하사,

포대(布袋)를 지어서,
조(租) 3두(三斗)와 짚채를 혼합(混合)하여, 넣은 후(後)에,
황응종(黃應鍾)더러 일러,

가라사대,
"이 포대(布袋)를 가지고, 너의 집에 가서,
항아리에 물을 붓고, 그 속에 담아두고,
매일(每日) 한 번씩 물을 둘러 저으며,
또, 식해(食醢) 일곱 사발을 빚어 넣으라.
내가 3일(三日) 후(後)에 너의 집에 가리라."

황응종(黃應鍾)이 영명(領命)하고,
돌아가서, 그 포대(布袋)를 물에 담아두고,
매일 한 번씩 둘러 저으니,
물빛이 회색(灰色)이 되고,
하늘빛도,
또한, 3일간(三日間)을 회색(灰色)이 되어,
햇빛이 나지 아니하더라.

〈40절〉
3일(三日) 후(後)에,
성선(聖仙)이 황응종(黃應鍾)의 집에 이르러,
가라사대,
"이제 산하(山河)의 대운(大運)을 거두어 돌리리라."하시고,

이날 밤에, 백지(白紙)로 승모(僧帽)를 만들어서,

황응종(黃應鍾)의 머리에 씌우시고,

포대(布袋)에 넣었던 벼를 꺼내어,

그 집 사방에 뿌리며,

백지(白紙) 120매(一百二十 枚)와 양지(洋紙) 4매(四枚)에,

글을 써서, 식해(食醢)에 조합(調合)하여,

심경(深更) 인적(人跡)이 없을 때를 타서,

시금 흙 가운데 묻고 승모(僧帽)를 쓴 대로,

세면(洗面)하라 하시니,

황응종(黃應鍾)이 명(命)하신 대로 함에,

양미간(兩眉間)에 콩알과 같은 큰 사마귀가 생겨서,

손에 거치더라.

익조(翌무)에 벼 뿌리던 곳을 두루 살피니,

한 낱도 남아있는 것이 없더라.

〈41절〉

그 후(後)에,

박공우(朴公又)더러,

마음으로, 육임(六任)을 정(定)하라 하시거늘,

박공우(朴公又)가 마음으로,

육임(六任) 생각하여 정(定)할 새,

한 사람을 생각하니,

성선(聖仙)이 문득, 불가(不可)하다 하시거늘,
다시, 다른 사람으로 바꾸어 정(定)하였더니,

이날 저녁에,
박공우(朴公又)의 심정(心定)한 6인(六人)을 부르사,
하여금 심야(深夜)에 등(燈)불을 끄고,
방(房) 가운데서 돌아다니면서,
시천주(侍天呪)를 읽게 하시니,

문득, 한 사람이 꺼꾸러지거늘,
모든 사람이 놀래어 주성(呪聲)을 그치니,

성선(聖仙)이,
가라사대
"놀래지 말고 여전(如前)히 돌며,
주성(呪聲)을 계속(繼續)하라."하심으로,

다시, 계속(繼續)하여, 한 식경(食頃)을 지낸 후(後)에,
주성(呪聲)을 그치고 불을 밝혀보니,
손병욱(孫秉旭)이 꺼꾸러져 죽었는지라.

성선(聖仙)이,
가라사대,
"이는 몸이 부정(不淨)한 연고(緣故)라."하시고,
물을 머금어서 얼굴에 뿜으시니,

손병욱(孫秉旭)이 정신(精神)을 겨우 돌이키거늘,
불러,

가라사대,
"나를 부르라."하시니,

손병욱(孫秉旭)이 목안 소리로,
겨우 성선(聖仙)을 부르니,
기운(氣運)이 곧 회복(恢復)되는지라.

이에, 일러,
가라사대,
"시천주(侍天呪)에 큰 기운(氣運)이 박혀 있도다."하시고,

또, 일러 가라사대,
"너를 그대로 두었더면,
전무(田畝) 사이에 엎드러져서,
우마(牛馬)에게 밟힌 바가 되었으리라."

또, 일러 가라사대,
"이 후(後)에, 괴병(怪病)이 전세(全世)를 맹습(猛襲)하여,
몸 돌이킬 틈이 없이,
이와 같이, 인명(人命)을 죽일 때가 있으리니,
그, 위급(危急)한 때에 나를 부르라."하시니라.

〈42절〉
6월(六月)에 대흥(大興)에 계실 새,
박공우(朴公又)를 명(命)하사

"각처(各處)에 순회(巡廻)하여,
여러 종도(從徒)로 하여금,
21일간(二十一日間)을 잠자지 말고,
매효(每曉)에 한 시간(時間)씩만 자라."하시니라.

차경석(車京石)이 여러 날 자지 못함으로,
심(甚)히 피곤(疲困)하여 밭가에 혼도(昏倒)하거늘,

성선(聖仙)이,

가라사대,
"천자(天子)를 도모(圖謀)하는 자(者)는 다 죽으리라."하시니라.

〈43절〉
하루는 여러 종도(從徒)에게 일러,
가라사대,
"이제 천하(天下)에 수기(水氣)가 고갈(枯竭)하였으니,
수기(水氣)를 돌려야 하리라."하시고,

그 뒷산 피난동(避難洞),
안씨(安氏) 재사(齋舍)에 가서,

그 앞 우물을 댓가지로 한번 저으시고,

가라사대,
"음양(陰陽)이 고르지 못하니,
재사(齋舍)에 가서 어떠한 연고(緣故)가 있는지 물으라."

안내성(安乃成)이 응명(應命)하고,
재사(齋舍)에 들어가 물으니,
재직(齋直)은 3일(三日) 전(前)에 사거(死去)하였고,
그, 처(妻)만 있거늘, 돌아와서 사실(事實)을 아뢴데,

또, 가라사대,
"다시 행랑(行廊)에 가서 보라.
딴 기운(氣運)이 지지(支持)하여 있도다."

안내성(安乃成)이 그 행랑(行廊)에 들어가서 보니,
행상(行商)하는 남녀(男女) 2인(二人)이 들어 있거늘,
돌아와서, 사실(事實)을 고(告)한데,

성선(聖仙)이,
이에 재사청상(齋舍廳上)에 오르사,
모든 사람들로 하여금 서천(西天)을 바라보고,
「萬修(만수)」를 고창(高唱)케 하시고 가라사대 "

이 가운데, 동학가사(東學歌詞)를

가진 자(者) 있으니 가져오라."하시니,
과연(果然), 한 사람이 가사(歌詞)를 내어놓고 물러나거늘,

성선(聖仙)이
그 책(冊) 중간(中間)을 펴고 한 節을 읽으시니, 하였으되,

「詩云伐柯伐柯(시운벌가벌가)여, 其則不遠(기즉불원)이라.
내 앞에 보는 것을 어길 바 없지마는,
이는 도시(都是) 사람이요, 부재어근(不在於近)이라.

일전지사(目前之事) 쉽게 알고 심량(深量)없이 하다 가서,
미래지사(未來之事) 갓잔하면 그 아니 내 한(恨)인가.」라 하니라.

처음에, 미성(微聲)으로 한 번 읽으시니,
백일(白日)에 문득 노성(雷聲)이 발(發)하거늘,

다시 크게 읽으시니,
뇌성(雷聲)이 대포(大礮) 소리와 같이 일어나서,
천지(天地)를 굉동(轟動)하며,
화약(火藥) 내음이 촉비(觸鼻)하고,

또, 지진(地震)이 강렬(强烈)히 일어나서,
모든 사람이 정신(精神)을 잃고 엎드려지거늘,
성선(聖仙)이 내성(乃成)을,
명(命)하사 각(各)히 일으키시니라.

〈44절〉
하루는,
성선(聖仙)이 태인(泰仁) 새울서 백암리(白岩里)로 가실 새,
박공우(朴公又)가 시종(侍從)하더니,

문득, 관운장(關雲長)의 형모(形貌)로 변(變)하사,
돌아보시며, 물어,

가라사대,
"내 얼굴이 관운장(關雲長)의 형모(形貌)와 같으냐?"하시니,
박공우(朴公又)는 놀래어,
어떻게 대답(對答)하는 것이 좋을까 몰라서,
알지 못한다고 대답(對答)하였더니,
그와 같이 세 번을 물으심으로,
이에 대답(對答)하여,

가로대,
"관운장(關雲長)과 흡사(恰似)하니이다."하니,

그 후(後)로는,
본모(本貌)를 회복(回復)하시고,
차경학(車京學)의 집에 이르러, 공사(公事)를 행(行)하시니라.

〈45절〉
익일(翌日)에 한공숙(韓公淑)이 이르거늘,

성선(聖仙)이 친(親)히 술을 부으사,
한공숙(韓公淑)을 주며,

가라사대,
"내 일을 많이 하였으니 술을 마시라."

한공숙(韓公淑)이 대(對)하여,

가로대,
"성선(聖仙)의 일을 한 바가 없나이다."

가라사대,
"한 일이 있나니라."

한공숙(韓公淑)이 덩둘하여 술을 받아 마시고,
이윽히, 앉았다가
가로대,
"지난 밤 꿈에는 한 일이 있나이다."

성선(聖仙)이
가라사대,
"꿈에 한 일도 또한 일이니라."

좌우(左右)가 한공숙(韓公淑)에게 그 꿈을 물으니,

한공숙(韓公淑)이

가로대,

"꿈에 성선(聖仙)께서 내 집에 이르사,

천하(天下)의 호구(戶口)를 성적(成籍)하여,

오라 하시기로,

응답(應答)하고, 5방신장(五方神將)을 불러서,

성적(成籍)하여 올리매,

성선(聖仙)께서 받아들이신 것을 보았노라."

〈46절〉

하루는 박공우(朴公又)에게,

「天地大八門(천지대팔문),

　日月大御命(일월대어명),

　禽獸大道術(금수대도술),

　人間大積善(인간대적선),

　時乎時乎鬼神世界(시호시호귀신세계)」라 써주시며,

신경수(申京守)의 집 벽상(壁上)에 붙이라 하사,

가라사대,

"신경수(申京守)의 집에 수명소(壽命所)를 정(定)하노니,

네가 모든 사람을 대(對)할 때에,

그 선처(善處)만 취(取)하여 호의(好意)를 가질 것이요.

혹(或), 악처(惡處)가 보일지라도,

잘 용서(容恕)하여 증오심(憎惡心)을 두지 말라."하시니라.

또, 김형렬(金亨烈)더러 일러,

가라사대,
"법(法)이란 것은 서울로부터 비롯하여,
만방(萬方)에 펴여 내리는 것임으로,

「京(경)」자(字),
이름 가진 사람의 기운(氣運)을 써야 할지라.
그러므로, 신경수(申京守)의 집에,
수명소(壽命所)를 정(定)하노라."하시고,

인(因)하여, 김경학(金京學)의 집에,
대학교(大學校)를 정(定)하시고,
신경원(辛京元)의 집에 복록소(福祿所)를 정(定)하시니라.

〈47절〉
하루는, 동곡(銅谷)에 계실 새,
김형렬(金亨烈)더러 일러,

가라사대,
"내가 이제 화둔(火遁)을 묻었으니,
너의 집에 불을 주의(注意)하라.
만일(萬一), 너의 집에 화재(火災)가 나면,
화신(火神)의 세력(勢力)이 확대(擴大)하여,
전세(全世)에 대화(大火)를 끼치리라."

김형렬(金亨烈)이 놀래여,

가인(家人)을 동독(董督)하여,

종일(終日)토록 불을 조심하니라.

〈48절〉

하루는, 동곡(銅谷)에서 밤중에 글을 쓰시며,

김보경(金甫京)에게 명(命)하여,

가라사대,

"동천(東天)에 별이 나타났는가 보라."

김보경(金甫京)이 밖에 나가서 우러러보고,

대(對)하여 가로대,

"흑운(黑雲)이 하늘을 가리워서 별이 보이지 아니 하나이다."

성선(聖仙)이 문(門)을 열으시고,

동천(東天)을 향(向)하여,

입으로 한 번 부시니, 구름이 흩어지고 별이 나타나니라.

〈49절〉

9월(九月)에 선생(先生)이,

양지(洋紙) 7편(七片)에 각(各)히,

「病自己而發(병자기이발)」,

「葬死病衰旺冠帶浴生養胎胞(장사병쇠왕관대욕생양태포)」를,

써서, 대(對)하여 김형렬(金亨烈)을 주시며,

가라사대,
"전주부(全州府)에 가서 모모(某某) 등(等),
7인(七人)에게 분급(分給)하고 돌아오라."

여러 종도(從徒)가 그 의의(意義)를 묻는데,

성선(聖仙)이
가라사대,
"말하여도 모를 것이오.
성편(成編) 후(後)에는 스스로 알게 되리라."

김형렬(金亨烈)이 영명(領命)하고,
전주부(全州府)에 이르러,
김낙범(金洛範), 김병욱(金秉旭), 김광찬(金光贊), 김준찬(金俊贊), (金允根?) 5인(五人)에게 분급(分給)하고,

그 외(其外) 2인(二人)은 만나지 못하여,
전(傳)하지 못하고 돌아왔더니,
성선(聖仙)이 기다려서, 전(傳)하지 아니함을 꾸짖으시니라.

〈50절〉
10월(十月)에 김낙범(金洛範)을 명(命)하사,
백미(白米) 20두(二十斗)를 약방(藥房)에 들여 두었더니,

김형렬(金亨烈)이 마침 절량(絶糧)되어,

김갑칠(金甲七)로 하여금,
그 백미(白米)에서 반두(半斗)를 갈라내었더니,
성선(聖仙)이 아시고 꾸짖으시니라.

〈51절〉
이 달에 고부 와룡리(古阜 臥龍里)에 이르사,

가라사대,
"이제 무질서(無秩序)와 혼란(混亂)을 바루려면,
황극신(皇極神)을 옮겨와야 하리니,
황극신(皇極神)은
청국(淸國) 광서제(光緖帝)에게 응기(應氣)하여 있다."하시며,

또,
가라사대,
"황극신(皇極神)이 이 땅으로 오게 될,
기연(機緣)은 송우암(宋尤菴)의 만동묘(萬東廟),
창설(創設)로부터 발원(發源)되었나니라."하시고,

여러 종도(從徒)를 명(命)하사,
매야(每夜)에
「侍天呪(시천주)」를 송독(誦讀)케 하시고,
친(親)히 조자(調子)를 먹이사,
몇 날을 지낸 후(後)에 "
이 소리가, 운상(運喪)하는 소리와 같다."하시고,

또, 가라사대,

"운상(運喪)하는 소리를 어로(御路)라 하나니,

어로(御路)는 곧 인군(人君)의 길이라.

이제 황극신(皇極神)의 길을 띄웠노라."하시더니,

그때에, 광서제(光緒帝)가 붕(崩)하니라.

〈52절〉

11월 28일(十一月 二十八日)에,

성선(聖仙)이 정읍 대흥리(井邑 大興里),

차경석(車京石)의,

집에 이르사, 포정소(布政所)를 정(定)하시고,

공사(公事)를 행(行)하시니, 대략(大略) 여하(如下)하니라.

〈53절〉

하루는,

양지(洋紙)에 24방위(二十四方位) 자(字)를 둘러쓰시고,

중앙(中央)에

「血食千秋道德君子(혈식천추도덕군자)」라,

쓰신 후(後)에,

가라사대,

"천지(天地)가 간방(艮方)으로부터 시작(始作)되었다 하나,

그것은, 그릇된 말이요.

24방(二十四方)에서 한꺼번에 이룬 것이라."하시고,

또, 가라사대,
"이 일은 남조선(南朝鮮) 배질이라.
혈식천추도덕군자(血食千秋道德君子)의 신명(神明)이,

이 배를 운조(運漕)하고,
전명숙(全明淑)이 도사공(都沙工)이 되었나니라.

이제, 그 신명(神明)들에게 어떻게 하여,
만인(萬人)에게 앙모(仰慕)를 받으며,

천추(千秋)에 혈식(血食)을 그침 없이,
받아오게 된 이유(理由)를 물은 즉,
다, 일심(一心)에 있다고 대답(對答)하니,

그러므로 ,일심(一心)을 가진 자(者)가 아니면,
이 배를 타지 못하리라."하시고,

모든, 법(法)을 행(行)하신 후(後)에 불사르시니라.

〈54절〉
이때에, 황극수(皇極數)를 돌리시며,
여러 종도(從徒)들에게 소원(所願)을 물으시고,

다시, 차경석(車京石)에게 소원(所願)을 물으시니,
차경석(車京石)이 열지(裂地)를 원(願)하거늘,

성선(聖仙)이,

가라사대,
"너는 병부(兵部)가 마땅하다."하시니,

차경석(車京石)이 불쾌(不快)히 여기는지라,

성선(聖仙)이,

가라사대,
"직신(直臣)이 아니면 병권(兵權)을 맡기기 어려움으로,
이제, 특(特)히 네게 맡기노라."하시니라.

〈55절〉
하루 밤에는,
여러 종도(從徒)를,
차경석(車京石) 가전(家前) 유슈하(柳樹下)에 벌여 세우시고,

북(北)으로 향(向)하여, 휘파람을 한 번 부시니,

문득, 방장산(方丈山)으로부터,
일조(一條)의 운하(雲霞)가 일어나서,
사방(四方)을 둘러 문틱을 이루니라.

〈56절〉

하루는, 여러 종도(從徒)들에게 명(命)하사

"전고이래(前古以來)의 모든 명장(名將)을 써 들이라."하시니,

차경석(車京石)이 물어,

가로대,

"창업군주(創業君主)도 명장(名將)의 열(列)에 들겠나이까?"

가라사대,

"그러하니라."

차경석(車京石)이 상고(上古)로부터 창업(創業)한,

모든, 군주(君主)와 명장(名將)을 일일이 기록(記錄)하고,

최종(最終)에 전명숙(全明淑)을 써 올리는데,

성선(聖仙)이,

가라사대,

"왜 전명숙(全明淑)을 끝에 썼나뇨?"

차경석(車京石)이 대(對)하야,

가로대,

"좌(左)로부터 보면, 전명숙(全明淑)이 수위(首位)가 되나니다."

성선(聖仙)이,

가라사대

"네 말이 옳다."하시고,

여러 종도(從徒)에게 일러,

가라사대,

"전명숙(全明淑)은 만고명장(萬古名將)이라.

백의한사(白衣寒士)로써,

능(能)히, 천하(天下)를 움직였다."하시니라.

〈57절〉

이때에, 차경석(車京石)더러 일러,

가라사대

"전일(前日)에는 나의 말을 좇았거니와,

이제는 내가 네 말을 좇으리니,

모든 일을 묻는 대로,

모든 일을 잘 생각(生覺)하여, 대답(對答)하라."하시고,

물어,

가라사대,

"서양인(西洋人)의 발명(發明)한,

모든 이기(利器)를 그대로 두어야 옳으냐?

걷어 버려야 옳으냐?"

차경석(車京石)이,

대(對)하여 가로대,

"그대로 두는 것이 이어용(利於用)이 될 듯 하나이다."

성선(聖仙)이,
가라사대,
"너의 말이 옳으니, 저들의 기기(器機)가,
천상(天上)으로부터 내려온 것이니라."하시고,

또, 여러 가지를 물으신 후(後),
공사(公事)로 결정(決定)하시니라.

〈58절〉
또, 내성(乃成)으로 하여금,
곤봉(棍棒)으로 마룻장을 치라 하시며,

가라사대,
"이제 병고(病痼)에 침전(沈纏)한,
인류(人類)를 구활(救活)하려면,
일등방문(一等方文)이라야 감당(堪當)할 것이요,
이등방문(二等方文)은 불가(不可)하리라."하시며,

또, 박공우(朴公又)에게 곤봉(棍棒)을 들리사,
차경석(車京石)을 난타(亂打)하며,
마음을 변(變)치 아니 하겠느냐 하여,
다짐을 받으시고,
'고부인(高夫人)에게 무도(巫度)'를 붙이시니라.

〈59절〉

하루는, 지수(紙數) 30매(三十枚)인 양지책(洋紙冊)에,

전(前) 15매(十五枚)에는 혈면(頁面)마다,

「背恩忘德萬死身(배은망덕만사신),

  一分明(일분명), 一陽始生(일양시생)」이라 쓰시고,

후(後), 15매(十五枚)에는 혈면(頁面)마다,

「作之不止聖醫雄樂(작지부지성의웅락),

  一陰始生(일음시생)」이라 쓰신 후(後)에,

경면주사말(鏡面朱砂末)과 보의(器) 1개(一介)를 놓고,

김광찬(金光贊)더러 일러,

가라사대,

"이 일은 살 길과 죽을 길을 결정(決定)하는 것이니,

잘 생각(生覺)하여 말하라."

김광찬(金光贊)이 여쭈어,

가로대,

"선령신(先靈神)을 부인(否認),

혹(或), 박대(薄待)하는 자(者)는,

살 기운(氣運)을 받기 어려울 것이로소이다."

성선(聖仙)이 묵영양구(黙然良久)에,

가라사대,
"네 말이 가(可)하다."하시고,

보의를 종이로 싸서, 주사말(朱砂末)을 묻혀 가지고,
책혈면(冊頁面)마다 찍어 돌리시며,

가라사대,
"이것이 마패(馬牌)라."하시니라.

〈60절〉
기유(己酉,1909년) 정월 1일(正月 一日)에,
현무경(玄武經)이 탈고(脫稿)되거늘,
안내성(安乃成)이 집에서 백병(白瓶)에,
물을 담은 후에,

양지(洋紙)에 글을 써서 권축(卷軸)을 지어,
병구(瓶口)를 막아 놓고,

그 앞에 백지(白紙)를 깔고,
백지(白紙) 위에,

'**현무경(玄武經) 상하편(上下編)**'을 놓아 두었더니,

성선(聖仙)이 화천(化天)하신 후(後)에,
차경석(車京石)이 안내성(安乃成)에게 와서,

현무경(玄武經)을 빌려 가면서 병구(瓶口) 막은,
축지(軸紙)를 빼어서 펴보니,

「吉花開吉實(길화개길실),
 凶花開凶實(흉화개흉실)」

이라는, 글이 씌여 있더라.

〈61절〉
2일(二日)에 모든 일을 마치시고,
3일(三日)에 고사(告祀)를 행(行)하려 하실 새,

차문경(車文京)이 술을 취(醉)하여,
역모(逆謀)한다는 소리를 고창(高唱)하더니,
이 말이 천원(川原) 병참(兵站)에 들리어,
군병(軍兵)이 출동(出動)하려 하는지라,

성선(聖仙)이 아시고,
차경석(車京石)더러 일러,

가라사대,
"너는 집을 지키고 나를 가름하여,
명일(明日) 자정(子正)에 문극(門隙)을 긴봉(緊封)하고,
모든 사찬(祀饌)은 화로(火爐)에 구으며,
술병은 마개만 열고, 지성(至誠)으로 심고(心告)하라.
이것이 곧 고사(告祀)니라." 하시고 떠나시니라.

3일(三日) 효(曉)에,

차경석(車京石)이 명(命)하신 대로,
행(行)한 후(後)에,

날이 밝으니, 담총병(擔銃兵) 수십인(數十人)이,
쇄도(殺到)하여 선생(先生)을 수색(搜索)하다가,
어찌 못하고 돌아가니라.

〈62절〉
이 날, 성선(聖仙)이 백암리(白岩里),
김경학(金京學)의 집에 이르사,
차경석(車京石)이 박공우(朴公又)와 윤경(輪京)을 보내어,
경과(經過)의 전말(顚末)과 무사(無事) 히 된,
사유(事由)를 고(告)하니,

성선(聖仙)이,
가라사대,
"내가 공사(公事)를 행(行)한 후(後)에,
차경석(車京石)을, 시험(試驗)함이러니,
무사(無事)히 겪어내니, 다행(多幸)이라."하시니라.

〈63절〉
하루는(年度未詳), 성선(聖仙)이,
모든 종도(從徒)더러 물어,

가라사대,
"1년중(一年中)에 가장 속도(速度)로,
장성(長成)한 물건(物件)이 무엇이뇨."

모두, 죽(竹)으로써 대(對)하거늘,

성선(聖仙)이
가라사대,
"죽(竹)의 기운(氣運)이 만물(萬物)에 특장(特長)하니,
그 기운(氣運)을 덜어 쓰리라."하시더니,

그 해에, 대(竹)가 대황(大荒)하니라.

〈64절〉
백암(白岩)으로부터 동곡약방(銅谷藥房)에 이르러 계실 새,
모든 종도(從徒)들을 벌여 앉히시고,
「三國時節(삼국시절)
 誰知止於司馬昭(수지지어사마소)」를
대성(大聲)으로 송독(誦讀)케 하시니라.

〈65절〉
하루는, 차경석(車京石)의 제(弟), 차윤경(車輪京)이 이르거늘,

성선(聖仙)이 일러,
가라사대,

"천지(天地)에서 현무(玄武)가 쌀을 불으니,
네 형(兄) 기운(氣運)을 써야 할지라,

돌아가서, 네 형(兄)더러,
순설인후(脣舌咽喉)를 동(動)치 말고,
「侍天呪(시천주)」를 암송(暗誦)하되,
기거동작(起居動作)에,
잠시(暫時)라도 쉬지 말라고,
지휘(指揮)하라."하시니라.

〈66절〉
하루는, 약방(藥房)에 종도(從徒) 8인(八人)을,
벌여 앉히시고, 사물탕(四物湯) 한 첩(貼)을 지어,
그 첩지(貼紙)에 인형(人形)을 그리사,
두 손으로 합(合)하여 묻으시고,

「侍天呪(시천주)」 3편(三遍)을 읽으신 (후)後에,
8인(八人)에게 순차(順次)로 돌려서 그와 같이 시키시고,

「南朝鮮(남조선) 배가 泛彼中流(범피중류)로다」 라고,
창(唱)하시며,
"하륙(下陸)하였으니 풍파(風波)는 없으리라."하시니라.

〈67절〉
하루 밤에는, 약방(藥房)에 계시사,

36만신(三十六 萬神)을 쓰시고,

또, **관운장주(關雲長呪)**를 쓰시사,

모든 사람으로 하여금,

각(各)히, 700편(七百遍)씩 심송(心誦)하라 하시며,

가라사대,

"이제, 국가(國家)에나 사가(私家)에나 화둔(火遁)을 묻었는데,

날마다 바람이 불다가, 그치고 함담으로 넘어가니,

사람이 많이 죽을까 하여 그리하노라."하시니라.

〈68절〉

하루는, 용두치(龍頭峙)에 계실 새,

김광찬(金光贊)으로 하여금 ,

『方藥合編(방약합편)』에 있는,

약명(藥名)에 주묵(朱墨)으로, 비점(批點)하여 불사르시니라.

〈69절〉

하루는, 모든 종도(從徒)더러 일러,

가라사대,

"이제 청국(淸國) 일을 볼 터인데,

너무 도원(途遠)하여 발섭(跋涉)키 난(難)함으로,

청주(淸州) 만동묘(萬東廟)에 가서,

천지신문(天地神門)을 열고자 하나,

또한, 가기가 불편(不便)하니,

다만, 음동(音同)을 취(取)하야,

청도원(淸道院)에,

그 기운(氣運)을 붙여서 일을 보려 하노라.”하시고,

김형렬(金亨烈), 박공우(朴公又)를 데리고,

청도원(淸道院)으로 가실 새,

청도원(淸道院) 영전(嶺巓)에 이르사,

성황묘(城隍廟) 마루에 쉬며 누으시사,

“좀 지체(遲滯)하여 가자.”하시고,

잠깐 졸으시다가, 다시 일어나시며,

가라사대,

“러시아(俄羅斯) 군사(軍士)가 내 군사(軍士)라.”하시고,

김송환(金松煥)의 집에 이르사 글을 써서 불사르시고,

그날 밤에, 류찬명(柳贊明)의 집에서 유숙(留宿)하시면서,

천지대신문(天地大神門)을 열고,

공사(公事)를 행(行)하실 새,

무수(無數)한 글을 써서 불사르시니라.

⟨70절⟩

하루는, 성선(聖仙)이 약방(藥房) 청상(廳上)에 앉으시고,

류찬명(柳贊明)을 청하(廳下)에 앉히사,

淳昌 五仙圍碁(순창 오선위기)와

長城 玉女織錦(장성 옥녀직금)과

務安 胡僧禮佛(무안 호승예불)과

泰仁 君臣奉詔(태인 군신봉조)를 쓰이시고,

또, 淸州 萬東廟(청주 만동묘)를 쓰이사 불사르시니라.

이때에, 류찬명(柳贊明)이 좀 방심(放心)하였더니,

성선(聖仙)이,

가라사대,

"신명(神明)이 먹줄을 잡고 있는데,

네가 어찌 방심(放心)하나냐?"하시니라.

〈71절〉

하루는, 류찬명(柳贊明)으로 하여금,

권지(卷紙)에 28수(二十八宿) 자(字)를,

좌(左)로부터 횡서(橫書)한 후(後)에,

끊어서 자로 재니,

1척(一尺)이 차거늘, 이에 불사르시니라.

〈72절〉

하루는, 양지책(洋紙冊)에 무수(無數)히 글을 써서,

1매(一枚)씩 올려 떼어서,

다시, 종도(從徒)를 명(命)하사,

임의(任意)대로 무수(無數)히 찢은 후(後)에,

1편(一片)씩 헤어서 불사르시니,

합383(合三百八十三)매(枚)라,

1편(一片)이 부족(不足)하다 하사,
두루 찾으니 인형(人形) 그린 1편(一片)이
욕(褥) 밑에 있거늘,

성선(聖仙)이,
가라사대,
"이것이 곧 황극수(皇極數)라.
당요(唐堯) 때에 나타나던 수(數)가,
이제 다시 나타난다."하시니라.

〈73절〉
하루는, 용두치(龍頭峙)에 계시사,
숙사(宿舍) 마당에 촉(燭)불을 밝히시고,
「天有日月之明(천유일월지명),
　地有草木之爲(지유초목지위),
　天道在明故人行於日月(천도재명고인행어일월),
　地道在爲故人生於草木(지도재위고인생어초목)」이라 써서,

불사르시니,
구름이 하늘에 가득 차고, 바람이 급(急)히 불며,
비가 내리되, 촉(燭)불은 꺼지지 아니한지라.

성선(聖仙)이 류찬명(柳贊明)을 명(命)하사,
"서북천(西北天)에 별이 나타났는가 보라."하시니,

류찬명(柳贊明) 우러러 살핌에,
다만 구름 사이에 별 한 개가 보이거늘,
그대로 고달(告達)하니,

다시, "동남천(東南天)을 바라보라."하시거늘,
또, 우러러보니,
구름이 많이 흩어지고 별이 많이 보이는지라,
그대로 복명(復命)한데,

성선(聖仙)이,
가라사대,
"서북(西北)은 살아날 사람이 희소(稀少)하고,
동남(東南)은 살아날 사람이 많으리라."하시니라.

⟨74절⟩
하루는, 종도(從徒)더러 일러,
가라사대,
"오늘은, 청국(淸國) 만리창(萬里廠) 신명(神明)이,
이르러, 오니 접대(接待)하여야 하리라."하시고,
술을 사서 마스시니라.

⟨75절⟩
하루는, "청국(淸國) 기우제(祈雨祭)를 지내리라"하시고,
가저(家猪) 1수(一首)를 잡어서 찜하여,
소주(燒酒)를 마시고,

여러 종도(從徒)들에게도 나누어 먹이시니라.

〈76절〉
하루는, 이도삼(李道三)더러 일러,
가라사대
"사람을 해(害)하는 물건(物件)을 낱낱이 헤이라."하시니,

이도삼(李道三)이 호표시랑(虎豹豺狼)으로부터,
문슬조갈(蚊蝨蚤蝎)까지 자세(仔細)히 헤어 고(告)한데,

성선(聖仙)이,
가라사대,
"후천(後天)에는
사람을 해(害)하는 물건(物件)은 다 없애리라."하시니라.

〈77절〉
하루는, 종도(從徒)더러 일러,
가라사대,
"내가 천지공사(天地公事)을 맡아 봄으로부터는,
행사(年事)를 맡아서,
일체(一切)의 아부신(餓莩神)을,
천상(天上)으로 올려 보냈으니,
차후(此後)로는 굶어죽는 폐(弊)가 없으리라."

〈78절〉
선생(先生)이
천지공사(天地公事)를 마치신 후(後),
「布敎五十年工夫終筆(포교오십년공부종필)」이라 써서,
불사르시고,

모든 종도(從徒)더러 일러,
가라사대,
"이윤(伊尹)이 50(五十)에
'49년(四十九年)의 비(非)'를 알고,

드디어, 성탕(成湯)을 도와 대업(大業)을 이루었나니,
그 도수(度數)를 썼노라.

이제, 내가 천지(天地)의 운로(運路)를 개정(改正)하여,
물샐 틈 없이 도수(度數)를 굳게 짜 놓았으니,

그 도수(度數)에 돌아 닿는 대로 새 기틀이 열리리니,
너희들은 다만 마음을 한결같이 가져,
타락(墮落)치 말고 나아가라.

이제, 9년(九年)동안 행(行)하여 온,
'개벽공사(開闢公事)의 확증(確證)을
천지(天地)에 질정(質正)'할 터이니,

너희들도 참관(參觀)하여, 믿음을 굳게 하라.
오직 천지(天地)는 말이 없으니,

뇌성(雷聲)과 지진(地震)으로 징표(表徵)하리라."하시고,
글을 써서 불사르시니,

문득, 천동(天動)과 지진(地震)이 아울러 대발(大發)하니라.

"關雲長呪(관운장주)"를 써주시며,

「天下英雄(천하영웅) 關雲長(관운장) 依幕處(의막처),

近廳天地八位諸將(근청천지팔위제장),

六丁六甲(육정육갑) 六丙六乙(육병육을) 所率諸將(소솔제장),

一別屏營(일별병영) 邪鬼(사귀),

唵唵急急如律令(암암급급여율령) 娑婆啊(사파아)」

"「大借力呪(대차력주)」라." 하시니…

제7장
전교(傳教)

〈1절〉
성선(聖仙)이 김경학(金京學)의 집에,
대학교(大學校)를 정(定)하시고,

가라사대,
"학교(學校)는 이 학교(學校)가 크리라.
이제는, 해원시대(寃解時代)라.
천인(賤人)에게도 교(教)를 전(傳)하리니,
무인(巫人) 6명(六名)을 불러오라."

김경학(金京學) 승명(承命)하고,
무인(巫人)을 불러오니,
성선(聖仙)이 명(命)하사,
관건(冠巾)을 벗기고,
각(各) 사람의 앞에 청수(清水)를 놓이고,
그 청수(清水)를 향(向)하여,
네 번 씩 절을 시키신 후(後)에,

「侍天呪(시천주)」 3편(三遍)을 읽히시며,
각인(各人)으로 하여금 따라 읽게 하시고,
성명(姓名)을 물으신 후(後),
청수(淸水)를 마시라 하사,

가라사대,
"이것이, 곧 복록(福祿)이라."하시니라.

〈2절〉
동곡(銅谷)에 계실 새,
종도(從徒) 9인(九人)을 벌여 앉히시고 일러,

가라사대,
"이제 교운(敎運)을 전(傳)하리라."하시며,

김갑칠(金甲七)을 명(命)하사,
"청죽(靑竹) 1간(一竿)을,
수의(隨意)로 재단(裁斷)하여 오라."하사,
그 절수(節數)를 헤이니,
모두 10절(十節)이어늘,

또, 명(命)하사,
그 1절(一節)을 절단(切斷)하시며,

가라사대,

"이 한 마디는 두목(頭目)이라.
왕래(往來)와 순회(巡回)를 임의(任意)로 할 것이요,
남은 9절(九節)은
수교자(受教者)의 수(數)와 상부(相符)하도다.
하늘에, 성수(星宿)가 몇 개(個)나 나타났는가 앙관(仰觀)하라."

김갑칠(金甲七)이 밖에 나가서 우러러보니,
흑운(黑雲)이 만천(滿天)하고,
다만, 하늘 중앙(中央)이 열리어서,
별 9과(九顆)가 방광(放光)하였거늘, 그
대로 복명(復命)한데,

성선(聖仙)이,
가라사대,
"이는 수교자(受教者)의 수(數)와 상응(相應)함이라."하시니라.

〈3절〉
정미(丁未,1907년) 동(冬)에,
고부 와룡리(古阜 臥龍里)에서,
모든, 종도(從徒)들에게,
'5주(五呪)'를 가르치시며,

가라사대,
"이 글은 천지(天地)의 진액(津液)이라."하시니, 이러하니라.

「侍天地家家長世(시천지가가장세)
日月日月萬事知(일월일월만사지),

侍天地造化定(시천지조화정)
永世不忘萬事知(영세불망만사지),

福祿誠敬信(복록성경신)
壽命誠敬信(수명성경신)
至氣今至願爲大降(지기금지원위대강),

明德觀音(명덕관음)
八陰八陽(팔음팔양)
至氣今至願爲大降(지기금지원위대강),

三界解魔大帝神位(삼계해마대제신위)
願趁天尊關聖帝君(원진천존관성제군)」

〈4절〉
대흥리(大興里), 차경석(車京石)의 집에 계실 새,
양지(洋紙) 전면(全面)에 인형(人形)을 그려서,
벽(壁)에 붙이시고,
제사절차(祭祀節次)와 같이 위(位)를 설(設)한 후(後)에,

모든 종도(從徒)를 명(命)하사,
"그곳을 향(向)하여 절하고,

마음으로 소원(所願)을 고(告)하라."하시며,

성선(聖仙)이 인형(人形) 앞에 서시더니,
식(式)을 필(畢)함에 물어,

가라사대,
"누구에게 심고(心告)하였나냐?"

대(對)하여,
가로대
성선(聖仙)께 소원(所願)을 고(告)하였나이다."

성선(聖仙)이 웃으시며,
가라사대 "내가 산제사(산祭祀)를 받았도다."하시니라.

〈5절〉
기유(己酉,1909년) 춘(春)에,
성선(聖仙)이
「關雲長呪(관운장주)」를 써주시며,

가라사대,
"이 글이 「大借力呪(대차력주)」라."하시니, 이러하니라.

「天下英雄(천하영웅) 關雲長(관운장) 依幕處(의막처),
 近廳天地八位諸將(근청천지팔위제장),

六丁六甲(육정육갑) 六丙六乙(육병육을) 所率諸將(소솔제장),
一別屛營(일별병영) 邪鬼(사귀),
唵唵急急如律令(암암급급여율령) 娑婆啊(사파아)」

〈6절〉
하로는, 선생(先生)이 종도(從徒)들을 둘러 앉히시고,
'5주(五呪)'를 써서,
한 사람에게 주어 읽히시고,

만인(萬人)에게 전(傳)하라 하사,
다짐을 받으신 후(後)에,

그 사람으로 하여금 다시, 그와 같이
다른 사람에게 전(傳)하여, 연차(連次)로 돌려서,
서로 전수(傳受)케 하시니라.

〈7절〉
하루는, 종도(從徒)들에게 물어

가라사대,
"최수운(崔水雲)의 50년(五十年) 공부(工夫)는
「侍天呪(시천주)」로,
일관(一貫)하였고,

김경흔(金京訴: 忠南 庇仁人)은 50년(五十年) 공부(工夫)로,

「太乙呪(태을주)」를 얻었나니,

이제는, 신명해원시대(神明解寃時代)라.
동일(同一)한, 50년(五十年) 공부(工夫)에,
누구를 해원(解寃)함이 옳으냐?"

김광찬(金光贊)이, 대(對)하여,
가로대, "선생(先生)의 처분(處分)대로 하사이다."

성선(聖仙)이,
가라사대,
"「侍天呪(시천주)」는 이미 행세(行世) 되었으니,
「太乙呪(태을주)」를 쓰라."하시고 읽어주시니 이러하니라.

「吽哆吽哆 太乙天上元君 吽哩哆耶都來 吽哩喊哩 婆婆啊」
「훔치훔치 태을천상원군 훔리치야도래 훔리함리 사파아」

〈8절〉
성선(聖仙)이, 류찬명(柳贊明), 김자현(金自賢)에게 읽어,

가라사대,
"각(各)히, 10만인(十萬人)에게 포교(布敎)하라."하시니,

류찬명(柳贊明)은 승낙(承諾)하고,
김자현(金自賢)은 승낙(承諾)치 아니하거늘,

독촉(督促)하사, 승낙(承諾)을 받으신 후(後)에 일러,

가라사대,
"평천하(平天下)는 내가 하리니,
치천하(治天下)는 너희들이 하라.
치천하(治天下) 50년(五十年) 공부(工夫)니라."

〈9절〉
이때에, 태인(泰仁) 화호리(禾湖里), 부근(附近)에,
「太乙呪(태을주)」가 훤자(喧藉)히 전파(傳播)된다 하거늘,

성선(聖仙)이, 가라사대,
"이는 문공신(文公信)의 소위(所爲)라.
시기(時期)가 상조(尙早)하니,
그 기운(氣運)을 걷으리라."하시고,

약방(藥房) 벽상(壁上)에,
「氣東北而固守(기동북이고수),
   理西南而交通(이서남이교통)」이라 쓰시고,

문(門) 밖에, 반석(盤石) 위에 물형(物形)을 그리고,
타점(打點)하신 후(後)에,

종이에 「太乙呪(태을주)」와 「金京訢(김경흔)」을,
써 붙이시고 일어나서 절하여,

가라사대,
"내가 김경흔(金京訢)에게 받았노라,"하시고,

도1(刀一), 필1(筆一), 선1(扇一), 묵1(墨一)을
반석(盤石) 위에 열치(列置)하시고,
모든 종도(從徒)들로 하여금 뜻 가는대로 들라 하시니,

류찬명(柳贊明)은 도(刀)를 들고,
김형렬(金亨烈)은 선(扇)을 들고,
김자현(金自賢)은 묵(墨)을 들고,
한공숙(韓公淑)은 필(筆)을 드는지라,
이에, 4인(四人)을 약방(藥房) 4우(四隅)에 갈라 앉히고,
성선(聖仙)은 정중(正中)에 서시어,
「二七六(이칠륙), 九五一(구오일), 四三八(사삼팔)」을,
한 번 읽으신 후(後)에,

종도(從徒) 3인(三人)으로,
하여금 종이를 지폐(紙幣)와 같이 절단(切斷)하여,
연갑(硯匣)속에 채워 넣은 후(後)에,

1인(一人)으로 하여금,
1편(一片)씩 집어내어 등우(鄧禹)를 부르고,
타1인(他一人)에게 전(傳)하며,
그 지편(紙片)을 받은 사람도,

또, 등우(鄧禹)를 부르고,

타1인(他一人)에게 전(傳)하며,

타1인(他一人)도 그와 같이 받은 후(後)에,

'淸國知面(청국지면)'이라 읽고,

다시,

'이상(以上)과 같이 하여 마성(馬成)'을 부른 후(後)에,

'日本知面(일본지면)'이라 읽고,

또, 그와 같이 하여,

오한(吳漢)을 부른 후(後)에,

'朝鮮知面(조선지면)'이라 읽어서,

28인(二十八人)과 24인(二十四人)을,

다 마치기까지 지편(紙片)을 집으니,

그 지편수(紙片數)가 맞으니라.

〈10절〉

매양(每樣) 공사(公事)를 행(行)하실 때에,

글이나 물형(物形)을 써서 불사르심으로,

그 물형(物形)은 의취(意趣)를 알 수 없고,

다만, 그 글이나 기록(記錄)하려 하나,

성선(聖仙)이 금지(禁止)하시며,

"문명(文明)은 후일(後日)에나 나니라."하심으로,

문명(文明) 기록(記錄)은 없고,
다만, 절(節) 몇을 전(傳)하여 온 것은,
그때에, 종도(從徒)들이 한 번 보아서 기억(記憶)된 것이니라.

〈11절〉
성선(聖仙)이 공사(公事)를 행(行)하실 때에나,
어느 곳에 좌(座)를 정(定)하고,
머무르실 때에는

반드시,
종도(從徒)에게 정심(正心)을 명(命)하시고,

혹(或), 방심(放心)하는 자(者)가 있으면,
마음을 보는 듯이 일깨우시며,

혹(或), 취침(就寢)하실 때를 타서,
방심(放心)하는 자(者)가 있을지라도,
문득, 보는 듯이 마음을 거두라고 명(命)하시니라.

〈12절〉
또, 처음 종학(從學)하려는 자(者)에게는,
반드시, 일생(一生)에 지은 허물을,
일일이 생각(生覺)하여 마음으로 구(救)하여,
주기를 빌라 하시되,

만일(萬一), 잊고 생각(生覺)지 못한 일이 있으면,

일일이 개두(開頭)하여 깨닫게 하시며,

또, 반드시 그 몸을 위(爲)하여,

척신(隻神)과 모든 장애(障碍)를 맑혀 주시니라.

제8장

법언(法言)

"네가 불의(不義)로써 남의 자제(子弟)를,
　　인유(引誘)치 말며,

　남의 보배(寶貝)를 탐(貪)내지 말며,

　남과 서로 쟁투(爭鬪)치 말며,

　　도한(屠漢)과 무인(巫人)에게 하천(下賤)으로
　　대우(待遇)하지 마라."

〈1절〉
성선(聖仙)이 김형렬(金亨烈)더러 일러,

가라사대,
"남 잘되는 것을 부러워 말고, 남은 복(福)이 많으니,
남은 복(福)을 구(求)하라.
呼寒信天猶不死(호한신천유불사)니라."

〈2절〉
차경석(車京石)더러 일러,

가라사대,
"온갖 일이 욕속부달(欲速不達)이라.
사람 기르기가 누에 기르기와 같아야,
성숙(成熟)의 조만(早晚)이 인공(人工)에 있나니라."

〈3절〉
안내성(安乃成)더러 일러,

가라사대,

"네가 불의(不義)로써 남의 자제(子弟)를,

인유(引誘)치 말며,

남의 보배(寶貝)를 탐(貪)내지 말며,

남과 서로 쟁투(爭鬪)치 말며,

도한(屠漢)과 무인(巫人)에게 하천(下賤)으로

대우(待遇)하지 마라."

〈4절〉

'춘무인(春無仁)이면, 추무의(秋無義)'라.

농가(農家)에서 추성(秋成) 후(後)에,

곡종(穀種)을 갈무는 것은,

오직, 토지(土地)를 믿는 연고(緣故)니,

이것이 곳 신로(信路)니라.

〈5절〉

모든 종도(從徒)더러 일러,

가라사대,

"한 고조(漢 高祖)는 소하(蕭何)의 덕(德)으로써,

천하(天下)를 얻었나니,

너희들은 아무 것도 베풀 것도 없으니,

오직, '언덕(言德)을 잘 가지라'.

말을 선(善)하게 하면,

남 잘되는 여음(餘蔭)이 밀려서,

점점(漸漸) 큰 복(福)이 되어,

내 몸에 이르고,

말을 악(惡)하게 하면,

남 해치는 여앙(餘殃)이 밀려서,

점점 큰 화(禍)가 되어 내 몸에 이르나니라.

〈6절〉

김형렬(金亨烈)더러 일러,

가라사대,

"망(亡)하는 세간살이는 아낌없이 버리고, 새 배포를 꾸미라.

만일(萬一), 애석(愛惜)히 여겨 놓지 않고,

붙들면 몸까지 따라 망(亡)하나니라."

〈7절〉

이언(俚言)에, 화복(禍福)이라 이르나니,

복(福)보다 화(禍)가 앞선다 함이라.

화(禍)를 견디어 잘 받아야,

(福)이 이어 이르나니라.

〈8〉

나는 해마(解魔)를 위주(爲主)하는 고(故)로,

나를 따르는 자(者)는,
먼저 복마(伏魔)가 발동(發動)하나니,

복마(伏魔)의 발동(發動)을 잘 받아 이겨야,
복(福)이 이어 이르나니라.

〈9절〉
이언(俚言)에 '무척 잘 산다' 이르나니,
'척(隻)이 없어야 잘 산다' 함이라.

'사람에게 원억(冤抑)을 짓지 말라.'
'척(隻)이 되어 보복(報復)하나니라.'
또, 남을 미워하지 말라.
그 신명(神明)이 먼저 알고, 척(隻)이 되어 갚느니라.

〈10절〉
이웃사람이 맛없는 음식(飮食)을 주어서,
먹고 병(病)들지라도, 그 사색(辭色)을 내지 말라.
이도, 또한 척(隻)이 되나니라.

〈11절〉
대군(大軍)을 통어(統御)하고,
적지(敵地)를 쳐들어감이 영즉영의(榮則榮矣)로되,
인명(人命)을 사지(死地)로 구입(驅入)한 자(者)임으로,
악척(惡隻)이 되어 앞을 막느니라.

〈12절〉

나는,

"「生長斂藏(생장염장)」 사의(四義)"를, 쓰노니,

이것이, 무위이화(無爲而化)니라.

〈13절〉

천지(天地)의 조화(造化)로도,

풍우(風雨)를 지으려면,

무한(無限)한 공력(功力)을 들이나니,

공부(工夫)하지 않고, 아는 법(法)은 없나니라.

정북창(鄭北窓) 같은 재주로도,

입산(入山) 3일(三日)에,

'시지천하사(始知天下事)'라 하였나니라.

〈14절〉

모든 일을 있는 말로 지으면,

천지(天地)가 부수려 하여도 못 부술 것이오.

없는 말로 꾸미면, 부서질 때에 여지(餘地)가 없나니라.

〈15절〉

사람을 쓸 때에는

남녀(男女)와 노약(老弱)의 별(別)이 없나니,

진평(陳平)은

'夜出東門 女子五千人(야출동문 여자오천인)' 하였나니라.

〈16절〉
말을 듣고 실행(實行)치 아니하면,
바위에 물주기와 같으니라.

〈17절〉
악(惡)을 악(惡)으로 갚으면,
피로 피를 씻기와 같으니라.

〈18절〉
'풍역취이식(風亦吹而息)' 하나니,
동정(動靜)이, 각(各)히 때가 있나니라.

〈19절〉
이제, 모든 일에 성공(成功)이 없음은,
혈심(血心) 가진 자(者)가 없는 연고(緣故)니,
만일(萬一),
'혈심(血心)만 가지면 못 되는 일'이 없나니라.

〈20절〉
최익현(崔益賢)이 순창(淳昌)에서 피금(被擒)하거늘,

성선(聖仙)이 종도(從徒)더러 일러,
가라사대,

"일심(一心)의 힘이 크니라.

동일(同一)한 탄우하(彈雨下)에서,

임낙안(林樂安)은 상명(喪命)하고,

최면암(崔勉菴)은 전명(全命)하였으니,

이는, 일심(一心)의 힘을 인(因)함이라.

일심(一心)하는 자(者)는,

일지(一指)를 탄(彈)하여,

능(能)히 만리(萬里) 밖에 거함(巨艦)을 깨트리나니라."

〈21절〉

천지간(天地間)에 충색(充塞)한 것은,

신(神)이니,

'풀잎 하나라도 신(神)이 떠나면 마르며',

'흙 바른 벽(壁)이라도, 신(神)이 떠나면 무너지나니라.'

〈22절〉

사람이 만일(萬一),

'나를 치면, 그의 손을 만져서 위로(慰勞)할지니라.'

〈23절〉

나의 말은,

'늘지도 줄지도 않고, 부절(符節)과 같이 함(合)하나니라.'

⟨24절⟩
식불언(食不言)이라 하였으니,
남의 먹는 일을 말하지 말며,
침불언(寢不言)이라 하였으니,
남의 누행(陋行)을 말하지 마라.

⟨25절⟩
내가 비록 서촉(西蜀)에 있을지라도,
'일심(一心)하는 자(者)'에게는 찾으리라.

⟨26절⟩
세인(世人)이,
전명숙(全明淑)의 힘을 많이 입었나니,

1결80냥(一結八十兩)의 중세(重稅)를,
30냥(三十兩)으로 경감(輕減)케 한 자(者)는,
전명숙(全明淑)이라.

언론상(言論上)이라도 그의 이름을 해(害)하지 마라.

⟨27절⟩
김병욱(金秉旭)더러 일러,

가라사대,
"남은 어찌 하든지,

너는 전명숙(全明淑)의 이름을 해(害)하지 마라.
너의 영귀(榮貴)에는 전명숙(全明淑)의 힘이 많으니라."

〈28절〉
爲天下者(위천하자)는
不顧家事(불고가사)라 하니,

제갈량(諸葛亮)의 不成功(불성공)은
有桑八百株(유상팔백주)로 인(因)함이니라.

〈29절〉
천존(天尊)과 지존(地尊)보다,
인존(人尊)이 높으니,
이제는, 인존시대(人尊時代)니라.

〈30절〉
류찬명(柳贊明)더러 일러,

가라사대,
"毁東道者(훼동도자)는 無東去之路(무동거지로)하고,
毁西道者(훼서도자)는 無西去之路(무서거지로)니라.

〈31절〉
외식(外飾)을 버리고, 음덕(陰德)을 힘쓰라.
덕(德)은 음덕(陰德)이 크니라.

〈32절〉
가장 두려운 것은, '박람박식(博覽博識)'이니라.

〈33절〉
모든 종도(從徒)더러 일러,

가라사대
"과실(過失)이 있거든, 다 생각(生覺)하여 풀어버리라.

만일(萬一),
하나라도 남아 있으면, 신명(身命)을 그르치나니라.

〈34절〉
부친(父親)에게 말씀을 전(傳)하사대,
"일생(一生)에 지은 허물을,
날마다 생각(生覺)하여 끌르시라."하시니라.

〈35절〉
'마음은 성인(聖人)의 바탕'으로 닦고,
'일은 영웅(英雄)의 도략(韜略)'을 취(取)하라.

〈36절〉
'천지(天地) 안에 있는 말은, 하나도 거짓말'이 없나니라.

〈37절〉

색(色)은,

사람의 정기(精氣)를 모산(耗散)케 하는 것이니,

볼 때에 익히 보고 마음에 두지 마라.

〈38절〉

대인(大人)의 말은,

구천(九天)에 사무치나니,

나의 말은 한 마디라도, 땅에 떨어지지 아니하리라.

〈39절〉

배암도 '인천(人薦)'을 얻어야 '용(龍)'이 되나니,

남에게 말을 좋이 하면 '덕(德)'이 되나니라.

〈40절〉

모든 일을 알기만 하고,

'취사(取捨)를 못하면, 모르는 것'만 같지 못하나니,

'될 일을 못되게 하고, 못되는 일을 되게 하여야' 하나니라.

손빈(孫賓)의 재주는,

방연(龐涓)으로 하여금,

모지마릉(暮至馬陵)케 하는 데 있고,

제갈량(諸葛亮)의 재주는,

조조(曹操)로 하여금,

화용도(華容道)에 만나게 함에 있나니라.

〈41절〉
나의 일은 '남 죽을 때에, 잘 살자는 일'이요,
'남 살 때에는 영복(榮福)'을 누리자는 일이니라.

〈42절〉
술수(術數)는
삼국시절(三國時節)에 나서, 해원(解冤)치 못하고,
이제야, 비로소 해원(解冤)되나니라.

〈43절〉
'3생(三生)의 연(緣)이 있어야, 나를 좇으나니라.'

〈44절〉
한신(韓信)이, 한 고조(漢 高祖)의
'추식이식(推食而食)과 탈의이의(脫衣而衣)'를 감격(感激)하여,
괴철(蒯徹)의 언(言)을 쓰지 아니하였나니,

한신(韓信)이, 한 고조(漢 高祖)를 저버림이 아니오,
한 고조(漢 高祖)가 한신(韓信)을 저버림이니라.

〈45절〉
동학가사(東學歌詞)에,
'세 기운(氣運)'이 박혔으니, 말은,

소장(蘇張)의 변(辯)이오,

얇은 강절(康節)의 지식(知識)이오,
글은, 이두(李杜)의 문장(文章)이 있나니라.

〈46절〉
현대(現代)에,
'허다(許多)한 주의(主義)'로,
'허다(許多)한 단체(團體)를 모임은',

'추성(秋成) 후(後)에,
오곡(五穀)'을 거두어 결속(結束)함과 같으니라.

〈47절〉
천하사(天下事)는
'생사양도(生死兩道)'에 그치나니,

우리의 부단노력(不斷努力)은,
'하루 밥, 세 때 벌'이니라.

〈48절〉
부귀(富貴)한 자(者)가,
빈천(貧賤)을 즐기지 아니하며,

강강(剛强)한 자(者)가,

유약(柔弱)을 즐기지 아니하며,

지혜(知慧)로운 자(者)가,
어리석음을 즐기지 아니하나니,

그럼으로,
"빈천(貧賤)하고, 병(病)들고, 어리석은 자(者)"가
"내 사람이 되나니라".

⟨49절⟩
나를 모르는 자(者)가,
'나를 훼(毁)하나니, 내가 훼(毁)함으로써 갚으면',
나는 더욱 우열(愚劣)한 자(者)가 되나니라.

⟨50절⟩
'한 사람의 원한(寃恨)이 천지(天地)를 폐색(閉塞)'하나니라.

⟨51절⟩
남의 비소(誹笑)를 비수(匕首)로 알며,
남의 조소(嘲笑)를 조수(潮水)로 알라.

대장(大將)이 비수(匕首)를 얻어야,
적진(敵陣)을 헤치며,
용(龍)이 조수(潮水)를 얻어야, 천문(天門)에 오르나니라.

〈52절〉
이때는, '해원시대(解冤時代)'라,

사람도, '무명(無名)한 사람이 기세(氣勢)'를 얻고,
땅도, '무명(無名)한 땅에 길운(吉運)'이 도나니라.

〈53절〉
보화(寶貨)라는 글자에,
'낭패(狼狽)라는 패(貝) 자(字)'가 붙어 있나니라.

〈54절〉
차경석(車京石)이 전과(前過)를 생각(生覺)하여,
심(甚)히 근심하거늘,

성선(聖仙)이 일러,
가라사대,
"일찍 모든 허물을 생각(生覺)하여,
일일이 끌러버리라 하였는데,
어찌 이제까지 남겨 두었느냐.
금후(今後)로는 다시 생각지 마라."

〈55절〉
김형렬(金亨烈)이 여쭈어,

가로대,

"세인(世人)이, 성선(聖仙)을 광인(狂人)으로 여기나이다."

성선(聖仙)이,
가라사대,
"전일(前日)에,
거짓말로 행세(行世)할 때에는,
신인(神人)이라 칭호(稱呼)하더니,

이제,
참말로 행(行)하는 때는,
도리어, 광인(狂人)으로 아는도다."

〈56절〉
일꾼된 자(者),
마땅히 씨름法을 본받을지니,

씨름판에 뜻을 둔 자(者)는 판 밖에 있어서,
술과 고기를 많이 먹고,
기운(氣運)을 잘 길러 끝판을 꼬누고 있나니라.

〈57절〉
동학가사(東學歌詞)에 일렀으되,
「제 소위(所謂) 추리(推理)한다고,
생각(生覺)나니, 그 뿐이라」
하였나니,

너희들이, 이곳을 떠나기 싫어함은,
의혹(疑惑)이 증장(增長)하는 연고(緣故)니,
이곳은, 곧 선방(仙房)이니라.

〈58절〉
혹(或)이, 년사(年事)를 물은데,

가라사대
"칠산(七山) 바다에 고기잡이도,
먹을 사람을 정(定)하여 놓고 잡히나니,

농사(農事)도
또한, 먹을 사람을 정(定)하여 놓고 될지라.
그러므로, 굶어 죽지는 아니하리라."

〈59절〉
여러 종도(從徒)들이,
도술(道術) 가르쳐 주시기를 청(請)한데,

가라사대,
"이제, '가르쳐 줄지라도 들어'가지 않고,
밖으로, 흘러서 '바위에 물주기와 같으리니',
쓸 때에 열어 주리라."

〈60절〉
혹(或)이, 선생(先生)을 훼방(毁謗)하되,
"종이만 보면, 사지(四肢)를 못쓴다."하거늘,

성선(聖仙)이 들으시고 일러,
가라사대,
"내가 신미생(辛未生,1871년)이라.
통속(通俗)에 '미(未)를 양(羊)'이라 하나니,
'양(羊)은 종이'를 잘 먹나니라."

〈61절〉
모든 종도(從徒)더러 일러,

가라사대,
"너희들이 이제는 이렇듯 친숙(親熟)하되,
후일(後日)에는, '눈을 거듭 떠 바로 보지 못하리니',
'마음을 바로 가지고, 수련(修練)'을 잘하라.

동학가사(東學歌詞)에
「많고 많은 저 사람에 어떤 사람 그러하고,
어떤 사람 저러한가」라,
함과 같이 탄식(歎息)줄이 나오리라. "

〈62절〉
혹(或)이 말하되

"증산(甑山)은 진실(眞實)로, 폭(幅)잡기 어렵다."하거늘,

성선(聖仙)이 들으시고,
가라사대,
"사람이 마땅히, 폭(幅)잡기 어려워야 할지니,
만일(萬一),
폭(幅)을 잡히면, 범속(凡俗)에 지나지 못하나니라.

〈63절〉
동학가사(東學歌詞)에 일렀으되
「운수(運數)는 길어지고, 조갓흔 잠시(暫時)로다」하였으니,
지도자(志道者)의 명감(明鑑)이니라."

〈64절〉
대학(大學)에 일렀으되,
「物有本末(물유본말)하고
 事有終始(사유종시)하니,
 知所先後(지소선후)면
 卽近道矣(즉근도의)라」하였으며,

「其所厚者(기소후자)에 박(薄)하고,
 其所薄者(기소박자)에 후(厚)하리,
 未之有也(미지유야)」라 하였으니,」

일꾼된 자(者)의 명감(明鑑)이니라.

〈65절〉

자고(自古)로,

'상통천문(上通天文)과 하찰지리(下察地理)'는 있었으나,

'중통인의(中通人義)'는 없었나니라.

〈66절〉

위징(魏徵)은,

밤이면 상제(上帝)를 섬기고,

낮이면 태종(太宗)을 도왔다 하거니와,

나는 사람의 마음을 빼였다 질렀다 하노라.

〈67절〉

근속(近俗)에,

'동몽(童蒙)에게 통감(通鑑)을 읽히는 풍습(風習)'이

성행(盛行)하나니,

이는, '초입(初入)을 시비(是非)'로써 넣는 것이라,

어찌, 해당(該當)하리오.

〈68절〉

'生有於死(생유어사)하고 死有於生(사유어생)'하나니,

나를 좇는 자(者)는,

'먼저, 망(亡)하고 들어서야 하나니라.

〈69절〉

'생각(生覺)에서 생각(生覺)'이 나오나니라.

〈70절〉

'남의 천륜(天倫)'을 끊는 것보다,

더, 큰 죄(罪)가 없나니라.

〈71절〉

이제, 모든 선령신(先靈神)이 발동(發動)하여,

그, 선자선손(善子善孫)을,

모든 척신(隻神)의 손에서 빼앗아,

덜미를 쳐서 내세우나니라.

〈72절〉

이언(俚言)에,

'맥(脈) 떨어지면 죽는다' 이르나니, "연원(淵源)"을 잘 바루라.

개벽(開闢)과 선경(仙境)

이제, 신도(神道)를 조화(調和)하여,

　　모든 일을 도의(道義)에 전칙(典則)하여,

　　　무궁(無窮)한 선경(仙境)의 융운(隆運)을 정(定)하리니,

제 도수(度數)에 돌아 닿는대로,

　　새 기틀이 열리리라.

제9장
개벽(開闢)과 선경(仙境)

〈1절〉
성선(聖仙)이,

가라사대
"이제, 혼란무륜(混亂無倫)한,
말대(末代)의 천지(天地)를, 개조(改造)하여,

새 세상(世上)을 열고,

부겁(否劫)에 침륜(沈淪)한,
인신(人神)을 광도(廣度)하여,
각(各)히, 안정(安定)을 누리게 하리니,

왕고(往古)에 미증유(未曾有)라.

구종(舊宗)의 계소(繼紹)도 아니며,
전성(前聖)의 조술(祖述)도 아니오,
즉, 내가 처음 짓는 일이라.

비(譬)컨대,
부모(父母)가 모은 재산(財産)을,
항상(恒常), 얻어 쓰려면,
쓸 때마다, 얼굴을 쳐다보임과 같이,
쓰러진 집을, 그것을 그대로 쓰려면,
'불안(不安)과 위구(危懼)가 추수(追隨)'하나니,
그러므로, '새 배포를 꾸미는 것'이 옳으니라."

〈2절〉
'대범(大凡) 판 안에, 드는 법(法)'으로,
일을 꾸미려면,

'세간(世間)에 들켜 저지(阻止)'를 받나니,

그럼으로, 판 밖에 남모르는 법(法)으로 일을,
꾸미는 것이 완전(完全)하니라.

〈3절〉
거세사(巨細事)를 불론(不論)하고,
신도(神道)로써, 이화(理化)하면,
'현묘불측지공(玄妙不測之功)'을 거두나니,

이것이, 곧 '무위이화(無爲而化)'라.

이제, 신도(神道)를 조화(調和)하여,

모든 일을 도의(道義)에 전칙(典則)하여,
무궁(無窮)한 선경(仙境)의 융운(隆運)을 정(定)하리니,
제 도수(度數)에 돌아 닿는대로,
새 기틀이 열리리라.

과거(過去)에,
임진정란(壬辰靖亂)의 헌책(憲責)을,
최풍헌(崔風憲)이 당(當)하였으면,
3일(三日)에 불과(不過)하고,

진묵(震黙)이 당(當)하였으면,
3삭(三朔)에 넘지 않고,

송구봉(宋龜峯)이 당(當)하였으면,
8개월(八個月)에 끌르리라 하나니,

이는, 선불유(仙佛儒)의 법술(法術)이,
상이(相異)함을 이름이라.

고대(古代)에는 판이,
'적고 일이 간단(簡單)'하여,
한 가지만 전용(專用)하더라도,
능(能)히, 난국(亂局)을 바룰 수가 있거니와
이제는 판이 넓고 이리 복잡(複雜)하여,

"제법(諸法)을 혼용(混用)"치 않고는,
능(能)히 혼란(混亂)을 끌르지 못하나니라.

〈4절〉
선천(先天)에는,
상극지리(相克之理)가
인간사물(人間事物)을 사배(司配)함으로,

모든, 인사(人事)가 도의(道義)에 어그러져,
원한(冤恨)이
맺히고, 쌓여, 삼계(三界)에 충일(充溢)하여,

마침내, 려기(厲氣)의 충발(衝發)을 이루어,
인세(人世)에 모든 참재(慘災)가 생겼나라.

그럼으로,
이제, 천지도수(天地度數)를 이정(釐正)하며,
신명(神明)을 조화(調和)하여,
만고(萬古)의 원(冤)을 끌으고,
'상생(相生)의 대도(大道)'로써,
선경(仙境)을 열고,
조화도량(造化道場)을 세워,
무위지화(無爲之化)와 불언지교(不言之敎)로,
'화민정세(化民靖世)'할지니라.

무릇,
머리를 들면 조리(條理)가 펴임과 같이,
인륜기록(人倫記錄)의 원시(原始)요,
원(冤)의 역사(歷史)의 처음인
'요자(堯子) 단주(丹朱)의 깊은 원(冤)'을 끌으면,

그, 이하(以下), 수천년(數千年) 동안,
쌓여 내리는 '일체(一切)의 원(冤)'이,
마디와 고가 풀릴지라.

대저(大抵), '단주(丹朱)로써, 불초(不肖)히 여겨',
'요(堯)가 이녀(二女)를 순(舜)에게 강(降)'하고,

드디어, 천하(天下)를 선(禪)하매,

단주(丹朱)는, 깊이 원(冤)을 품어,
그 '분울지기(憤鬱之氣)의 충동(衝動)'으로,

마침내,
순(舜)이 창오(蒼梧)에 붕(崩)하고,
이비(二妃)가 소상(瀟湘)에 빠지는,
참사(慘事)를 이루었나니,

이로부터,
원(冤)의 뿌리가 깊이 박히어,

세대(世代)의 추이(推移)를 따라,
더욱, 발달(發達)하여,

드디어, 천지(天地)에 충색(充塞)하고,
인세(人世)를 폭파(爆破)함에 이르렀나니,

그럼으로,
단주해원(丹朱解寃)으로 위수(爲首)하여,

모든, 징청천하(澄淸天下)의 대지(大志)를 회포(懷抱)하고,

시불리(時不利)로써 음한(飮恨)하여,
구족멸이(九族滅夷)의 참화(慘禍)를 당(當)하고,

무의무탁(無依無托)하여,
천재표령(千載飄零)하는 만고역신(萬古逆神)을,

제이(第二)로 하여,
각(各)히, 원왕(寃枉)을 끌러,

혹(或)은, 행위(行爲)를 심리(審理)하여,
곡해(曲解)를 바루며,
혹(或)은, 안탁(安托) 붙여,
영원(永遠)히 안정(安靜)을 얻게 함이,
곳, 선경건설(仙境建設)의 초보(初步)니라.

〈5절〉

원래(元來) 역신(逆神)은,

곧, 시대(時代)와 기회(機會)의 소사(所使)라.

그 회포(懷抱)를 이루지 못하여, 원한창천(寃恨漲天)하거늘,

세인(世人)은, 사리(事理)를 선해(善解)치 못하고,

그들을 질시(疾視)하여,

유례(類例)없는 악평(惡評)을 가(加)하여,

일상용어(日常用語)에,

흉악(凶惡)의 수(首)로 칭도(稱道)하니,

역신(逆神)은 차(此)를 혐오(嫌惡)함으로,

만물중(萬物中)에 무시비(無是非)한,

성수(星宿)로 붙여 보내리라.

하늘도,

명천(明天)과 노천(老天)의 시비(是非)가 있고,

날도, 수한(水旱)의 시비(是非)가 있고,

땅도, 후척(厚瘠)의 시비(是非)가 있고,

때도, 한서(寒暑)의 시비(是非)가 있으되,

오직, 성수(星宿)는 시비(是非)가 없나니라.

〈6절〉

대개(大盖) 예로부터,

각지역(各地域)을 할거(割據)하는,

모든 족속(族屬)의 분운쟁투(紛紜爭鬪)는,
지운(地運)의 불통일(不統一)로 인(因)함이라.

그럼으로,
산하(山河)의 대운(大運)을 통일(統一)함이,
'인류화평(人類和平)의 원동(原動)'이 되나니라.

〈7절〉
전주(全州) 모악산(母岳山)은,
순창(淳昌) 회문산(回文山)과 대립(對立)하여,
흘연(屹然)히,
부모산(父母山 : 卜書에 文은 父로 通用함)이 되었으니,

부모(父母)는 일가(一家)의 장(長)으로,
가족(家族)을 양육통솔(養育統率)하는,
의(義)가 유(有)함과 여(如)히,
지운(地運)을 통일(統一)하려면,
부모산(父母山)으로써 종주(宗主)를 삼을지라.

이제, 모악산(母岳山)을 위주(爲主)하여,
회문산(回文山) 오선위기(五仙圍碁)를 응기(應氣)하고,

예배(禮拜) 밧
군신봉조(君臣奉詔) 태인(泰仁)와 승달산(僧達山),
호승예불(胡僧禮佛) 무안(務安)과

손룡(巽龍) 선녀직금(仙女織錦) 장성(長城)의
기령(氣靈)을 통합(統合)하여,

차(此)로 본종(本宗)을 삼아,
대지(大地)의 종령(鍾靈)을 집중(集中)할지니,

궁을가(弓乙歌)에 일렀으되,
「사명당(四明堂)이 갱생(更生)하니,
승평시대(昇平時代) 불원(不遠)이라」하였으니,
이를, 이름이니라.

〈8절〉
선천(先天)에는,
위무(威武)로써 승보(勝寶)를 삼아,
복리(福利)와 영귀(榮貴)를 이 길에서 구(求)하였으니,
이것이 상극(相克)의 유전(遺傳)이라.

아무리, 이기(利器)라도 쓸 곳이 없으면,
폐기(廢棄)한 바 되고, 비
열(卑劣)한 것도 쓸 곳이 있으면,
취(取)한 바 되나니,

이제, 서래(西來) 무기(武器)의 폭위(暴威)에는,
짝이 틀리어 대오(對伍)할 것이 없으리니,
전쟁(戰爭)은 장차(將次) 종국(終局)을 고(告)하리라.

그럼으로,

모든, 무술(武術)과 병사(兵事)를 멀리하고,

비록, 비열(卑劣)한 일이라도 의통(醫統)을 알아 두어라.

인명(人命)을 많이 구활(救活)하면,

보은(報恩)줄이 찾아들어,

영항(永恒)의 복(福)을 얻으리라.

〈9절〉

이제, 하늘도 뜯어고치고,

땅도 뜯어 고쳐,

물샐 틈 없이 짜 놓았으니,

제 한도(限度)에 돌아 닿는대로,

신기운(新機運)이 전개(展開)할지니라.

또, 신명(神明)으로 하여금,

사람의 복중(腹中)에 출입(出入)케 하여,

그 체성(體性)을 고쳐 쓰리니,

이는 비록 목석(木石)이라도, 기운(氣運)을 붙이면,

씀이 된 연고(緣故)라.

오직, 어리석고 가난하고, 천(賤)하고, 약(弱)한 것을,

편(便)히 하여,

심·구·의(心·口·意)로부터,

일어나는 모든 죄(罪)를 조심하고,

사람에게 척(隻)을 짓지 말지어다.

부(富)하고,
귀(貴)하고, 지혜(知慧)롭고, 강권(强權)을, 가진 자(者)는,

모든, 척(隻)에 걸리어 콩나물 뽑히듯 하리니,
묵은 기수(氣數)가 채워 있는 곳에,
대운(大運)을 감당(堪當)키 불능(不能)한 소이(所以)라.

부호가(富豪家)의 부고(府庫)와 청사(廳舍)에는,
살기(殺氣)와 재앙(災殃)이 가득히 채워 있나니라.

〈10절〉
원래(元來),
인간(人間)에서 하고 싶은 일을,
행(行)치 못하면, 분통(憤痛)이 터져서,
대병(大病)을 이루나니,
그럼으로, 이제 모든 일을 풀어 놓아,
각(各)히, 자유행동(自由行動)에 맡기어,

먼저, '난도(亂道)를 지은 후(後)에, 진법(眞法)'을 내이리니,
오직, 모든 일에 마음을 바르게 하라.

'사위(詐僞)'는 모든 죄(罪)의 근본(根本)이오,
'진실(眞實)'은 만복(萬福)의 근원(根源)이라.

이제, 신명(神明)으로 하여금,
사람에게 임감(臨鑑)하여, 마음에 먹줄을 잡히어,

사정(邪正)을 감정(勘定)하여 번개불에 달이리니,
마음을 바루지 못하고,
사위(詐僞)를 감행(甘行)하는 자(者)는,

지기(至氣)가 돌 때에,
심담(心膽)이 파열(破裂)하고,
골절(骨節)이 착위(錯違)하리라.

운수(運數)는 좋건마는, 목 넘기기 어려우리라.

〈11절〉
서양인(西洋人) 이마두(利瑪竇)가,
동양(東洋)에 래(來)하여,
천국(天國)을 건설(建設)하려고,
여러 가지 의도(意圖)를 발(發)하였으나,

용이(容易)히,
모든 고폐(痼癈)를 고치고,
이상(理想)을 실현(實現)키 불능(不能)하여,
마침내 뜻을 이루지 못하고,

다만, 천상(天上)과 지하(地下)의 경계(境界)를,

개방(開放)하여,

예로부터,

각(各)히, 경역(境域)을 고거(固據)하여,

서로 넘나들지 못한, 신명(神明)으로 하여금,

서로 교통(交通)케 하고,

그 사후(死後)에,

동양(東洋)에 문명신(文明神)을 인솔(引率)하고,

서양(西洋)에 귀(歸)하여,

다시, 천국(天國)을 건설(建設)하려 하였나니,

이로부터, 지하신(地下神)이 천상(天上)에 올라,

모든, 묘법(妙法)을 받아, 본내려,

사람에게 혜규(慧竅)를 열어주어,

인세(人世)에 모든 문화(文化)와

이기(利器)를 계발(啓發)하여

천국(天國)의 모형(模型)을 본떴나니,

이것이, 현대문명(現代文明)이라.

그러나, 이 문명(文明)은,

다만, 물질(物質)과 사리(事理)에 기예(技藝)를,

정극(精極)하였을 뿐이오,

실제(實際)로는,

도리어, 인류(人類)의 교사(驕肆)와 잔폭(殘暴)을,

증장(增長)하여,

패법(悖法)과 비의(非義)로,
천도(天道)를 항쟁(抗爭)하며,
자연(自然)을 정복(征服)하려는 기세(氣勢)를 뭇하여,
오천(傲天)과 만신(慢神)이 극(極)에 달(達)하니,

이제, 신위(神威)가 추실(墜失)되고,
삼계(三界)가 혼란(混亂)하여,

천도(天道)와 인사(人事)가 상도(常度)를 어김으로,
원시(元始)의 모든 신성(神聖) 불보살(佛菩薩)이,
회합(會合)하여,

삼계(三界)의 혼란(混亂)과
신인(神人)의 부겁(否劫)을 비민(非悶)하여,
구치(救治)의 급(急)을 구천(九天)에 호유(呼籲)함으로,

내가, 이에
'서양(西洋) 대법국(大法國) 천계탑(天階塔)'에
강(降)하여,
삼계(三界)를 주시(周視)하고,
천하(天下)에 대순(大巡)하다가,

석가모니(釋迦牟尼)의

'당래불찬탄설게(當來佛讚歎說偈)'를,
위거(爲據)하여,

'승(僧), 진표(眞表)가 당래(當來)의 비음(祕音)을
감통(感通)하고,
모악산(母岳山) 금산사(金山寺)'에
금신(金身)을 건(建)하여,

지심기원(至心祈願)하여 오던 곳에,
지(止)하여 30년(三十年)을 지내면서,

최제우(崔濟愚)에게,
천명(天命)과 신교(神敎)를 내려,
대도(大道)를 수창(首唱)하였더니,

최제우(崔濟愚)가,
능(能)히 유문(儒門)의 구형(舊型)을 초월(超越)하고,
진법(眞法)을 천명(闡明)하야 써,
신인(神人)의 표극(表極)을 지으며,
대도(大道)의 진광(眞光)을 열지 못함으로,

드디어, 갑자(甲子,1864년)로써,

천명(天命)과 신교(神敎)를 거두고,
당저(當苧)에게

'인민섭호(人民攝護)의 명(命)을 붙인 후(後)',

신미(辛未,1871년)로써,
스스로, 인세(人世)에 강(降)하였노라.

〈12절〉
후천(後天)에는,
천하일가(天下一家)하여,
위무(威武)와 형벽(刑辟)을 부조(不措)하고,
조화(造化)로써 중생(衆生)을 이화(理化)할지니,

거관자(居官者)는
직위(職位)를 수(隨)하여 화권(化權)이 열림으로,
'유분참월(逾分僭越)의 폐(弊)'가 없고,

주민(住民)은
'원한(冤恨), 극학(克虐), 탐음(貪淫), 진치(瞋痴)'와
모든 번뇌(煩惱)가 그침으로,
성음소모(聲音笑貌)에 평화(平和)가 양일(洋溢)하고,

동정어묵(動靜語默)이 도덕(道德)에 합치(合致)하며,
쇠병사장(衰病死葬)을 극(克)하여,
불노불사(不老不死)하며,
빈부(貧富)의 차별(差別)이 폐(廢)하고,
미미(美味)와 진의(珍衣)가 소요(所要)를 수(隨)하여,

보합(寶盒)에 화현(化現)하며,
모든 일은, 자유욕구(自由慾求)에 응(應)하여,
천신(天神)이 수종(隨從)하며,

운거(雲車)를 타고, 벽공(碧空)에 비상(飛翔)하여,
적원섭험(適遠涉險)의 구(具)에 용(用)하고,

천문(天門)이 나직하여, 승강(昇降)이 자재(自在)하며,
지견(知見)이 회철(迴徹)하여,

과거미래현재시방세계(過去未來現在十方世界)의
일체사(一切事)를 통달(通達)하며,

수화풍(水火風) 삼재(三災)가 병적(屛跡)하여,
정상(禎祥)이 무르녹아,

'청화명려(淸和明麗)의 낙원(樂園)'으로 화(化)하리라.

〈13절〉
'치우작란(蚩尤作亂)' 하여,
대무(大霧)를 지음으로,

황제(黃帝)가 지남거(指南車)로써 정(定)하였나니,
작난자(作亂者)도 조화(造化)요,
정난자(靖亂者)도 조화(造化)라.

'최수운(崔水雲)은 동세(動世)를 맡았고,
나는 정세(靖世)'를 맡았나니,
전명숙(全明淑)의
'동(動)은, 곧 천하(天下)의 난(亂)을 동(動)'케 하였나니라.

〈14절〉
이때는, 천지성공시대(天地成功時代)라.
서신(西神)이 사명(司命)하여 만유(萬有)를,
재제(宰制)하여,
중리(衆理)를 집이대성(集而大成)하나니,
이른바, '개벽(開闢)'이라.

만물(萬物)이, 가을바람에,
혹(或), 조락(凋落)도 되고,
혹(或), 성숙(成熟)도 됨과 같이,

참된 자(者)는 석과(碩果)를 얻어,
기수(其壽) 영창(永昌)할 것이오,

거짓된 자(者)는 조락(凋落)하여,
길이 멸망(滅亡)할지라.

그럼으로,
혹(或), 신위(神威)를 떨쳐 불의(不義)를 숙정(肅正)하고,
혹(或), 인애(仁愛)를 베풀어 의인(義人)을 돕나니,

생(生)을 구(求)하려는 자(者)와
복(福)을 구(求)하는 자(者) 힘쓸지어다.

〈15절〉
신농씨(神農氏)가,
경농(耕農)과 의약(醫藥)을 가르침으로부터,
천하(天下)가 그 후택(厚澤)을 입어왔으나,
그, 공덕(功德)을 앙모(仰慕)하여 보답(報答)치 않고,

강태공(姜太公)이
'제잔폭금(除殘暴禁)의 묘략(妙略)을 전수(傳授)'함으로부터,
천하(天下)가 그 덕(德)을 입어왔으나,

그, 공덕(功德)을 앙모(仰慕)하여 보답(報答)치 아니하니,
어찌, 도의(道義)에 합(合)하리요.

이제, 해원시대(解寃時代)를 당(當)하여,

모든, 신명(神明)이
신농(神農)과 태공(太公)의 은혜(恩惠)를 보답(報答)하리라.

〈16절〉
'용력술(勇力術)을 배우지 마라.'
기차윤선(汽車輪船)으로, 백만 근(百萬 斤)을 운수(運輸)하리라.

'축지술(縮地術)을 배우지 말라.'
운거(雲車)를 타고 어풍이행(御風而行)하여,
만리지원(萬里之遠)을 경각(頃刻)에 달(達)하리라.

〈17절〉
바둑도 한 수(數)만 높으면 이기나니,
'남모르는 공부(工夫)를 하여두라.'

이제, 비록 장량(張良), 제갈(諸葛)이 두름으로,
날지라도 어느 틈에 끼인지 모르리라.

선천개벽(先天開闢) 이래(以來)로,
수한도병(水旱刀兵)의 겁재(劫災)가,
서로 체번(替番)하여, 그칠 새 없이,
인세(人世)를 진탕(殄蕩)하였으나,
아직, 병겁(病劫)은 크게 없었나니,

당래(當來)에는,
병겁(病劫)이 전세(全世)를 맹습(猛襲)하여,
인류(人類)를 전멸(全滅)케 하되,
활방(活方)을 얻지 못하리니,

모든, 기사묘법(奇事妙法)을 다 버리고,
'의통(醫統)을 알아 두라.'

내가 천지공사(天地公事)를 맡아 봄으로부터,
이, 동토(東土)에 모든 겁재(劫災)를 물리쳤으나,

오직, 병겁(病劫)은,
그대로 두고 너희들에게 '의통(醫統)'을 붙여 주리니,

멀리 있는 진귀약품(珍貴藥品)을 중(重)히 말고,
순일(純一)한 마음으로 의통(醫統)을 알아 두라.
'몸 돌이킬 여가(餘暇)가 없이 홍수(洪水)' 밀리듯 하리라.

〈18절〉
나의 말은 곧, 약(藥)이라.

"말로써, 사람의 마음을 위안(慰安)도 하며,
말로써 병(病)든 자(者)를 일으키기도 하며,
말로써 죄(罪)에 걸린 자(者)를 끌르기도 하나니,
이는, 내 말이 곧, 약(藥)인 까닭이라."

'충언(忠言)'이, '역이(逆耳)나 이어행(利於行)'이라 하니,
'나의 말을 잘 믿을지어다'.

〈19절〉
진묵(震黙)이,
봉곡(鳳谷)에게 참해(慘害)를 입은 후(後)에,
원(寃)을 품고 동양(東洋)의 도통신(道通神)을 거느리고,

서양(西洋)에 건너가서,
문화계발(文化啓發)에 종역(從役)하였나니,

이제, 그를 헤원(解冤)하여,
고토(故土)로,
돌아와 선경건설(仙境建設)에 종역(從役)케 하리라.

〈20절〉
현하(現下) 대세(大勢)가,
오선위기(五仙圍碁)와 여(如)하여,
2선(二仙)은 서로 국(局)을 대(對)하고,
2선(二仙)은 각(各)히 훈수(訓手)하고,
1선(一仙)은 주인(主人)이라.

삽수방관(揷手傍觀)하고,
다만 공궤(供饋)만 맡았나니,
그럼으로, 연사(年事)만 무흠(無欠)하여,
공궤지절(供饋之節)만 뺏지 아니하면,
주인(主人)의 책임(責任)은 다하나니,

만일(萬一), 바둑이 마치고,
판이 헤치면, 판과 바둑은 주인(主人)에게로 돌리나니라.

〈21절〉
현하(現下)의 대세(大勢)가

'씨름판과 같으니,
애기판과 총각판이,
지난 뒤에,
상씨름으로 판'을 마치나니라.

〈22절〉
현하(現下)의 대세(大勢)가,
가구판의 도박(賭博)과 같으니,
같은, 끝수에 말수(末手)가 먹나니라.

제10장

문명(文明)

萬國活計南朝鮮(만국활계남조선).

淸風明月金山寺(청풍명월금산사).

文明開化三千國(문명개화삼천국).

道術運通九萬里(도술운통구만리).

제10장
문명(文明)

〈1절〉
病有大勢(병유대세)
病有小勢(병유소세),
大病無藥(대병무약)
小病或有藥(소병혹유약).

然而大病之藥(연이대병지약)
安心安身(안심안신).

大病之藥(대병지약)
四物湯(사물탕)
八十貼(팔십첩).

侍天主造化定(시천주조화정),
永世不忘萬事知(영세불망만사지),
至氣今至願爲大降(지기금지원위대강).

大病出於無道(대병출어무도)

小病無道(소병무도).

得其有道(득기유도)
大病勿藥自効(대병물약자효)
小病勿藥自効(소병물약자효).
至氣今至四月來(지기금지사월래).

의통(醫統)

忘其父者無道(망기부자무도),
忘其君者無道(망기군자무도),
忘其師者無道(망기사자무도).

世無忠(세무충),
世無孝(세무효),
世無烈(세무열),
是故天下皆病(시고천하개병).

有天下之病者(유천하지병자),
用天下之藥(용천하지약),
厥病乃愈(궐병내유).

聖父(성부),

聖子(성자),

聖身(성신),

元亨利貞(원형이정),

奉天地道術藥局(봉천지도술약국),

在全州銅谷生死判斷(재전주동곡생사판단).

大仁大義無病(대인대의무병).

三界伏魔大帝神位遠鎭天尊關聖帝君(삼계복마대제신위원진천존관성제군).

知天下之勢者(지천하지세자),

有天下之生氣(유천하지생기).

暗天下之勢者(암천하지세자),

有天下之死氣(유천하지사기).

來有大聖人曰東學(래유대성인왈동학),

西有大聖人曰西學(서유대성인왈서학).

是都敎民化民(시도교민화민).

孔子魯之大司寇(공자노지대사구).

孟子善說齊梁之君(맹자선세제량지군).

近日日本文神武神並務道通(근일일본문신무신병무도통).

朝鮮國(조선국),
上計神(상계신), 中計神(중계신), 下計神(하계신)
無依無托(무의무탁),
不可不(불가불),
文字戒於人(문자계어인),
宮商角徵羽(궁상각치우),
聖人乃作(성인내작).

先天下之職(선천하지직),
先天下之業(선천하지업),
職者醫也(직자의야),
業者統也(업자통야),
聖之職(성지직),
聖之業(성지업).

〈2절〉
天下紛紜(천하분운),
自作死黨(자작사당),
以不安聖上之心(이불안성상지심),
以不安聖父之心(이불안성부지심),
以不安敎師之心(이불안교사지심).

〈3절〉體面章(체면장)

維歲戊申十二月七日(유세무신십이월칠일),
道術姜一淳敢昭告于(도술강일순감소고우).

惶恐伏地問安(황공복지문안),
氣體候(기체후),
萬死不忠不孝無序身(만사불충불효무서신),
泣祝於君於父於師(읍축어군어부어사),
氣體候大安千萬伏望伏望(기체후대안천만복망복망).

〈4절〉 天地鬼神祝文(천지귀신주문)
所願人道願君(소원인도원군),
不君願父(부군원부),
不父願師(불부원사),
不師有君無臣(부사유군무신),
其君何立(기군하립),
有父無子(유부무자),
其父何立(기부하립),
有師無學(유사무학),
其師何立(기사하립).

大大細細(대대세세),
天地鬼神垂察(천지구신수찰).

〈5절〉
佛之形體(불지형체),

仙之造化(선지조화),
儒之凡節(유지범절).

〈6절〉
無奈八字至氣今至願爲大降(무내팔자지기금지원위대강).

欲速不達(욕속부달),
侍天主造化定永世不忘萬事知(시천주조화정영세불망만사지).

九年洪水(구년홍수),
七年大旱(칠년대한),
千秋萬歲歲盡(천추만세세진).

儒佛仙(유불선).

一元數(일원수),
六十三合爲吉凶度數(육십삼합위길흉도수).

十二月(십이월),
二十六日(이십육일),
再生身(재생신) 姜一淳(강일순).

五呪(오주)
天文地理(천문지리),
風雲造化(풍운조화),

八門遁甲(팔문둔갑),

六丁六甲(육정육갑),

知慧勇力(지혜용력),

道通天地報恩聖師醫統(도통천지보은성사의통),

慶州龍潭(경주용담).

無極神(무극신),

大道德奉天命(대도덕봉천명),

奉神敎(봉신교),

大先生前如律令審行(대선생전여율령심행),

先知後覺(선지후각),

元亨利貞(원형이정),

布敎(포교) 五十年工夫(오십년공부).

〈7절〉

侍天主造化定永世不忘萬事知(시천주조화정영세불망만사지).

慶州龍潭報恩神(경주용담보은신),

法(법), 至氣今至願爲大降(지기금지원위대강),

師(사), 全州銅谷解寃神(전주동곡해원신),

　　　　　　年(년) 月(월) 日(일)

〈8절〉

一三五七九(일삼오칠구),

二四六八十(이사육팔십).

成器局(성기국),

塚墓天地神(총묘천지신),

基址天地神(기지천지신).

運(운),

靈臺四海泊(영대사해박),

得體(득체), 得化(득화), 得明(득명).

〈9절〉

道傳於夜(도전어야),

天開於子(천개어자),

轍環天下(철환천하),

虛靈(허령).

教奉於晨(교봉어신),

地闢於丑(지벽어축),

信看我足知覺(불신간아족지각).

德布於世(덕포어세),

人起於寅(인기어인),

腹中八十年神明(복중팔십년신명).

〈10절〉

閑談紋話可起風塵(한담서화가기풍진),

閑談敍話能掃風塵(한담서화능소풍진).

〈11절〉
天地從容之事(천지종용지사),
自我由之(자아유지).

天地紛亂之事(천지분란지사),
自我由之(자아유지).

〈12절〉
人生世間何滋味(인생세간하자미),
曰衣曰食(왈의왈식).

衣食然後(의식연후),
曰色也(왈색야).

故至於衣食色之道(고지어의식색지도),
各受天地之氣也(각수천지지기야).

惑世誣民者(혹세무민자),
欺人取物者(기인취물자),
亦受天地之氣也(역수천지지기야).

〈13절〉
不受偏愛偏惡曰仁(불수편애편악왈인).

不受專强專便曰禮(불수전강전편왈례).
不受全是全非曰義(불수전시전비왈의).
不受恣聰恣明曰智(불수자총자명왈지).
不受濫物濫欲曰信(불수남물남욕왈신).

〈14절〉
德懋耳鳴(덕무이명),
過懲鼻息(과징비식).

〈15절〉
天下自己神(천하자기신),
古阜運回(고부운회).

天下陰陽神(천하음양신),
全州運回(전주운회).

天下通情神(천하통정신),
井邑運回(정읍운회).

天下上下神(천하상하신),
泰仁運回(태인운회).

天下是非神(천하시비신),
淳昌運回(순창운회).

〈16절〉
潛心之下(잠심지하),
道德存焉(도덕존언).

反掌之間(반장지간),
兵法在焉(병법재언).

〈17절〉
非人情不可近(비인정불가근).
非情義不可近(비정의불가근).
非義會不可近(비의회불가근).
非會運不可近(비회운불가근).
非運通不可近(비운통불가근).
非通靈不可近(비통령불가근).
非靈泰不可近(비령태불가근).
非泰通不可近(비태통불가근).

〈18절〉
正心修身齊家治國平天下(정심수신제가치국평천하),
爲天下者不顧家事(위천하자불고가사),
桀惡其時也(걸악기시야),
湯善其時也(탕선기시야).

天道教桀於惡(천도교걸어악),
天道教湯於善(천도교탕어선),

桀之亡湯之興在伊尹(걸지망탕지흥재이윤).

〈19절〉

萬國活計南朝鮮(만국활계남조선).

淸風明月金山寺(청풍명월금산사).

文明開化三千國(문명개화삼천국).

道術運通九萬里(도술운통구만리).

〈20절〉

世界有而此山岳(세계유이차산악).

紀運金天藏物華(기운금천장물화).

應須祖宗太昊伏(응수조종태호복).

道人何事多佛歌(도인하사다불가).

〈21절〉

厥有四象包一極(궐유사상포일극).

九州運祖洛書中(구주운조낙서중).

道理不暮禽獸日(도리불모금수일).

方位起萌草木風(방위기맹초목풍).

開闢精神黑雲月(개벽정신흑운월).

遍滿物華白雪松(편만물화백설송).

男兒熟人善三才(남아숙인선삼재).

河山不讓萬古鐘(하산불양만고종).

〈22절〉

龜馬一道今山河(구마일도금산하).

幾千年間幾萬里(기천년간기만리).

胞連胎運養世界(포련태운양세계).

帶道日月旺聖靈(대도일월왕성령).

〈23절〉

金屋瓊房視逆旅(금옥경방시역려).

石門苔壁儉爲師(석문태벽검위사).

絲桐蕉尾誰能解(사동초미수능해).

竹管絃心自不離(죽관현심자불리).

匏落曉星霜可履(포락효성상가리).

土墻春柳日相隨(토장춘류일상수).

革援瓮畢有何利(혁원옹필유하리).

木耟耕牛宜養頤(목거경우의양이).

〈24절〉

面分雖舊心生新(면분수구심생신).

只願急死速亡亡(지원급사속망망).

虛面虛笑去來間(허면허소거래간).

不吐心情見汝矣(불토심정견여의).

歲月汝遊劍戟中(세월여유검극중).

往劫忘在十年乎(왕겁망재십년호).

不知而知知不知(부지이지지부지).

嚴霜寒雪大洪爐(엄상한설대홍로).

〈25절〉

元亨利貞道日月(원형이정도일월).

照人臟腑通明明(조인장부통명명)..

〈26〉

永世花長乾坤位(영세화장건곤위).

大方日出艮兌宮(대방일출간태궁)..

〈27절〉

經之營之不意衰(경지영지불의쇠).

大斛事老結大病(대곡사노결대병).

天地眷佑竟至死(천지권우경지사).

漫使兒孫餘福葬(만사아손여복장).

〈28절〉

日月無私治萬物(일월무사치만물).

江山有道受百行(강산유도수백행).

〈29절〉

天是天非修道道(천시천비수도도).

不求俗地得長生(불구속지득장생).

〈30절〉

心深黃河水(심심황하수).

口重崑崙山(구중곤륜산).

제11장

인고문명(引古文明)

(從徒들에게 외워주사 잘 記憶하여 두라 하신 것)

我得長生飛太淸(아득장생비태청)

衆星要我斬妖將(중성요아참요장)

惡逆摧折邪魔驚(악역최절사마경)

躡罡履斗濟光靈(섭강리두제광령)

天回地轉步七星(천회지전보칠성)

禹步相催登陽明(우보상최등양명)

一氣混沌看我形(일기혼돈간아형)

唵唵急急如律令(암암급급여율령)

제11장
인고문명(引古文明)
(從徒들에게 외워주사 잘 記憶하여 두라 하신 것)

〈1절〉

三人同行七十里(삼인동행칠십리)

五老峯前二十一(오로봉전이십일)

七月七夕三五夜(칠월칠석삼오야)

冬至寒食百五除(동지한식백오제)

〈2절〉

步拾金剛景(보습금강경)

靑山皆骨餘(청산개골여)

其後騎驢客(기후기려객)

無興但躊躇(무흥단주저)

〈3절〉

我得長生飛太淸(아득장생비태청)

衆星要我斬妖將(중성요아참요장)

惡逆摧折邪魔驚(악역최절사마경)

躡罡履斗濟光靈(섭강리두제광령)

天回地轉步七星(천회지전보칠성)

禹步相催登陽明(우보상최등양명)

一氣混沌看我形(일기혼돈간아형)

唵唵急急如律令(암암급급여율령)

〈4절〉

一身收拾重千金(일신수습중천금)

頃刻安危在處心(경각안위재처심)

제12장

화천(化天)

"내가 장차(將次) 열석 자(尺)의 몸으로 오리라."

제12장
화천(化天)

〈1절〉
무신(戊申, 1908년)에 선생(先生)이,
고부인(高夫人)더러 일러,

가라사대,
"내가 비록 죽을지라도 마음을 변개(變改)함이 없겠나냐?"

대(對)하여,
가로대,
"어찌 변개(變改)함이 있아오리까?"

성선(聖仙)이,
다시, 글 한 수(首)를 외워 주시니 이러하니라.
「無語別時情若月(무어별시정약월),
　有期來處信通潮(유기래처신통조)」

〈2절〉
또, 고부인(高夫人)에게 일러,

가라사대,

"내가 없으면 여덟 가지 병(病)으로 어떻게 고통(苦痛)하리오.

그 중에 단독(丹毒)이 크니,

이제, 그 독기(毒氣)를 제거(除去)하리라."하시고,

그 손등에 침을 바르시니라.

〈3절〉

또, 일러,

가라사대,

"내가 없으면 그 크나큰 세 살림을,

어떻게, 홀로 맡아서 처리(處理)하리오."하시니,

고부인(高夫人)은,

어느, 외처(外處)에 출행(出行)하실 말씀으로 알았더라.

〈4절〉

기유(己酉,1909년) 2월(二月)에,

김자현(金自賢)을 데리시고,

김제 내주평(金堤 內住坪),

정남기(鄭南基)의 집에 가사,

일러, 가라사대,

"이 길은 나의 마지막 길이니,

처족(妻族)들을 일일이 찾으리라."하시고,

등촉(燈燭)을 들리시고,

종야(終夜)토록 여러 집을 찾으신 후(後)에,

익일(翌日) 새벽에,

수각리(水閣里), 임상옥(林相玉)의 집에 가시사,

공사(公事)를 행(行)하시고,

만경 삼가리(萬頃 三街里)에 이르사 쉬시며,

가라사대,

"금일(今日) 오후(午後)에 백홍(白虹)이 관일(貫日)하리니,

내가 잊어버리더라도 ,네가 잘 살펴보라."하시더니,

과연(果然), 오후(午後)에 '백홍(白虹)이 관일(貫日)'하니라.

〈5절〉

3월(三月)에 김자현(金自賢)더러 일러,

가라사대,

"학질(瘧疾)로도 사람이 상(傷)하나냐?"

대(對)하여,

가로대,

"학질(瘧疾)이 세 축 차(次)에는,

거적가지고 달려든다 하오니,

이 말이 상(傷)한다는 말이올 것이외다."

가라사대,
"진실(眞實)로 그러하리라."하시고,

전주(全州)로 가셨더니,
그 후(後)에,
김자현(金自賢)의 80(八十) 고령(高齡)의 조모(祖母)가,
문득, 학질(瘧疾)을 앓아,
세 축째 되는 날 사망(死亡)하거늘,

성선(聖仙)이 돌아오사,
가라사대,
"학질(瘧疾)로 사람이 상(傷)한다 함이 옳도다."하시고,

그 준비(準備)하여 놓은 관(棺), 안에 누으시며,

가라사대,
"내 몸에 맞는다."하시더니,
그 후(後)에,
김자현(金自賢)을 불러,

가라사대,
"관재(棺材) 한 벌을 준비(準備)하여야 하겠으니,
박춘경(朴春京)의 집에서 판매(販賣)하는,

관재(棺材) 중(中)에 잘 맞을 것으로 가려오라.
내가 장차(將次) 죽으리라."

김자현(金自賢)이,

가로대,
"성선(聖仙)이시여,
어찌, 이런 상서(祥瑞)롭지 못한 말씀을 하시나이까?"

성선(聖仙)이,
가라사대,
"네가 내말을, 믿지 아니 하는도다."하시니라.

〈6절〉
하루는, 모든 종도(從徒)더러 일러,

가라사대,
"나의 얼굴을 잘 익혀두라.
후일(後日)에,
출세(出世)할 때에는, 눈이 부시어 보기 어려우리라."

또, 가라사대,
"예로부터 신선(神仙)이란 말은,
전설(傳說)로만 내려왔고,
본 사람은 없었으나, 오직 너희들은 신선(神仙)을 보리라."

〈7절〉

또, 가라사대,

"사람의 죽엄 길이, 먼 것이 아니라,

문턱 밖에 곧 저승이니,

나는 죽고 살기를 뜻대로 하노라."

〈8절〉

하루는, 모든 종도(從徒)더러 일러,

가라사대,

"이 세대(世代)가 너무 악(惡)하여,

몸둘 곳이 없음으로, 장차(將次) 깊이 숨으려 하노니,

어디가 합당(合當)하리요?"

신원일(辛元一)이 대(對)하여,

가로대,

"변산(邊山)속에 은벽처(隱僻處)가 많으니,

그곳으로 가사이다."

성선(聖仙)이 대답(對答)치 아니하시니라.

〈9절〉

또, 가라사대,

"내가 금산사(金山寺)로 들어가서,

공양답(佛養畓)이나 차지하리라."

〈10절〉

또, 가라사대,

"내가 금산사(金山寺)로 들어가리니,

나를 보고 싶거든 금산사(金山寺)로 오라."

〈11절〉

황응종(黃應鍾)더러 일러,

가라사대,

"내가 없을 때에, 네가 나를 보지 못하여,

애통(哀痛)하며,

이곳에 왕래(往來)하는 거동(擧動)이,

내 눈에 삼연(森然)히 나타나노니,

내가 너 등뒤에 있어도 ,너는 보지 못할 것이오.

내가 찾아야 서로 만나리라.

〈12절〉

또, 모든 종도(從徒)더러 일러,

가라사대,

"내가 몸을 피(避)하려 하노니, 너희들이 능(能)히 찾겠나냐?"

모두 대(對)하여,

가로대,

"찾겠나이다."

성선(聖仙)이,

가라사대,

"너희들은 나를 찾지 못할 것이오,

내가 너희들을 찾아야 만나보게 되리라."

〈13절〉

이언(俚言)에,

이제 보니, 수원(水原) 나그네라 하나니,

누구인지 모르고,

대(對)하여,

다시, 보니 낯이 익고 아는 사람이라고 말이니,

낯을 잘 익혀 두라.

〈14절〉

또, 가라사대,

"내가 장차(將次) 열석 자(尺)의 몸으로 오리라."

〈15절〉

6월(六月) 순간(旬間)에,

모든 종도(從徒)에게,

6월 20일(六月 二十日)에 동곡약방(銅谷藥房)으로,

모이라고, 통지(通知)를 발(發)하시니라.

〈16절〉

20일(二十日)에

모든 종도(從徒)가 동곡(銅谷)에 회집(會集)하니,
성선(聖仙)이 앞에 일렬(一列)로 둘러 앉히시고,
물어,
가라사대,
"너희들이 나를 믿나냐?"

모두 대(對)하여,
가로대
"믿나이다."

또,
가라사대,
"죽어도 믿겠나냐?"

모두가,
가로대,
"죽어도 믿겠나이다."하니,

대개, 종도(從徒)들은 천하사(天下事)를 하려는데,
위지(危地)에 들어가서,
죽을지라도 믿겠느냐는 뜻으로 알았더라.

〈17절〉
이때, 성선(聖仙)이 돈 40원(四十圓)을,
궤중(櫃中)에 장치(藏置)하사,

다른 곳에 쓰지 못하게 하시니라.

〈18절〉
이때에, 김갑칠(金甲七)에게,
장령(將令)을 붙여,
'서양(西洋)으로부터 우사(雨師)'를
넘겨오신 후(後)에(第四章에 已現함),

류찬명(柳贊明)이 여쭈어,
가로대,
"이러한, 묘법(妙法)을 세인(世人)이 다 알지 못하오니,
원(願)컨대 세인(世人)으로, 하여금 널리 알게 하소서."

성선(聖仙)이,

가라사대,
"너는 내가 길게 살기를 바라는도다."하시고,
고시(古詩)를 외워 주시니, 이러하니라.
稚子哭母問何之(치자곡모문하지)
謂道靑山採藥遲(위도청산채약지)
日落西山人不見(일락서산인불견)
更將何說答啼兒(갱장하설답제아)
또, 남원(南原), 양 진사(楊 進士)의,
자만시(自挽詩)를 외우시니 이러하니라.
詩中李白酒中伶(시중이백주중령)

一去靑山盡寂寥(일거청산진적요)
又有江南楊進士(우유강남양진사)
鷓鴣芳草雨蕭蕭(자고방초우소소)

〈19절〉
21일(二十一日) 야(夜)에,
성선(聖仙)이 송환(松煥)으로 하여금,
김자현(金自賢)을 부르사 물어,

가라사대,
"네가 나를 믿나냐?"
김자현(金自賢)이 대(對)하여,

가로대,
"내가 만일 믿음이 부족(不足)할진댄,
고부화란(古阜禍亂) 끝에,
곧, 배반(背反)하였을 것이외다."

성선(聖仙)이,
가라사대,
"네 말이 옳도다.
내가 이제 일이 있어서,
장차(將次) 어디로 떠나려 하노니,
돌아오도록 잘 믿고 있으라.
만일(萬一), 내 그늘을 벗어나면 죽나니라."

김자현(金自賢)이 청(請)하여,
가로대,
"내가 모시고 따르려 하나니다."

가라사대,
"너는 갈 곳이 못 되나니라."

〈20절〉
22일(二十二日)에 김형렬(金亨烈)을 불러 물어,

가라사대,
"네가 나를 믿나냐?"

대(對)하여,
가로대,
"믿나이다."

가라사대,
"성인(聖人)의 말은,
한 마디도 땅에 떨어지지 아니하나니,
고대(古代)에 자사(子思)는 성인(聖人)이라.

위후(衛候)더러 말하되
「若此不已國無遺矣(약차불이국무유의)」라 하였으니,
위후(衛候)가 그 말을 불용(不用)하였음으로,

위국(衛國)이 참패(慘敗)하였나니,

나의 말도 또한 땅에 떨어지지 아니할지니,

오직, 너는 나의 말을 믿어라.”

〈21절〉

또, 김형렬(金亨烈)더러 물어,

가라사대,

“나의 사무(事務)을 담당(擔當)하겠나냐?”

김형렬(金亨烈)이 대(對)하여,

가로대,

“재질(才質)이 둔박(鈍薄)하고,

소학(所學)이 없사오니,

어찌 능(能)히 담당(擔當)하오이까?”

성선(聖仙)이,

가라사대,

“미유학양자이후(未有學養子而後)에 가자야(嫁者也)라.

순(舜)이 경역산(耕歷山)하고,

어뢰택(漁雷澤)하고,

도하빈(陶河濱)할 때에,

선기형(璿璣衡)을 알지 못하였나니,

당국(當局)하면 아나니라.”

〈22절〉
또, 일러,
가라사대,
"모든 일에 삼가,
무한유사지불명(無恨有司之不明)이라.

마속(馬謖)은 공명(孔明)의 친우(親友)로되,
처사(處事)를 잘못함으로 휘루참지(揮淚斬之)하였나니라."

〈23절〉
김형렬(金亨烈)을 명(命)하사,
"맥반(麥飯)을 지어오라."하시니,
곧, 지어 올리거늘,
성선(聖仙)이 보시고, "다시 가져다 두라."하시더니,

반일(半日)을 지난 후(後)에, 명(命)하사,
다시, 가져오니 밥이 쉬었거늘,

가라사대,
"이는 녹(祿)줄이니라."하시니라.

〈24절〉
23일(二十三日)에,
약방청상(藥房廳上)에 누우셨다가,
다시 뜰에 누우시고,

또, 사립문(門) 밖에 누우셨다가,
김형렬(金亨烈)에게 업히어서,
다시, 약방(藥房)으로 돌아오사,

이렇게 4~5차(四,五次) 왕복(往復)하시니,
김형렬(金亨烈)이 매우 피곤(疲困)하거늘,

차경석(車京石)이 가름하여,
2회(二回)를 왕복(往復)한 후(後)에,
또, 다섯 사람을 시켜,
사지(四肢)와 머리를, 각각(各各), 붙들어 떼메고,
약방(藥房)으로 가서 누우사,

가라사대,
"죽고 살기는 쉬우니,
몸에 있는 정기(精氣)를 흩으면 죽고, 모으면 사나니라."하시며,
차경석(車京石)으로 하여금,
「全羅北道 古阜郡 優德面 客望里 姜一淳 湖南 西神司命(전라북도 고부군
우덕면 객망리 강일순 호남 서신사명)」이라,
써서 불사르시니라.

〈25절〉
이날 밤에,
박공우(朴公又)를 침실(寢室)로 불러들여,
같이 주무실 새,

심야(夜深)한 후(後)에 박공우(朴公又)더러 일러,

가라사대,
"너의 순설(脣舌)에 곤륜산(崑崙山)을 달아라.
무진(戊辰, 1928년) 동지(冬至)에 기두(起頭)하며,
묻는 자(者)가 있으리니,
'의통인패(醫統印牌) 한 벌을 전(傳)'하라.
주고서, 나머지가 너희들의 차지가 되리라."하시니라.

⟨26절⟩
24일(二十四日) 조조(早朝)에,
차경석(車京石)을 불러들이사 흘겨보시며,

가라사대,
"똑똑치도 못한 것이, 무슨 정가(鄭哥)이냐?"하시니라.

⟨27절⟩
24일(二十四日) 기유(己酉, 1909년) 사시(巳時)에
성선(聖仙)이 김형렬(金亨烈)을 명(命)하사,
'밀수(蜜水) 1기(一器)를 가져오라 하사', 마시고,

김형렬(金亨烈)에게 몸을 의지(依支)하시고,
합연(溘然)히, 화천(化天)하시니라.

김형렬(金亨烈), 차경석(車京石) 등(等),

모든 종도(從徒)들이 선생(先生)의 시체(屍體)를,
방중(房中)에 모시고, 문(門)을 닫고 나와,
탄식(歎息)하여,

가로대,
"허망(虛妄)한 일이로다.
대인(大人)의 죽엄이,
어찌, 이렇게 아무 이상(異狀)이 없이,
수면(睡眠)함과 같으리오." 하니,

문득 비가 뿌리며,
뇌성(雷聲)이 대발(大發)하고, 전광(電光)이 섬삭(閃爍)하니라.

〈28절〉
이 날에,
고부(古阜) 본댁(本宅)에 통부(通訃)하여,
성선(聖仙)의 부친(父親)을 모셔오고,
궤중(机中)에 장치(藏置)한 돈으로,
치상(治喪)하니라.

제13장

성선(聖仙)의 이표(異表)

"나는 곧 미륵(彌勒)이니,

나를 보고 싶거든 금산미륵(金山彌勒)을 보라."

제13장
성선(聖仙)의 이표(異表)

〈1절〉
성선(聖仙)이
가라사대,
"나는 곳 미륵(彌勒)이니,
나를 보고 싶거든 금산미륵(金山彌勒)을 보라."하시고,

또, 가라사대,
"금산미륵(金山彌勒)은 여의주(如意珠)를 손에 들었으나,
나는 입에 물었노라."하시며,
'하순(下脣) 안에 주점(朱點)'을 보이시더라.

〈2절〉
또, 가라사대,
"나는 곧, 삼리화(三離火)로라."

〈3절〉
또, 가라사대,

"나는 곧, 천지일월(天地日月)이로라."

⟨4절⟩
성선(聖仙)의 면모(面貌)는,
원만(圓滿)하사 '금산미륵(金山彌勒)'과 같으시니라.

⟨5절⟩
성선(聖仙)은
좌수장(左手掌)에, '壬(임)'자문(字紋)과,
우수장(右手掌)에, '戊(무)'자문(字紋)이, 유(有)하시더라.

⟨6절⟩
성선(聖仙)은 '양미간(兩眉間)에 불표(佛表)를 유(有)'하시더라.

종야(終也).

西紀 一千九百二十年 七月 二十六日, 完筆.
(서기 1920년 7월 26일, 완필)

長城郡 長城邑 鈴泉里 一區 四班에 居住
(장성군 장성읍 영천리 1구 4반에 거주)

李良燮 書(이양섭 서), 當年 四十一歲(당년 41세).

경문(經文)

경문(經文)

『채약가(採藥歌)』

송학산(松鶴山) 구름 속에,
학(鶴)탄 손님 오건마는,
지재차산(只在此山) 좋은 경(景)을,
운심부지(雲深不知) 뉘 알소냐.

송하동자(松下童子) 백이선(白二仙)에,
채약꾼막(採藥軍幕) 가르쳐주니,
36궁(三十六宮) 도회춘(到回春)에 불노초(不老草)를 뉘 알소냐.

어이없다,
진시황(秦始皇)은 동남동녀(童女童男) 5백인(五百人)을,
서씨(徐氏) 배에 가득 싣고,
아방궁(阿房宮)에 조을면서,
소식(消息)을 고대(苦待)터니,
불사초(不死草)는 아니 오고,
허송백발(虛送白髮) 돌아오니,

만고영웅(萬古英雄) 진시황(秦始皇)도,
한 번 죽음 못 면(免)하여,

금옥경방(金屋瓊房) 3천궁녀(三千宮女), 어이하고 죽었던고.

만고영웅혼(萬古英雄魂)이라도,
한 번 간 후(後) 소식(消息) 없네.

채약(採藥) 갔던 서씨(徐氏) 배는,
삼신산(三神山)에 약(藥)을 캐며,
한 배 가득 약(藥)을 싣고, 범범중류(泛泛中流) 떠나오며,
불로가(不老歌)를 부를 적에,
서왕모(西王母) 요지연(瑤池宴)에,
년벽도(年碧桃) 따 실은 배인가,
한무제(漢武帝) 승로반(承露盤)에 이슬 받아 실은 배인가,

이태백(李太白)이 백하주(白河酒)에,
달을 건져 실은 배인가,

심양강(尋陽江) 추야월(秋夜月)에,
백낙천(白樂天) 실은 배인가,

적벽강(赤壁江) 추야월(秋夜月)에,
소동파(蘇東坡) 실은 배인가,

추월강벽파상(秋月江碧波上)에,
서씨(徐氏) 실은 조화(造化) 배라.

삼신산(三神山)에 약(藥)을 캐어,
일광(日光)반에 가득 싣고,
49장(四十八將) 노(櫓)를 저어,
순풍(順風)에 떴건마는, 어떤 자(者)가 안다 할까.

어언(於焉) 배를 타고, 진시황(秦始皇)을 찾아오니,
죽은 지가 오랜지라,
만고영웅(萬古英雄) 진시황(秦始皇)도 죽고 나니, 쓸 데 없네.

만고영웅호걸(萬古英雄豪傑)들아!
사후영웅(死後英雄) 누구인고.

불사약(不死藥)을 걸메지고,
운산운벽(雲山雲碧) 찾아들어,
깊이깊이 갈마두고,
술 한잔 취케 먹고, 정신(精神)을 가다듬어,
사면(四面)을 둘러보니,

뉘를 만나 전(傳)해 줄꼬,
사고무인(四顧無人) 적막한데,
전(傳)할 곳이 어느 곳고.

'선남자(善男子)' 누구이며,
'선여자(善女子)' 누구인고.

어이어이,

광음광음(光陰光陰) 삼강오륜(三綱五倫) 밝혀내어,

적선적덕(積善積德) 도덕가(道德家)에,

삼십육궁(三十六宮) 봄이 들어,

죽었던 나무, 다시 살아 잎이 피고,

죽었던 나무, 다시 살아 꽃이 피고,

죽었던 나무, 다시 살아 열매 여니,

재봉춘절(再逢春節) 돌아왔네.

무궁무궁(無窮無窮),

당래무궁(當來無窮),

무궁천지(無窮天地),

이, 천지(天地)에 '천지은덕(天地恩德)' 갚아보세...

『처세가(處世歌)』

대사부(大史夫) 처세(處世)하니,
처세법(處世法)이 없을소냐.

건곤(乾坤)을 집을 하니,
오양육주(五洋六洲)가 뜰 앞이라.

만고(萬古)를 휘어잡고,
말세(末世)를 더듬으니, 호
호탕탕(浩浩蕩蕩) 천지경(天地景)은,
대자연(大自然)이 여기로다.

석가산(釋迦山) 제일봉(第一峯)은,
히마리아 산전(山巓)이오,
곤륜(崑崙)에 둘째로다.

지당(池塘)은 어디메요,
태평양(太平洋)이 넓어있고,
대서양(大西洋)이 버금이라.

금강(金剛)에 빗겨 앉아,
사시연경(四時煙景) 구경(求景)하고,
천지대도(天地大道) 짊어지고,
천하정청(天下政廳) 찾아드니,
삼신산(三神山)이 여기로다.

국사봉(國事峯) 제령봉(帝令峯)은,
전후(前後)로 둘렀는데,
비룡촌(飛龍村)이 어디메요,
수출초옥(數出草屋),
석문태벽(石門苔壁),
만세인지거처(萬世人之居處)로다.

안전(眼前)에 열린 경(景)은,
억조창생(億兆蒼生) 제제(濟濟)하여,
만세연월(萬世煙月)이 유규(幽久)하구나.

천하영웅(天下英雄) 게 뉘기야,
도시왈(都是曰) 서배(鼠輩)로다.

만권서(萬卷書)를 펼쳐놓고,
동서고금(東西古今) 참작(參酌)할 새,

노자(老子)는 자(滋)를 지고,
석씨(釋氏)는 자비(慈悲) 지고,

예수(耶蘇)는 애(愛)를 지고,
공자(孔子)는 인(仁)을 지고,
차례(次例)로 찾아온다.

삼황오제(三皇五帝) 무슨 덕(德)고,
경천애민(敬天愛民)이 법(法)이로다.

사단취장(捨短取長)하야,
민리민복(民利民福) 꾀한 연후(然後),

막대 잡고 일어나서,
춘풍(春風)에 빗겨서니,
화개춘성(花開春城),
만화방창(萬化方暢)

때, 좋다 벗님네야.

삼춘시절(三春時節)이 이 아니냐.

동자(童子)야 술 부어라. 취(醉)토록 먹어보자.

신천(新天) 신지(新地) 신일월(新日月)에,
학무봉상(鶴舞鳳翔) 좋은 경(景)을 내 혼자 안단 말가.

『서전서문(書傳序文)』

慶元(경원) 己未(기미) 冬(동),
先生(선생),
文公令沈作書集傳(문공령심작서집전),
明年先生歿(명년선생몰),
又十年(우십년),
始克成編(시극성편),
總若干萬言(총약간만언).

嗚呼(오호) 書豈易言哉(서기이언재).

二帝三王治天下之大經大法皆載於此書(이제삼왕치천하지대경대법개재
어차서),
而淺見薄識(이천견박식),
豈足以盡發蘊奧且生於數千載之下(기족이진발온오차생어수천재지하),
而欲講明於數千載之前(이욕강명어수천재지전),
亦已難矣(역이난의).

何者精一執中(하자정일집중),
堯舜禹相授之心法也(요순우상수지심법야).

建中建極商湯周武相傳之心法也(건중건극상탕주무상전지심법야).

曰德(왈덕), 曰仁(왈인), 曰敬(왈경), 曰誠(왈성),
言殊雖而理則一無非所以明(언수수이리칙일무비소이명),
此心之妙也(차심지묘야).

至於言天則嚴其心之所由施禮樂敎化心之發也(지어언천칙엄기심지소유시
예악교화심지발야).

典章文物之著也(전장문물지저야),
家齊國治而天下平心之推也(가제국치이천하평심지추야).

心之德其盛矣乎(심지덕기성의호).

二帝三王存此心者也(이제삼왕존차심자야).

夏桀商受亡此心者也(하걸상수망차심자야).

太甲成王困而存此心者也(태갑성왕곤이존차심자야).

存則治(존즉치), 亡則亂(망즉란), 治亂之分(치란지분),
顧其心之(고기심지), 存不存如何矣(존부존여하의).

後世人主有志於二帝三王之治(후세인주유지어이제삼왕지치),
不可不固其道有志於二帝三王之道(불가불고기도유지어이제삼왕지도).

不可不求其心求心之要(불가불구기심구심지요),
捨是書何以哉(사시서하이재).

沈自受讀以來沈潛其理參考(심자수독이래심잠기리참고),
衆說融會貫通(중설융회관통),
迺敢折衷微辭奧旨多迷(내감절충미사오지다미),
舊聞二典禹謨(구문이전우모),
先生皆嘗正手擇尙新嗚呼惜哉(선생개상정수택상신오호석재).

集傳本先生所命(집전본선생소명),
故凡引用師說不復識別四代之書分爲六卷文(고범인용사설불복식별사대지
서분위육권문),
時異以治以道同聖人之心見於書(시이이치이도동성인지심견어서),
猶化工之妙著於物非精深不能識也(유화공지묘저어물비정심불능식야).

詩傳也(시전야),
於堯舜禹湯文武周公之心雖未必能造(어요순우탕문무주공지심수미필능
조),
其微於堯舜禹湯文武周公之書引時訓詁(기미어요순우탕문무주공지서인
시훈고),
亦可得其指意之大畧矣(역가득기지의지대략의).

嘉定(가정) 庚申(경신) 三月(삼월)
                    旣望(기망) 武夷(무이) 蔡深(채심) 序(서).

『지지가(知止歌)』

천지음양(天地陰陽) 조판 후(後)에,
사종사례(四種四禮) 있었으니,
원형이정(元亨利貞) 근본(根本)이요,
인의예지(仁義禮智) 제일(第一)이라,
하왕추래(夏往秋來),
금세계(今世界)는 문이시이도동(文以時異道同)이라.

명철보신(明哲保身)하였거늘,
청림도학(靑林道學) 찾고 찾소.

억조창생(億兆蒼生), 많은 사람이 도(道) 알면 살리로다.
인의예지(仁義禮智), 사덕하(四德下)에,
길도(道)자(字) 얻었으니, 사람마다 다 알 소냐.

천지음양(天地陰陽) 그 가운데,
최귀자(最貴者)는 사람이라,
사람이라 하는 것은
'오행(五行)으로 품기(稟氣)'해서,
'삼강오륜(三綱五倫) 법(法)'을 삼아,

삼강오륜(三綱五倫) 그 가운데,

충효(忠孝) 2자(二字) 밝히면은,
'정성성(誠)자(字) 얻음'이요, '미들신(信)자(字) 제일(第一)'이라.

그런 고(故)로,
충효(忠孝)하면, 무궁복록(無窮福祿) 오나이라.

자고성현(自古聖賢) 하신 말씀,
'충신구어효자가(忠臣求於孝子家)'라,
경천부(敬天父) 일삼으면, '적덕고문(積德高門)' 되나이라.

당차문도하정(當此文道下正)은
이재궁궁(利在弓弓)을 알 것이요,
利在弓弓(이재궁궁) 알게 되면,
청림도사(靑林道士) 만나리라.

정심정기(正心正氣) 앉을좌(坐)자(字),
인구유토(人口有土) 분명(分明)하다.

심화기(心化氣), 정할정(定)자(字),
족상가점(足上加點) 이 아닌가.

시구시구조을시구(矢口矢口鳥乙矢口),
시구이자(矢口二字),

484 대순전경(大巡典經)

뉘 알소냐.

알지(知)자(字)로 뉘 알소냐.
다, 알면 믿을소냐.
믿기만 믿을진대,
삼재팔난(三災八難) 염려 마소.

경제천신(敬祭天神),
선성도법(先聖道法),
지성감천(至誠感天) 없을손가.

일심공부(一心工夫) 우명성(牛鳴聲)은,
우성재야(牛性在野) 분명(分明)하다.

수종백호주청림도인(須從白虎走青林道人) 밖에 뉘 알소냐.

삼분승속(三分僧俗) 안다 해도, 불위사(佛爲師)를 뉘 알소냐.

무극대도(無極大道), '유일운(惟一運)은 시호시호(時乎時乎)'
이때로다.

'일국부용향서개락반사유(一菊芙蓉向西開落盤四乳)'
뉘, 알소냐…

가련창생(可憐蒼生) 한심(寒心)하다.

어찌 그리 미련한가.

밥만 알고, 돈만 알아, 음해(陰害)하기 무삼일꼬,
천필주지(天必誅之) 뉘, 알을까…

천망회회소불루(天網恢恢疎不漏)라,
천의인심(天意人心), 살펴보고,
생활정도(生活正道), 찾아오소.

천의창창하처재도재인심(天意蒼蒼何處在都在人心) 이, 아닌가.

春秋正筆人皆有上沖目之杖(춘추정필인개유상충목지장) 아닐런가.

천생사민생사도(天生斯民生斯道)에,
선지선각각후지(先知先覺覺後知)라,
의심(疑心) 말고 수도(修道)하면,
어변성룡(魚變成龍) 되리로다.

부귀영화(富貴榮華) 뉘, 싫을까.
청림청풍(靑林靑風) 박대(薄對) 마소.

하나님만, 공경(恭敬)하면 때가 있어, 오나이라.

자고급금(自古及今) 전(傳)한 말이,
천경우출(天傾牛出) 뉘 알소냐.

풍풍우우(風風雨雨)이 말세(末世)에,
소 부르는 효자(孝子)로다.

천지부모(天地父母) 일체(一體)로다.

지성(至誠)으로 공경(恭敬)하세.

적악자(積惡者)는 어찌 할꼬.
적선자(積善者)는 흥(興)하리라.
부왕태내만환운(否往泰來滿環運)이,
군자도장(君子道長) 小人消(소인소)라.

풍파유세백년진(風波流洗百年塵)은,
을시구조타(乙矢口鳥타), 정조타(正鳥타).
삼인일석(三人一夕) 안다 하리.

수선수도(修善修道) 뉘 알소냐.

무림숙조하소리(茂林宿鳥下疎籬)는,
궁궁을을(弓弓乙乙) 조을시구(鳥乙矢口),
운수(運數) 따라 수도(修道)하면,
태평성세갱귀(太平聖世更歸)로다.

청괴만정(靑槐滿庭) 아지마는,
백양무모(白揚無茅) 뉘 알소냐.

무위이화(無爲而化) 뉘 알소냐.

천의인심합덕(天意人心合德)이라,
세상만사(世上萬事) 다 알련마는,
도인(道人) 외(外)에 뉘 알소냐.

사람마다 알게 되면, 죽을 사람 전혀 없다.

천지개벽(天地開闢) 다 알겠나.

만수도인(萬數道人),
우리부터,
신통육예(神通六藝), 누구, 누구,
육부팔원진군자(六夫八元眞君子)라,
헌신체발(獻身體髮) 그 가운데,
경천위지풍운대수잠룡물용안심수도(經天緯地風雲大水潛龍勿用安心修
道),
때가 있어, 올 것이니,
옥황상제(玉皇上帝) 신도(信徒)하면,
운수(運數) 따라 분부(分付)한다.

억조창생(億兆蒼生) 가지랴고,
그 글 받아, 이 세상(世上)에,
동요(童謠) 같이 전(傳)해 주리.

선(善)한 사람 살지니라.

성화(星火)같이 지도(指導)하되, 악(惡)한 사람 한심(寒心)하다.

서행 삼수(三數) 익중하야, 남을 속여 집현하면,
앙급자손(殃及子孫) 하나니라.

천은지덕(天恩至德) 얻었으니,
선도자(善道者)도 난행(難行)이요,
악도자(惡道者)도 난행(難行)이라.

음해숭상(陰害崇常) 저 소년(少年)이,
빙글 빙글 웃지 마소.

명명(明明)하신 하나님이,
불효불충(不孝不忠)하는 사람,
차세상(此世上)에 없애코자,
만리풍진(萬國風塵) 이리 난다.

화성화성교극시대생활지인(火星火星交剋時代生活之人),
몇몇인고.

궁도극처변통(窮到極處變通)되면,
성제명왕문명세(聖帝明王文明世)라.

초야궁민영웅(草野窮民英雄)들아,
수도(修道)하며 경천(敬天)하소.

이와 같이, 좋은 줄을, 사람마다 비방(誹謗)하네.
천하(天下) 사람,
다 살면은 성쇠지운(盛衰之運) 있을소냐.

부모형제(父子兄弟) 일신(一身)이라,
운수(運數) 역시(亦是) 각각(各各)이라.

피난(避難)가는 우민(愚民)들아,
앉을좌(坐)자(字) 물어 보라.

수지거소(遂之所居) 찾아가면,
앉을좌(坐)자(字) 알 터이니,
바삐 바삐 깨달으소.

말동불급(末動不及)되나이라.

간 데 마다, 죽는 줄을 이와 같이 모르온다.

깨닫고 깨달으면 뉘가 아니 좋을는가.
이말, 저말, 그만두고…
말과 글이 무궁(無窮)이라.

『궁을가(弓乙歌)』

예의문물(禮義文物) 조선국(朝鮮國)에,
천명(天命) 받아내신 도사(道士)

무극대도(無極大道) 공부(工夫)하여,
궁궁을을(弓弓乙乙) 성도(成道)로다.

만고제왕(萬古諸王) 흥망사(興亡事)와,
팔황천지(八荒天地) 변복(變覆)하나,
무불통지(無不通知) 모를소냐.

풍운조화(風雲造化) 의(意)이로다.

천근월굴(天根月屈) 왕래간(往來間)에,
성궁성을(星弓星乙) 조림(照臨)하네.

공중누각(空中樓閣) 높은 집에,
도통군자(道通君子) 식(識)이로다.

무성무취(無聲無臭) 상천의(上天意)는,

호생지덕(好生之德) 광대(廣大)하니,
의관문물(衣冠文物) 조선국(朝鮮國)에,
천명(天命) 받아 내신 도사(道士),
무극대도(無極大道) 공부(工夫)하며,
천궁지을(天窮地乙) 성도(成道)로다.

광제창생(廣濟蒼生) 하시려고,
궁을가(弓乙歌)로 지어내어,
이 세상(世上)에, 현발(現發)하니 가련(可憐)하다.
창생(蒼生)들아,
이 노래를 삼은 후(後)에, 명심불망(銘心不忘) 잊지 마소.

천지음양(天地陰陽) 조화간(造化間)에,
너도 나고, 나도 나니,
부모은덕(父母恩德) 적을소냐.

여산여해(如山如海) 망극(罔極)이라.

막배왕토(膜拜王土) 전답간(田畓間)에,
오곡(五穀) 심어 생애(生涯)하니,
나에 은덕(恩德) 적을소냐.

진충진명(盡忠盡命) 직분(職分)이라,
천지간(天地間) 만물중(萬物中)에,
최귀(最貴)한 자(者) 사람이라.

인의예지(仁義禮智) 제일(第一)이요,
효제충신(孝悌忠信) 얻음이라.

삼강오륜(三綱五倫) 밝아오면,
믿을신(信)자(字) 으뜸이라.

삼황오제(三皇五帝) 성왕(聖王)들도,
천명(天命) 믿어 치국(治國)하니,
우탕문무(禹湯文武) 성왕(聖王)들도,
천명(天命)받아 치국(治國)하고,
만고대성(萬古大聖) 공부자(孔夫子)도,
천명(天命)대로 행도(行道)하다.

천하제국(天下諸國) 흥망사(興亡事)도,
막배천명(膜拜天命) 이 아닌가.

상원갑자(上元甲子) 십이회(十二會)에,
구변구복(九變九復) 돌아오니,
천지운수(天地運數) 알을소냐.

만국세전(萬國世前) 초우풍(草雨風)은,
억조창생(億兆蒼生) 도탄(塗炭)이라.

예의동방군자국(禮義東方君子國)에,
외국병마(外國兵馬) 무삼일고.

사해풍진(四海風塵) 요란(搖亂)하되,
불여팔화(不如八化)이 따로다.

생활지방(生活之方) 궁을(弓乙)씰 때,
천명(天命)대로 반포(頒布)하니,
낙반사란(落盤四亂) 알았거든,
동작서성(東作西成) 힘을 쓰소.

이재전전(利在田田) 묻지 말고, 궁을가(弓乙歌)를 잘 부르소.

인구유토(人口有土) 왜 모르오.

수심정기(修心正氣) 좌(坐)자(字)로다.

적덕자(積德者)는 복(福)을 주고,
적악자(積惡者)는 죄(罪)를 주니,
지공무사(至公無私) 천명하(天命下)에,
도망(逃亡)할 이 뉘 있으리.

지성(至誠)으로 지친(至親)하여,
백행지원(百行之源) 효자(孝子)로다.

진심(眞心)으로 사군(事君)하여,
백세고명(百世高名) 충신(忠臣)되니,
효제충신(孝悌忠信) 사는 곳에,

병란겁란(兵亂怯亂) 면(免)하리다.

현인군자(賢人君子) 사는 곳에,
겁기살기(劫氣殺氣) 절로 벗네.

궁을가(弓乙歌)를 불신(不信)하면,
생활지방(生活之方) 얻을소냐.

지령(地靈) 신령(神靈) 뫼신 곳은,
우주지간(宇宙之間) 없나이라.

심목심산(深木深山) 찾아간들,
천죄자(天罪)者야 면(免)할소냐.

미련하다, 저 백성(百姓)아,
남부여대(男負女戴) 가지 말고,
궁을가(弓乙歌)를 불러보세.

불사약(不死藥)이 여기 있네.

인의예지(仁義禮智) 숭상(崇尙)하면,
강포도적(强暴盜賊) 불범(不犯)하고,
효제충신(孝悌忠信) 일삼으면,
만단재화(萬端災禍) 쓰러진다.

이 노래, 한 곡조(曲調)에,
'무릉도원(武陵桃源) 지척(咫尺)'이요,
이 노래, 두 곡조(曲調)에,
'봉래산(蓬萊仙)이 절'로 되네.

상인해물(傷人害物) 하지 말고,
선심선덕(善心善德) 힘을 쓰오.

황금백금(黃金白金) 많다 한들
그(其) 재물(財物)이 몇 낱일까.

공궁빈천(困窮貧賤) 한(恨)을 마오.

시호(時乎) 시호(時乎) 때가 있네.

보신보가(保身保家) 어찌 할꼬,
궁을지외(弓乙之外) 무가내(無可奈)라.

영웅호걸(英雄豪傑) 초야중(草野中)에,
궁을가(弓乙歌)를 세우리라.

천하성운(天下聖運) 불원(不遠)하니,
만화방초(萬花芳草) 세월(歲月)이라.

조을시구(鳥乙矢口) 궁을중(弓乙中)에,

당요일월(唐堯日月) 다시 밝네.

피난(避難)가는 저 백성(百姓)아,
궁을지방(弓乙之方) 왜 모르오.

궁을수(弓乙數)로 인리(人利) 되면,
강구연월(康衢煙月) 태평세(太平歲)라.

어을시구(於乙矢口) 이 시절(時節)에,
너와 나와 놀아보세.
불쌍하다, 우리 백성(百姓)아,
대천명(待天命)하여 보세.

건곤조화(乾坤造化) 이 노래에,
이십사방(二十四方) 정위(定位)로다.

좌종우종(左種右種) 합덕(合德)하니,
광제창생(廣濟蒼生) 이 아닌가.

궁을정수(弓乙定數) 조림처(照臨處)에,
화기춘풍(和氣春風) 절로 오네.

이 노래를 다 이르고,
불의탐물(不義耽物) 웬일인고.

악도배(惡徒輩)를 죄(罪)주려고,
병란괴질(病亂怪疾) 병발(病發)하니,
금옥전답(金玉田畓) 많다 한들,
어찌 능(能)히 막을소냐.

성경현전(聖經賢傳) 많이 일러,
문장도덕(文章道德) 좋건마는,
세강속말(世降俗末) 이 시절(時節)에,
문학공부(文學工夫) 바이없다.

홍몽풍우(紅夢風雨) 이 세상(世上)에,
부귀공명(富貴功名) 가소롭다.

정심수도(正心修道)하신 군자(君子),
모춘삼월(暮春三月) 좋은 때라.

사농공상(士農工商) 사업중(四業中)에,
직분(職分)대로 힘을 쓰세.

상경부모(常敬父母) 위주(爲主)하고,
하늘천(天)자(字) 진심(眞心)하소.

개과천선(改過遷善) 아는 사람,
지성(至誠)으로 수도(修道)하면,
이재송송(利在宋宋) 여기시오.

이재가가(利在家家) 우릴시라.

이재가가(利在家家) 이 말씀은,
때를 따라 이른 바라,
우리 성왕(聖王) 어진 덕화(德化),
동정서피(東征西避) 하건마는,
시운불행(時運不幸) 어찌 할꼬.

만백성(萬百姓)이 복(福)이 없네.

일미일양(日美日洋) 가는 길에,
개화지설(開化之說) 어떻던고,
인도방백(人道方伯) 그럭저럭,
제읍수령(諸邑守令) 말이 없네.
강산초목(江山草木) 상로설(霜露雪)에,
서미팔사(鼠尾八絲) 조심하소.

적덕(積德), 적덕(積德), 아니한 집,
십상팔구(十常八九) 두렵도다.

모원 세계(世界) 묻지 마라.

학철지어(涸轍之魚) 가련(可憐)하다.

가고 가는 저 백성(百姓)아, 무엇 믿고 간다 말가.

대해풍파(大海風波) 당도(當到)하면,
선장(船長) 없이 뉘 건너며,
통분절치(痛憤絕齒) 분세운(憤世運)에,
도덕(道德) 없이 능(能)히 살며,
광풍경경(狂風競競) 요란시(搖亂時)에,
인의(仁義) 없이 어찌 살꼬,
무극대도(無極大道) 이 노래는,
구활인생(救活人生) 근본(根本)이라.

엄동설한(嚴冬雪寒) 당도(當到)하니,
영량(營糧) 없이 어찌 살꼬,
호호탕탕(浩浩蕩蕩) 천지간(天地間)에,
도상(道上) 도중(道中) 도하(道下)로다.

이전조(二典調)는 그만두고,
그중별곡(其中別曲) 풀어 보소.

소야상천(昭夜上天) 옥경루(玉京樓)에,
상제(上帝) 모셔 잔치 하고,
금오중천(金烏中天) 태극성(太極星)에,
궁을세계(弓乙世界) 돌아오니,
기화요초(琪花瑤草) 난만(爛漫)하고,
서기상운(瑞氣祥雲) 황홀(恍惚)하야,
양류지하(楊柳之下) 노는 짐승,
불리생초(不履生草) 기린(麒麟)이요,

오동정상(梧桐井上) 노는 새는,
기불염려(飢不念慮) 봉황(鳳凰)이라.

오는 빈객(賓客) 선관(仙冠)이요,
노는 사람 군자(君子)로다.

연년풍등(年年豊登) 오곡(五穀)이요,
가가번식(家家播殖) 육축(六畜)이라.

악질강포(惡疾强暴) 불입(不入)하고,
병화소식(兵火消息) 적막(寂寞)하다.

천하승지(天下勝地) 이 아닌가.

세상(世上) 사람 왜 모르오.

도화유수(桃花流水) 조연처(竈煙處)에,
편주어(片舟漁) 즉(卽) 이리 오소.

약(藥) 다리는 저 동자(童子)야,
사문(四門) 열고 길 쓸어라.

도로(道路) 방황(彷徨),
저 백성(百姓)을 이곳으로 불러오세.

부모처자(父母妻子) 다 데리고,
주야(晝夜) 없이 빨리 오소.

낙락장송(落落長松) 정자(亭子) 좋고,
열렬옥천(烈烈玉泉) 우물 좋네.

인산지수호가기(仁山智水好家基)에,
청풍명월(淸風明月) 벗을 삼아,
안빈낙도(安貧樂道) 한(恨)치 마소.

정심수도(正心修道) 길을 하면,
보신보가(保身保家) 뿐이던가,
자손영귀(子孫榮貴) 좋을시구.

자하주(紫霞酒)에 취(醉)한 잠을,
학려성(鶴唳聲)에 잠을 깨어,
인간만사(人間萬事) 살펴보니,
한심(寒心)하고 절통(切痛)하다.

자포자신(自暴自身) 미달(未達)한 자(者),
부도금수(不到禽獸) 어디 있나.

이주잡기(醨酒雜妓) 저 소년(少年)아,
패가망신(敗家亡身) 절로 되고,
토색재권(討索財權) 호아배(胡兒輩)는,

종래천앙(從來天殃) 면(免)할쏜가.

난도난법(亂道亂法)하는 사람,
동학(東學)이라 이름하고,
허무지설(虛無之說) 조화(造化) 많다.

우인백성(愚人百姓) 붕당(朋黨)되어,
공추지폐(公秋之弊) 불측(不測)하니,
신함대륙(身陷大戮) 마땅하다.

수선수도(修善修道) 벗님네야,
청빈(淸貧)함을 근심 마오.

남산사호(南山四皓) 채지가(採芝歌)는,
도세군자(逃世君子) 고풍(高風)이요,
수양백이(首陽伯夷) 채약가(採藥歌)는,
보국충신(報國忠臣) 정정이라.

지화지기(至和至氣) 내려오는,
제세안민(濟世安民) 경륜(經綸)이라.

곡조곡조(曲調曲調) 권선(勸善)이요,
마디마디 정계(正戒)로다.

『상세가(傷世歌)』

오호(嗚呼)라.
노사숙유(老士熟儒)들도 이 내 노래 들어보소.

성현군자(聖賢君子) 되는 법(法)이,
하도낙서(河圖洛書) 추리(推理)해서,
천지만물(天地萬物) 정(定)하시니,
지미(至微)한 게 이수(理數)로다.

하락지리(河洛之理) 모르고서,
세상(世上)에 안다 할 것이 무엇인가.

천지합덕(天地合德) 삼십이(三十二)오,
천지합덕(地天合道) 육십일(六十一)은,
일월동궁유무지(日月同宮有無地)오.

일월동도(日月同道) 선후천(先後天)을,
삼십육궁(三十六宮) 선천월(先天月)이,
대명후천(大明後天) 삼십일(三十日)을,
사상분체도(四象分體道)언,

일백오십구(一百五十九)가 되고,
일원추행수(一元推行數)는 천육(千六)이로다.

대재(大哉)라.

일월지덕여(日月之德歟) 일필(一筆)로 난기(難記)로다.
토극(土極)하면 생수(生水)하고,
목극(木極)하면 생화(生火)하고,
화극(火極)하면 생금(生金)하며,
금극(金極)하면 생목(生木)하고,
목극(木極)하면 생토(生土)하고,
토이생화(土而生火)하나이라.
위편삼절(韋編三絶) 오부자(吾夫子)도,
불언무극(不言無極), 이때로다.

오호(嗚呼)라,
금일금일(今日今日)이여.

천하만국(天下萬國) 분요중(紛鬧中)에,
삼십육학(三十六學) 대발(大發)하야,
억음존양(抑陰尊陽)하는구나.

민신(民神)이 잡유(雜糅)하였으니,
불가방물(不可放物) 이 아닌가.

그중(其中)에 묘리(妙理) 있건마는,
지사(知士) 외인(外人) 누가 알까.

무량수(無量數)가 용사(用事)하니,
천지부(天地否)가 천지(天地)된다.

기위(己位) 가친정(可親政)하니,
무위(戊位)언 존공(尊空)하네.

묘궁(卯宮)이 용사(用事)하니,
인궁(寅宮)이 사위(謝位)로다.

계해(癸亥)가 부두(付頭)되니,
갑자(甲子) 꼬리로다.
삼십육궁(三十六宮) 성도(成度)하니,
이십팔수(二十八數) 변역(變易)하여,
우성(牛星)이 봉공(逢空)하니,
천붕우출(天崩牛出)이 이 아닌가.

갑건해(甲乾亥)가 되었으니,
동(東)이 북(北)이 된단 말가.

무현금(無玄琴) 한 곡조(曲調)로,
천지만물(天地萬物) 개정(改定)하네.

불역(不易)이 정역(正易)되니,
만국(萬國) 동화(同化)되는구나.

자(子)머리가 각(角)이 나니, 쥐뿔털이로다.

삼분동요(三分童謠) 어떻던가,
천하절후(天下節候) 삼변(三變)하네.

일일재년(日日災年) 이러할 제, 오
성복지(五星福地) 찾아가오.

개지위성(改之爲聖) 일렀으니,
지각자(知覺者)를 따라서라.

선천비결(先天祕訣) 믿다가는,
귀지허사(歸之虛事) 되리로다.

개벽이수(開闢理數) 불원(不遠)하며,
대성인(大聖人)이 행(行)이로다.
수조남천(水潮南天) 하실 적에,
수사북지(水沙北地) 하는구나.

풍파(風波)는 절엄(絶嚴)한데,
억조창생(億兆蒼生) 어이할꼬.

이치(理致)는 그러하나,
조춘난변(早暮難辨)이로다.

허영지설(虛盈之說) 그만 하고,
초가한칸(草家一間) 지어볼까.

무주공산(無主空山) 저문 날에,
벌목정정(伐木丁丁) 나무 베어,
너도 한 집, 나도 한 집,
여기 저기 분치(分置)해서,
인의예지(仁義禮智) 주주(主柱)삼고,
사정위(四正位)로 기둥삼아,
팔괘(八卦)로 쟁에 도티 삼고,
대연수(大緣數)로써 글 걸어,
오십토(五十土)로 대공(大空) 받쳐,
착종기수(錯綜其數)로 서실(書室)해서,
육십사괘(六十四卦)로 기와하야,
음양(陰陽)으로 벌여놓고,
경신금(庚申金) 풍경(風磬) 달고,
오색(五色)으로 단청(丹靑)해서,
금화문(金火門)을 열어놓니,
설설 오는 남풍(南風)일래,
풍경(風磬)소리 온화(穩和)한데,
도덕군자(道德君子) 득의(得意)로다.
요순우탕문무주공(堯舜禹湯文武周公) 차례(次例)로,

존공(尊恭)하니,

걸주풍파(桀紂風波)난들,

그 배 파산(破散) 어이할,

무량도수(無量度數) 용사(用事)하니,

극락세계(極樂世界)이 아닌가.

천근월굴(天根月屈)이 한래왕(閒來往)하되,

삼십육궁(三十六宮)이 도시춘(都是春)이 여기로다.

천세력(千歲曆)이 변역(變易)하야,

만세역(萬歲易)이 되는구나.

반고씨(盤古氏) 이후(以後) 얼마던고, 삼변구변(三變九變) 되는구나.

반고씨(盤古氏) 임인(壬寅)이 얼마던고,

금지후천(今之後天) 복구(復舊)로다.

수인씨(燧人氏) 원년(元年) 이후(以後)로,

추수(推數)하니,

십이만구천육백년(十二萬九千六百年) 경자(庚子)로다.

광부지설(狂夫之說) 그만 하고,

'직면가(織綿歌)'나 불러 볼까.

우주(宇宙)에 터를 닦아,

천기자동(天機自動) 베틀삼아,

사정위(四正位) 베틀다리,

삼오이도(三五二度) 벙어리며,

오십토(五十土)로 장육십사괘(長六十四卦) 뱃대삼아,

건삼련(乾三連) 앉을깨며,

감리토(坎离土)로 잉어 걸어,

무극체(無極體)로 본을 받아,

허리 안께 감아매고,

일태극(一太極) 말코 삼고,

삼촌기수(三寸其數)이어 되며,

바디집은 양이 삼고,

삼백팔십사효(三百八十四爻)로 기영(氣影)삼아,

경신금(庚申金) 체발이며,

의사(意思)있는 눈썹대에,

삼팔목(三八木) 북속에 든,

일대수(一大水)에 덤벙 적셔,

용두머리 끄실 신은 '인의예지신(仁義禮智信)'이로다.

전신(全身)이 동(動)하면서,

발질 언뜻하면은,

元三되歌무성은 천연(天然)한 선관(仙冠)일래.

일월문채수기(日月文綵數綺)로며,

주야도수(晝夜度數) 짜나가니,

경갑공문(庚甲空門) 그 가운데,

왕래(往來)하는 북이로다.

첨대가 언뜻하면,

도토마리 그 형상(形狀)은,

뇌성벽력(雷聲霹靂) 진동(震動)하니,

조화기(造化機)가 이 아닌가.

구이착종(九二錯綜) 짜나가니,

일월광화(日月光華)하고, 문채(文綵)도 혁혁(爀爀)하다.

오백사십만리(五百四十萬里) 자질한이,

무극(無極)비단이 이 아닌가.

허영낭설(虛盈浪說) 그만하고,

농사(農事)나 지어보세.

복희(伏羲) 선천낙종(先天落種)하야,

문왕(文王) 후천운초(後天耘草)해서,

삼변국위성도(三變局爲成度)하니,

시운칠월장일편(詩云七月章一編) 난, 때로다.

양의(兩儀)로 씬부하여, 度흑金볏쳘다라,

삼팔목(三八木) 멍에삼아,

태기도수(太機度數) 양거어리,

주야도(晝夜度)로 가라가니,

히흥 일세계(一世界)이 아닌가.

현룡재전(見龍在田) 일렀으니,

천하문명(天下文明) 이 아닌가.

오백사십만리(五百四十萬里),
가야가리 이재전전(利在田田) 이 아닌가.

무극태극세량(無極太極細量)하니,
궁궁을을(乙乙弓弓) 의연(依然)하다.

대궁(大弓)은 태극(太極)이요,
소궁(小弓)은 궁궁(窮窮)이라,
우상(牛像)을 자세(仔細)히 보면,
인인생도재차(人人生道在此)로다.
어산어야(於山於野) 승번(乘煩) 후(後)에,
공가장곡(空家藏穀) 이 아닌가.

이라이 소 어서 가자.

점심 때는 늦어간다.

암아(喑哦)소리 들어보니,
우성(牛聲)이 재야(在野) 분명(分明)하다.

보십어리 양방에 극친하니, 그만하고, 어서 가자.

허영(虛盈)에 들지 말면, 명철보신(明哲保身) 되나니라…

부운모(否運謀) 당(當)하는 사람,
불고천명(不顧天命) 애달프다.

무위이화(無爲而化) 되지마는,
세상(世上)사람 뉘가 알까.

성인(聖人)이 하신 말씀 적선자(積善者)가,
생(生)하리라 하였더라.

적악(積惡)하든 세상(世上)사람들도,
회심정기(回心正氣)하야서라.

천하만국(天下萬國) 인민(人民)들아,
천지품기(天地稟氣) 동태(同胎)해서,
이천지하(一天地下) 인민(人民)으로,
일가지내(一家之內) 상해(相害)한가,
종불미개(終不未改)하기 되면,
이후천벌(以後天罰) 가외(可畏)로다.

후회막급(後悔莫及) 하지 말고,
개위성(改爲聖) 사람 되게,
부운(否運)이 태운(太運)되어,
시중군자(時中君子) 몇몇인가.

어와, 세상(世上)사람들아, 강산(江山)구경 가자서라.

각색도화(各色桃花) 만발(滿發)한데,
연화(蓮花)구경 제일(第一)일네.

밭전(田)자(字) 들고 보니,
사상(四象) 중(中)에 십토(十土)를 감추었구나.

모로 보니, 기우수(奇耦數)가 은영(隱暎)하고,
배(配)로 보니, 양일(兩日)이 분명(分明)하다.

대명건곤(大明乾坤)이 이 아닌가.

태음태양(太陰太陽) 승권(乘權)탄 이,
천호연(天浩然) 어찌할꼬.

이허중(离虛中)을 지어보니,
남무아미타불(南無阿彌陀佛)일네.

우매인생(愚昧人生)들도 바른길 가려 하면,
천탄(淸灘)에 목욕(沐浴)하고,
명천(明天)에 덕(德)을 닦아,
우보(又甫)에 배를 타고 십청(十淸)을 건너가서,
계월(桂月)을 바라보니, 정뢰풍정관초(正雷風頂觀初)로다.

삼산일도(三山一島)이 넘노난데,
일부당권(一夫當權) 제일(第一)일까.

팔천제자(八千弟子) 그 가운데,
백팔수(百八數)가 용사(用事)로다.

건곤정위(乾坤正位) 하시거든,
여민동(與民同)하자꾸나.

비문비가(非文非歌) 웃지 마소.

오는 세상(世上) 알리로다.

어떤 사람 적선(積善)하고, 어떤 사람 적악(積惡)할까.

꽃이 곱다 한들, 조발선조(早發先凋) 자조하고,
솔이 푸르다 하여도, 장합취색(長合翠色)되나니,
허수히 듣지 말고,
각각(各各), 신명(身命)을 생각(生覺)하게.

어조사는 무궁(無窮)하나, 대강 설화(說話)하야 이만 그치노라.

『증산(甑山) 대선생(大先生) 약사(畧史) 문답(問答)』

(問).
하나님께서 묵은 도덕(道德)을 다 버리시고,
새 도덕(道德)을 내시사,
천하(天下)에 억조창생(億兆蒼生)을 건지시려고,
인간(人間)에 오셔서 어떤 어른이 되셨느냐?
(答).
증산(甑山) 성선(聖仙)님이 되셨습니다.

(問).
증산(甑山) 성선(聖仙)님께서는,
어느 땅에서 탄생(誕生)하셨느냐?
(答).
고부(古阜) 객망리(客望里)에서 탄생(誕生)하셨습니다.

(問).
증산(甑山) 성선(聖仙)님은 어느 때에 탄생(誕生)하셨느냐?
(答).
신미년(辛未年,1871년) 9월(九月) 열아흐레, 날 탄생(誕生)하셨습니다.

516 대순전경(大巡典經)

(問).

증산(甑山) 성선(聖仙)님 성씨(姓氏)는 누구시냐?

(答).

강씨(姜氏)올시다.

(問).

증산(甑山) 성선(聖仙)님 이름은 누구시냐?

(答).

일(一)자(字), 순(淳)자(字)올시다.

(問).

증산(甑山) 성선(聖仙)님 자(字)는 누구시냐?

(答).

사(士)자(字), 옥(玉)자(字)올시다.

(問).

증산(甑山) 성선(聖仙)님 호(號)는 누구시냐?

(答).

증산(甑山)이십니다.

(問).

증산(甑山) 성선(聖仙)님께서,

설흔 살 잡수실 때까지는 무엇을 하셨느냐?

(答).

주유천하(周遊天下)하사,

천하(天下)에 인정풍속(人情風俗)을 살피셨습니다.

(問).

증산(甑山) 성선(聖仙)님께서,

설흔한 살 잡수셔서는 무엇을 하셨느냐?

(答).

전주(全州) 모악산(母岳山) 대원사(大院寺)에 계시사,

'천지대신문(天地大神門)'을 열으셨습니다.

(問).

증산(甑山) 성선(聖仙)님께서,

천지일원수(天地一元數), 십이만구천육백년(十二萬九千六百年)에 선천운
수(先天運數)는 다 지나가고, 후천운수(後天運數)가 열렸는데 어떤 어른
이시냐?

(答).

성선(聖仙)님이시고,

천지일월(天地日月)이시고,

남방(南方) 삼리화(三离火)이시고,

삼계(三界) 대권(大權)이시고,

서신(西神) 사명(司命)이시고,

금산(金山) 미륵불(彌勒佛)이십니다.

(問).

증산(甑山) 성선(聖仙)님께서,

설흔아홉 살 잡수실 때 '세지'는 무엇을 하셨느냐?

(答).

천지대신문(天地大神門)을 열으시사,

천지대신명(天地大神明)을 모으시고,

조화정부(造化政府)를 세우시사,

천지대공사(天地大公事)을 행(行)하시고,

하늘도 뜯어 고치시고,

땅도 뜯어 고치시고,

날과 달의 행(行)함을 바로 잡으시고,

사람과 만물(萬物)을 다 새로 고쳤습니다.

천지도수(天地度數)를 바로 잡으시사,

후천운(後天運)을 열으시고,

천지신명(天地神明)을 모으시사,

만고(萬古)의 원(寃)을 끌러주시고,

대지강산(大地江山)의 운기(運氣)를 통일(統一)하사,

전주(全州) 모악산(母岳山)을 으뜸되게 하셨습니다.

만고(萬古)의,

문명신(文明神)을 거느리시고,

천하만세(天下萬世)에 대도덕(大道德)을 세우시니,

억조원대(億兆願戴)하였습니다.

가라사대,

"내가 다시 올 때에는,

열석 자(尺)의 키로서 천지신명(天地神明)을 거느리고 오리니,

천동(天動)과 지진(地震)이 아울러 일어나며,

바로 보기 어려우리라.

복(福)을 구(求)하는 자(者) 힘쓸지어다." 하셨습니다.

『제세신약가(濟世新藥歌)』

사해(四海) 적막(寂寞) 어둔 밤에,
등불 잡고 헤매이는 복(福) 구(求)하는,
저 남녀(男女)야,
복(福)을 보고 좇지 말고, 몸을 속(速)히 닦아서라.

천파만류(千波萬流) 흐르는 복(福),
각(各)가지로 열렸으나,
수신정기(修身正氣) 못한 몸이 복(福)줄 잡기 쉬울소냐.

숙세인연(宿世因緣) 천득(天得)으로,
백천만고(百千萬古) 영웅(英雄)들을,
어쩌다가 만나갖고,
욕속부달(欲速不達) 급(急)한 마음,
반신반의(半信半疑) 하다가서,
복마중(伏魔中)에 엎어져서,
포덕천하광제심(布德天下廣濟心)이,
진토중(塵土中)에 떨어지니,
어이 아니 한심(寒心)할까.

삼계해마(三界解魔) 이 도수(度數)에,

모든 복마(伏魔) 눈을 뜨고,

대복(大福) 창고문(倉庫門)을 지키어,

빈천궁곤(貧賤窮困) 복마신(伏魔神)이,

복(福) 구(求)하려 오는 차(次)에,

천복마(賤伏魔) 내달아서,

앞을 서고, 뒤를 서고, 궁곤복마(窮困伏魔) 내달아서,

전후좌우(前後左右) 판을 치니,

복(福) 구(求)하는 저 남녀(男女)야,

빈천궁곤(貧賤窮困) 혼이 나서,

혼불부신(魂不付身) 정신(精神) 잃고,

복(福)줄 잡던 굳은 마음,

춘빙(春氷) 같이 풀어지고,

묵은 살님 복마(伏魔) 발동(發動),

새살림 복농사(福農事)를 백년원수(百年怨讐) 취급(取扱)하니,

절치분심(切齒憤心) 통탄(痛嘆)이라.

해마천지귀신세계(解魔天地鬼神世界),

전무후무(前無後無), 이 운수(運數)를 그리 받기 쉬울소냐.

가소절장(可笑切腸) 통분(痛憤)일세.

이 남녀(男女)야 말을 듣고,

저 남녀(男女)야 실행(實行)하라.

복마발동(伏魔發動) 잘 이겨야,
복(福)을 자연(自然) 이루어주고,
오장육부(五臟六腑) 각(刻)을 하라.

천지조화(天地造化) 변태중(變態中)에,
사람 없는 천지(天地) 있나,
천지(天地) 없는 사람 있나.

그 천지(天地), 그 해마(害魔), 그 사람,
그 조화(造化)가 분명(分明)이 있을 터이니,
만일(萬一), 분명(分明) 있다 하면,
그도 역시 천신(天神)이라.

옛 성인(聖人) 역사설(歷史說)에,
산 귀신(鬼神)사람이 아니고야,
이 세상(世上)을 개조(改造)할까.

귀신세계조화천지(鬼神世界造化天地),
구신(鬼神)사람 나온다면,
신인이화(神人以和) 아니되고,
요순세계(堯舜世界) 만들손가.

죽은 귀신(鬼神) 망상(妄想) 마소,
산 귀신(鬼神) 도술(道術)일세.

시호시호(時乎時乎)
귀신세계(鬼神世界),

시호시호(時乎時乎)
부재래(復再來)라.

벼락복(福)을 의대(倚待) 말고,
무위이화(無爲而化) 대성경(大聖經)을,
어서 어서 공부(工夫)하소.

요순(堯舜)같은 성화공부(聖華工夫),
장량(張良) 제갈(諸葛) 대덕교(大德敎)가,
방방곡곡(坊坊曲曲) 벌려졌네.

날 수(數) 났네 날 수(數) 났네,
전만고(前萬古) 후만고(後萬古),
몇 천겁(千劫)을 닦아오니,
이런 운수(運數) 맞는 줄을 그다지도 못 깨닫고,
빈천궁곤(貧賤窮困) 고성복마(高聲伏魔),
그다지도 못 깨닫고,
대복(大福) 서리 한다든가,
앞에 오는 좋은 운수(運數),
앞에 오는 도덕운수(道德運數),
어찌하여, 좋은 운수(運數),
백성(百姓)되면 도덕운수(道德運數),

백성(百姓)되기 깊이깊이 생각(生覺)하고,
복(福) 받겠다 말을 하소.

복(福) 받기가 쉬웁다 하면,
약(弱)한 자(者)가 천신할까.

진시황(秦始皇)에 영웅술(英雄術)도,
이 운수(運數)에 쓸 데 없고,

역발산기개세(力拔山氣蓋世)도
이 운수(運數)에 쓸 데 없고,

일필상자지필묵(一筆箱子紙筆墨)에
만복(萬福)된 줄 뉘가 알까.

복(福) 구(求)하는 저 남녀(男女)야,
만날 사람 만나갖고 별수판 얻었거든,
일심(一心) 줏대 잘 바루라.

만복권(萬福權)은 일심(一心)이요,
살을 꾀가 의통(醫統)이라.
일심(一心)이 아니고야, **의통의패(醫統醫牌)** 얻을손가.

사해창생(四海蒼生) 알 것이라.
배가 떴네, 배가 떴네, 남조선(南朝鮮) 배가 떴네.

바다 없는 조화(造化)배가, 허공중(虛空中)에 둥실 떴네.

어화, 그 배 장(壯)히 좋다.

생사판단(生死判斷) 조화(造化)배가,
허공중(虛空中)에 둥실 떠서,
삼천세계(三千世界) 덮었으나,
보는 자(者) 적고 보니, 한심(寒心)하기 짝이 없네.

얼시구나, 조흘시구, 지화자, 조흘시구.
장(壯)히 좋고 좋다.

저, 배 모인 신명(神明) 보소.

증산성선(甑山聖仙) 선주(船主)되고,
관운장(關雲長) 도대목(都大木)에,
시십팔장(四十八將) 각색대목(各色大木),
옥추문신(玉樞門神) 못을 쳐서,
신조화(神造化)로 꾸밀 적에,
삼리화(三离火)로 배판 짜고,
청룡(靑龍)으로 편쪽 붙여,
천동(天動)으로 돗대 세우고,
지동(地動)으로 풍선(風船) 달고,
벽력기(霹靂旗)를 높이 달아,
망량신(魍魎神) 가득 싣고,

진묵대사(震黙大師) 도사공(都沙工)에,

만법현무(萬法玄武) 치를 잡고,

사보살(四菩薩)이 노(櫓)를 잡아,

암흑세계(暗黑世界) 기다리며,

뱃짐을 채울 적에,

혈식천추(血食千秋) 도덕군자(道德君子),

백옥선관(白玉仙冠) 높이 싣고,

신천충신(新天忠臣) 효자열녀(孝子烈女),

적덕(積德) 적극(積極) 일심자(一心者)를,

방방곡곡(坊坊曲曲) 찾아내어,

뱃짐을 채울 적에,

천시(天時)가 자연(自然)하여,

배는 뜰라 소리하고, 망량신(魍魎神)이 닻 감으니,

도사공(都沙工)이 선발하고,

만법현신(萬法玄武) 치를을 잡고,

사보살(四菩薩)이 노(櫓)를 잡아,

무자(戊子) 모일(某日)에,

도사공(都沙工)이 큰북 치면,

돛대 밑에 제사(祭祀)하고,

천명(天命)을 의대(倚待)하니,

사해창생(四海蒼生) 여락자(如落子)라,

추풍낙엽(秋風落葉) 저 중생(衆生)을,

한탄(恨嘆)한들 쓸 데 있나.

기인미재(其人美哉)

우담발화(于踏發化)
극락산경(極樂仙境)
조화(造化)배에,
적덕적선(積德積善) 일심자(一心者)야,
어서 바삐 오르거라.

만일(萬一), 이 배 타고 보면,
만세동락(萬世同樂)
태고춘풍(太古春風)
사시장춘(四時長春)
꽃그늘에, 불노불사(不老不死) 되오리라.

사상중(四象中)에 묻힌, 토극(土極) 사람이,
안다 하면, 낙서중(洛書中)에 드는 운수(運數),

그 뉘라서 찾아들며,
방위중(方位中)에
대시국(大時局)을 잡은 자(者)가,
몇몇이며,

흑운중(黑雲中)에 달 뜬 줄을,
지식(知識)없고 안다 할까.

기천년(幾千年), 기만리(幾萬里)를, 어이하야 따라가리.

포운태운(胞運胎運) 역사시(歷史詩)를,
적극(積極) 적덕(積德) 아니하고야,
어떤 자손(子孫) 만날손가.

간태궁(艮兌宮)에 해가 뜬들,
태극중(太極中)이 아니고야,
그 뉘라 알고 가며,
욕대관왕(浴帶冠旺)
사시장춘(四時長春)
춤을 춘들, 목전지사(目前之事) 아니하고,
심양(心讓) 없이 가다가서,
변화선궁(變化仙宮) 불머리에,
흑사중(黑死中)에, 채인 몸이 살아날 길 망연(茫然)하다.
오십년간(五十年間) 성문(城門) 열고,
별수판(別數板)에 곤(困)한 중이,
궁곤(窮困)에 헤매이며,
포덕천하광제심(布德天下廣濟心)을
심중(心中)에 각결(刻決)하고,
사해팔방(四海八方) 떠다니며,
양생문(養生門)을 펼쳐놓고,
들어오소 들어오소 같이 살세.

마음 양심(良心) 있는대로,
강근(强勤)하야 같이 살자 말을 하고,
같이 보자 말을 하되,

오욕락(五欲樂)에 빠진 마음, 도덕설(道德說)이 들어올까.

태화양생(太華養生) 대복문(大福門)을,
헛것 같이 헛것 같이 천대(賤待)타가,
천운(天運)이 순환(循環)하사어는,
다시 동청룡(東靑龍)이 미친 몸이,
사판중(死判中)에 떨어지니,
어이 아니 한탄(恨嘆)일까.

후회(後悔)한들 쓸 데 있나.

허허, 이게 왠 말인가.

동서양(東西洋) 괴질운수(怪疾運數),
예로 개벽(開闢)된단 말은, 전설(傳說)로만 들었더니,
내 당(當)할 줄 내 몰랐네.

부귀빈천(富貴貧賤) 영웅호걸(英雄豪傑),
장사(將士)라도 호원(呼寃) 없는,
개벽선경(開闢仙境),
개벽중(開闢中) 나빠졌네.

아이고, 이게 웬일인고.

흑사화란(黑死禍亂) 옛말로는 들었더니,

흑사화란(黑死禍亂)을, 내 당(當)할 줄 내 몰랐네.

아이고, 이게 사판(死判)일세.

가련(可憐)한 창생(蒼生)들아,
오욕락(五欲樂)에 몸이 빠져,
생수궁(生水宮) 그 아니 찾고, 청수(淸水)를 모르다가,
흑사화(黑死禍)를 무릅쓰고,
소리없이 죽게 되니,
어이 아니 한심(恨心)일까.

'천지삼재(天地三災)' 닥쳤으니,
앉아 죽고, 서서 죽고, 울고 보다 죽고, 가다 죽고,
오다 죽고, 워다 죽고, 약국(藥局) 죽고, 의원(醫院) 죽고,
죄(罪)도 죽고,
청천(靑天)에 해만 둥실 떠서 있고,
무인적막(無人寂寞)
구신세계(鬼神世界)
풍우(風雨)소리,
무삼일꼬.

팔팔고개 주린 중이,
의통인패(醫統印牌) 봄을 만나,
백일청천(白日靑天) 극락대(極樂臺)에,
소원성취(所願成就) 뜻을 얻어,

백발환흑(白髮還黑) 낙치부생(落齒復生),
선풍도골(仙風道骨) 춤을 추며,

함께 오던,
머옴 형재(兄弟) 흑사화(黑死禍)에 빠진 몸을,
애통(哀痛)한들 쓸 데 있나.

운수(運數)야 좋건마는 목넘기기 어렵도다.

삼십년(三十年)에 도는 운수(運數),
그리 받기 쉬울쏜가.

어떤 사람 이러하고, 어떤 사람 저러하니,
운수(運數) 역시(亦是) 각각(各各)이라,
수원수구(誰怨誰咎) 할 수 있나.

무궁개락조화선경(無窮改樂造化仙境),
눈앞에 버려졌네.

받을 자(者)가 몇몇이며,
그집 운수(運數) 그 뿐일세. 한탄(恨嘆)한들 쓸 데 있나.

무릇 끝에 춤을 추니 제집 운수(運數) 저러하니,
원형이정(元亨利貞) 분명(分明)일세.

도산금수(到山禽獸) 겪어올 제, 이때 보고 겪었다네.

운수(運數) 좋다 자랑 말고,
의통인패(醫統印牌) 수방포(水防布)를,
얻고 난 뒤에 자랑하소.

양수음수(陽水陰水) 조화수(造化水),
그리 찾기 쉽다든가.

파고 파고 깊이 파고,
알고 알고 자세(仔細) 알고,
지성(至誠), 지성(至誠), 참지성(至誠),
천지지성(天地至誠), 깊이 보소.

뉘가 알꼬, 내가 알고,
몇몇이 앉아 생각(生覺)하고,
눈 겨루고 죄(罪)를 짓고,
죄(罪)을 짓는, 그의 몸에 바랠 것이 무엇인가.

전생(前生)에,
지은 체덕(切德), 금생(今生)에 받아가고,
금생(今生)에
지은 체덕(切德), 후생(後生)에 받아가네.

체덕복(切德福)은 '그릇대로 받아가고, 닦은 대로 받아가네'.

석가세존(釋迦世尊) 삼천년(三千年)에
미륵세존(彌勒世尊) 환생(還生)하여,
번갯불로 도통(道通)주네.

활인관통(活人貫通) 얻고 보니,
기사묘법(奇事妙法) 쓸 데 없네.

의통인패(醫統印牌) 수방포(水防布)를,
허리 아래 느진차고,
변화선궁(變化仙宮) 불머리에,
조화(造化)막대 훔처쥐고,
호호탕탕(浩浩蕩蕩) 너른 천지(天地),
활계(活計)있게 뛰놀면서,
기린각(麒麟閣)에 명(命)을 받아,
재생신환(再生身還) 재생춘(再生春)에
만세동락(萬歲同樂) 우리 도인(道人),
무궁선경(無窮仙境) 쾌락대(快樂臺)에
사시장춘(四時長春) 봄을 만나,
요지벽도(撓之碧桃) 손에 들고,
승로반(承露盤)에 이슬 받아,
옥(玉)쟁기에 받쳐놓고,
오십년간(五十年間) 겪은 고생(苦生),
굽이굽이 설화(說話)하고,
팔선주(八仙酒) 취(醉)케 먹고,
옥경(玉京) 북창(北窓) 빗겨앉아,

만국가(萬國歌)를 천케 듣고, 임천국가(臨天國歌)로 놀아보세.

끝.

발문(跋文)

"하늘이 아껴 세상의 비밀을 활짝 열어 놓았다."
(천간세상비만개, 天慳世上秘滿開)"

　종교계(宗敎界)와 학계(學界) 등에서 증산성선(甑山聖仙)에 관련하여, 제한된 자료와 관련자들을 기반으로, '증산성선의 사상(思想)'을 다양하게 연구하여, 종교활동과 학계의 귀중한 자료(資料)로 활용하고 있다.

　증산성선 화천(1909년) 이후, 100년이라는 세월(歲月)이 훌쩍 지난 시점에, '증산강일순성선의 발자취'와 '신앙문헌인 대순전경 정본(1920년, 이양섭)'이 石岩 仙翁 姜熙俊과, 뜻있는 분들의 합심으로 을사년(2025년)에 세상 밖으로 등장하였다..

　19세기 말의 한반도(韓半島)의 시대적 여건은 암울하였다.
　"열강의 세력확장에 놓여 있었던 조선의 국제적 상황, 국내 정치세력의 폭정, 백성들의 삶의 고달픔~~.
　설상가상으로 일본에 의한 주권상실로, 나라가 없는 삶을 살아가야 했던 백성" 등...
　"이러한 어려운 시대를 타파해 나가기 위해, 많은 사상가·선각자들이 등장하여, 삶에 희망을 잃은 민중(民衆)을 계몽(啟蒙)하고, 단합시키는

역할을 담당하기도 하였다.(수운 최제우, 증상 강일순, 나철, 소태산 등)

'피흉추길(避凶趨吉), 광구천하(匡求天下)'를 추구하셨던 '증산성선의 근본사상'을 따르는 종교집단도 많았으나, 아쉽게도 일제강점기 때 종교 지도자·사상가들이 탄압을 당함으로써, 증산성선에 관한 자료들이, 일제의 혹독한 민족종교 탄압으로 인해, 정상적으로 정리·보관되지 못했으며, 그 결과 후손들에게 원활하게 전달되지 못했다.

"대순전경 정본(1920, 李良燮)은 이양섭이 증산성선 화천 이후인 1911년부터 '신도들의 증언과 유품 등을 기초'로 집필, 화천 10주기인 1920년도에 완필한 정본이다."

대순전경 정본(1920, 李良燮)의 일부를, 이상호가 필사하여 '증산천사 공사기(1925)'라 하였고, 1929년에 '증산천사공사기(1925)'에 서(序) 와 찬(贊)을 붙여, '대순전경(1929, 李祥昊)'로 하여 인쇄본을 발간하였다. 또한, 해방 후인 1949년에 민족종교 통합을 위해 활동한 유동열(통정원)이 자료로 활용되기도 하였다.

6.25이후, 증산계열의 종교가 활성화 되었으나, 대순전경(1920, 李良燮)의 존재를 모르는, 종교계와 학계에서는 '증산성선의 사상'을 찾기 위해, 대순전경(1929, 李祥昊)을 '증산성선 사상'에 가장 근접한, 문헌으로 알고 종교활동과 학문에 활용하였다.

대순전경 정본(1920,李良燮)은 일제탄압과 6.25 동란의 어려운 시기에 세상 밖으로 사라질 뻔하였다.

다행이도, 증산성선에 관한 중요한 자료인 것을, 알아차린 강씨 문중을 통해 전달되던 중, 石嵒 仙翁 姜熙俊의 부친이신, '강원영'은 증산강일순의 종맥(宗脈)을, 이어온 대순전경 최초의 정본(正本)과 유물들을 손실이 되지 않도록, 소중히 보관하고 있다가, '아들인 石嵒 仙翁 姜熙俊'에게 '귀한 서책이니 잘 보관하다가, 훗날 때가 되면 필요한 자가, 나타 날 것이니 그자에게 전달토록 해야 한다.'라고 유언(遺言)을 남기고 세상(世上)을 떠나셨다.

石嵒 仙翁 姜熙俊은 대순전경 정본(1920, 李良燮)을 귀하게 여기고, 지켜오던 중에 대순전경의 가치를 알게 되었고, 종교계와 학계에서 부족한 자료로 연구와 활동에 제약을 많이 가지고 있음을 알아차리고, "천심경, 참정신으로 배워야 할 일,대순전경(일부)"을 세상에 밝혀 세간의 이목을 집중시킨 바 있다.

이제, "세상을 움직이는 도수(度數)"가 왔음을 알아차린 石嵒 仙翁 姜熙俊은 "대순전경 정본(1920,李良燮)을 기초로 하여, 증산성선의 참정신(精神)을 세상에 올바르게 널리 알리려고 하고 있다."

증산성선은 '생명(生命)을 중시 하면서 구제창생(救濟蒼生)을 위해 유·불·선·기독교 사상이 융합(融合)·조화(調化)'되는 후천선경시대(後天仙境時代)를 추구하셨다.

그러나, 현실의 민족종교(民族宗敎)는 어떠한가?
종교별 아집에 사로잡혀 상호 조화를 이루지 못하고, 배타적 이기집단으로 전락되어 있고, 신도들도 진정한 신앙을 통한 마음의 평화를 얻지 못하여 갈등을 하고 있는 실정이다.

때가 되어, 세상에 나온 대순전경 정본(1920,李良燮)은 증산성선의 가르침을 따르는 '참경전'임을 확신한다.

'참경전'에서 추구하는 사상은, '존재하는 모든 생물은 시원(始原)을 살펴서, 근본(根本)으로 되돌아가는 것 원시반본(原始反本)'이다.

우주환경이 아직 성숙되지 않아 존재하는 생물들은 고통을 가지고 있으며, '고통의 근원을 원한'이라 하였다.

원한에 대한 해원·보은을 통한 상생을 해서, 흐트러진 우주질서를 근원적으로 뜯어 고쳐야 한다는 것이다.

독자(신도)들은 이 경전이 제시하는 가르침에 의지하여, 수련을 통하여, 개안(開眼)하고, 개안(開眼)을 통해 신통을, 얻어 도'통군자'로 거듭 날 것이라 확신한다.

민족종교의 '신도 육성'과 '지도자 양성'에 난망해 하던 종교계는 대순전경 정본(1920, 李良燮) 후반부에, 구전형식의 여러 가르침이 가사형태로 첨부가 되어 있으므로, 정신도야(精神陶冶)와 수련(修鍊)에 많은 도움을 줄 것으로 사료된다.

'증산성선의 사상'에 가장 근접해 있는 대순전경 정본(1920, 李良燮)을 기초로 해서 종교의 발흥과 전도의 역정에서 종교지도자의 역량 구비는 물론, 교세확산에 있어서 절대적 가치와 긍정적인 영향력을 발휘할 것이다.

향후, 대순전경 정본(1920, 李良燮)은 뚜렷한 중심축 없이 각 계파별로 지리멸렬하게 산재된 '민족종교의 대통합에 선도적 역할'을 할 것이라 확언한다.

바야흐로, 후천개벽(後天開闢)의 도수(度數)가 열리고 한민족 삼천년 회운의 대세가 도래(到來)하고 있음에~~!!!

대순전경 정본(1920,李良燮)을 통해서 성독(聲獨)과 주문(呪文)을 통한 수련(修鍊)을 하면, 스스로 깨워나는데 중요한 역할을 할 것이라고 믿어 의심치 않는다.

'증산성선의 가르침'은 '마음을 화합(和合)할 수 있는 종교로, 높은 정 신세계로 끌어 올려 주는 힘'이 될 것이다.

2025년 1월 31일

石岩 仙翁 姜 熙 俊 謹書

대순전경(大巡典經)

인쇄일   2025년 2월 5일
발행일   2025년 2월 10일
저 자   강희준
발행처   뱅크북
신고번호   제2017-000055호
주 소   서울시 금천구 가산동 시흥대로 123 다길
전 화   (02) 866-9410
팩 스   (02) 855-9411
이메일   san2315@naver.com